Jürgen Hartmann · Bernd Meyer

Einführung in die politischen Theorien der Gegenwart

Jürgen Hartmann · Bernd Meyer

Einführung in die politischen Theorien der Gegenwart

Bibliografische Information Der Deutschen Bibliothek
Die Deutsche Bibliothek verzeichnet diese Publikation in der Deutschen Nationalbibliografie;
detaillierte bibliografische Daten sind im Internet über <http://dnb.ddb.de> abrufbar.

1. Auflage Dezember 2005

Alle Rechte vorbehalten
© Springer Fachmedien Wiesbaden 2005
Ursprünglich erschienen bei VS Verlag für Sozialwissenschaften/GWV Fachverlage GmbH, Wiesbaden 2005

Lektorat: Frank Schindler

www.vs-verlag.de

Das Werk einschließlich aller seiner Teile ist urheberrechtlich geschützt. Jede Verwertung außerhalb der engen Grenzen des Urheberrechtsgesetzes ist ohne Zustimmung des Verlags unzulässig und strafbar. Das gilt insbesondere für Vervielfältigungen, Übersetzungen, Mikroverfilmungen und die Einspeicherung und Verarbeitung in elektronischen Systemen.

Die Wiedergabe von Gebrauchsnamen, Handelsnamen, Warenbezeichnungen usw. in diesem Werk berechtigt auch ohne besondere Kennzeichnung nicht zu der Annahme, dass solche Namen im Sinne der Warenzeichen- und Markenschutz-Gesetzgebung als frei zu betrachten wären und daher von jedermann benutzt werden dürften.

Umschlaggestaltung: KünkelLopka Medienentwicklung, Heidelberg
Satz: Katrin Schmitt

ISBN 978-3-531-14909-7   ISBN 978-3-322-80829-5 (eBook)
DOI 10.1007/978-3-322-80829-5

Inhalt

1	**Einleitung**	9
	1.1 Politische Theorie, politische Philosophie und Politikwissenschaft	11
	1.2 Zur Theorienauswahl dieses Buches	15
2	**Staatslehre als politische Theorie**	21
	2.1 Verfassungshistorischer Hintergrund	21
	2.1.1 Das Wilhelminische Reich	21
	2.1.2 Die Weimarer Republik	23
	2.2 Georg Jellinek: Die Elemente der Staatlichkeit	25
	2.2.1 Elementelehre	26
	2.2.2 Zweiseitentheorie des Staates	28
	2.2.3 Jellinek und die Spannungen der wilhelminischen Politik	30
	2.3 Hans Kelsen: Der Staat als Normenhierarchie	32
	2.3.1 Kelsens positivistische Verfassungsordnung	32
	2.3.2 Parlamentarismus, Demokratie und die wertefreie Verfassung	35
	2.4 Rudolf Smend: Der Staat als Identifikationsphänomen	39
	2.5 Carl Schmitt: Der Staat als Waffe der Politik	45
	2.5.1 Politische Homogenität und Freund-Feind-Denken	46
	2.5.2 Die Entscheidung und der Anti-Parlamentarismus	49
	2.5.3 Die Lesart der Klassiker des politischen Denkens	51
	2.5.4 Historische Einordnung	52
	2.6 Hermann Heller: Der Staat als Arena der gesellschaftspolitischen Auseinandersetzung	54
	2.6.1 Soziologische Staatsanalyse	55

2.6.2 Die soziale Demokratie ... 60

3 Europa begegnet Amerika: Exilerfahrung und die politischen Theorien ... 64

3.1 Ein Clash of cultures: Deutsche Philosophen im Mutterland des Kapitalismus ... 64
3.2 Philosophische Begegnungen: Hannah Arendt und die Republik ... 67
3.2.1 Aristoteles und Tocqueville als Referenzdenker ... 67
3.2.2 Der Einfluss Heideggers ... 70
3.2.3 Leo Strauss. Ein Exkurs ... 73
3.2.4 Biografische Skizze ... 74
3.2.5 Grundbegriffe der Arendtschen Theorie ... 76
3.2.6 Polis, Republik und Demokratie ... 78
3.3 Marxistische Begegnungen: Die Frankfurter Schule ... 84
3.3.1 Der Staat und der kapitalistische Überbau ... 84
3.3.2 Die Persönlichkeitsanalyse ... 87
3.3.3 Biografische Skizzen ... 89
3.3.4 Kritische Theorie ... 91
3.3.5 Kulturbetrieb und autoritäre Persönlichkeit ... 95
3.4 Staatstheoretische Begegnungen: Ernst Fraenkel und die pluralistische Demokratie ... 102
3.4.1 Biografische Skizze ... 102
3.4.2 Regeltreue als Gemeinwohl ... 104
3.4.3 Der kontroverse und der nicht-kontroverse Sektor der Politik ... 108

4 Vier Wege zur Begründung der Demokratie ... 112

4.1 Der politikwissenschaftliche Weg Dahls: Demokratie als Polyarchie ... 112
4.1.1 Biografische Skizze ... 112
4.1.2 Demokratie als Koordinierungsaufgabe selbständiger Individuen ... 113
4.1.3 Pluralismus und Polyarchie ... 117
4.1.4 Wissenschaftliche Wirkung und Wahrnehmung ... 123

4.2	Der verantwortungsethische Weg: Karl R. Poppers Kritischer Rationalismus	125
4.2.1	Biografische Skizze	125
4.2.2	Die fallibilistische Methode	127
4.2.3	Reformismus als Stückwerk-Technologie	129
4.2.4	Die Demokratie als ein System des Trial and Error	130
4.3	Der philosophische Weg: Johns Rawls' Theorie der Gerechtigkeit	132
4.3.1	Biografische Skizze	132
4.3.2	Offene Fragen der älteren Vertragstheorien	133
4.3.3	Die Original position und die Verfassungsberatung	136
4.3.4	Die Innovation der Vertragstheorie durch die Kommunikationsidee	139
4.4	Michael Walzer: Die kommunitaristische Antwort auf John Rawls	142
4.4.1	Moral als historisches Produkt	142
4.4.2	Die Bedeutung des Staates	145

5 Systemtheorie und Politik — 148

5.1	Talcott Parsons: Politik als Ausschnitt des sozialen Systems	148
5.1.1	Das soziale System als handlungstheoretischer Entwurf	148
5.1.2	Das AGIL-Schema. Strukturen und Funktionen	149
5.2	Das politische System als Kreislaufmodell: David Easton	153
5.2.1	Politisches System und Umwelt	153
5.2.2	Konversion – die zentrale Aufgabe des politischen Systems	155
5.3	Das politische System als funktionelle Herausforderung: Gabriel A. Almond	159
5.3.1	Das politische System als Ausdrucksform der Gesellschaft	160
5.3.2	Das Funktionenschema des politischen Systems	162
5.3.3	Politische Kultur – die historisch-kulturelle Ladung des politischen Sytems	164

6	**Freiheit, Staat und Ökonomie**	**167**
6.1	Die Wechselbeziehung von Staat und Wirtschaft	167
6.2	Die Mitverantwortung des Staates für die Beschäftigung: John Maynard Keynes	167
6.2.1	Der Staat als dritter wirtschaftspolitischer Akteur	167
6.2.2	Makrosteuerung in Abgrenzung zu staatlicher Umverteilung	172
6.3	Der Markt und die Bedrohung durch den Sozialismus: Friedrich v. Hayek	174
6.3.1	Die Folgen staatlicher Interventionen in das Wirtschaftsgeschehen	174
6.3.2	Der Sozialismus als Wurzel allen Übels	175
6.3.3	Die „naturgegebene" Überlegenheit des marktwirtschaftlichen Systems	177
6.4	Freiheit und Minimalstaat: Milton Friedman	182
7	**Zivilgesellschaft und deliberative Politik: Jürgen Habermas**	**188**
7.1	Biografische Skizze	188
7.2	Die deutsche Nachkriegsgesellschaft, die Linke und die Universität	189
7.3	Quellen des Habermasschen Denkens	194
7.4	Systemwelten und Lebenswelt	197
7.5	Diskurstheorie und Zivilgesellschaft	201
7.6	Deliberative Politik und Rechtsdiskurs	203
7.7	Sozialphilosophische Ästhetik und Politik	205
8	**Politische Systeme und Umwelten: Niklas Luhmann**	**209**
8.1	Biografische Skizze	209
8.2	Die Grammatik sozialer Systeme: Kommunikation	211
8.3	Das System der Politik	216
8.4	Die Arenen der Politik	217
8.5	Die offenen Grenzen des politischen Systems	218
8.6	Politik und Verwaltung	223

1 Einleitung

Dieses Buch befasst sich mit politischen Theorien, nur am Rande mit politikwissenschaftlichen Theorien. Politische Theorien sind kein Exklusivgegenstand der Politikwissenschaft. Sie zeichnen sich durch den ganzheitlichen Zugriff auf das Verhältnis von Staat und Gesellschaft aus. Sie setzen sich kritisch mit einem als gegeben behaupteten Status des Staates, der Gesellschaft und der Politik auseinander, und sie formulieren Annahmen über die Natur und die Bedürfnisse des Menschen. Politische Theorien legitimieren das Vorhandene oder sie halten dem Bestehenden einen in die Zukunft gerichteten oder einen aus der Historie hergeleiteten Zielentwurf entgegen. Politikwissenschaftliche Theorien haben demgegenüber eine begrenzte Reichweite. Sie sind darauf angelegt, empirische Forschungen anzustoßen und auszuarbeiten. Theorien dieser Art, Parteientheorien, Institutionentheorien, Verbändetheorien und Theorien des Wählerverhaltens sind in einschlägige Forschungen integriert. Sie werden in Spezial- und Übersichtswerken vorgestellt, die sich mit einem speziellen Forschungsgegenstand befassen. Weil sie in empirische Forschungskontexte eingebettet sind oder eine Heuristik für empirisch bearbeitbare politikwissenschaftliche Fragestellungen anbieten, finden Studierende leicht einen Zugang zu diesen Theorien.

Anders verhält es sich mit den Großtheorien der Politik, d.h. mit dem Sujet der politischen Theorie. Sie zeichnen sich überwiegend durch einen philosophischen oder soziologischen Gestus aus. Damit bewegen sie sich in teilweise recht großer Distanz zu den politikwissenschaftlichen Fachtheorien. Die Vermittlung dieser Theorien an Studierende der Politikwissenschaft ist eine schwierige, gleichzeitig aber notwendige Aufgabe. Notwendig ist sie deshalb, weil ganzheitliche, auf den Zusammenhang von Politik und Gesellschaft abzielende Theorien nicht bei Hegel, Marx oder Max Weber stehen geblieben sind. Die Theorieentwicklung hält Schritt mit der Veränderung des Gegenstandes der Politik zunächst durch die allgemeine Entwicklung des Wissenschaftsverständnisses, durch neue Problemlagen und schließlich durch die Rezeption sozialwissenschaftlicher und ökonomischer Erkenntnisse.

Die Vermittlung politischer Theorien ist eine schwierige Aufgabe, weil sich allzu viele Darstellungen der modernen politischen Theorie von deren philosophischem oder allgemein-soziologischem Zuschnitt beeindrucken, ja nicht allzu selten geradezu überrumpeln lassen. Politikwissenschaftler, die auf die philosophische Spur wechseln, um mit guten Gründen überhaupt erst einmal zu verstehen, was die Größen der modernen politischen Theorie konstruieren, finden häufig nicht mehr in die Spur der Fachwissenschaft zurück. Sie bleiben im Bemühen um ein theorieimmanentes Verstehen hängen. Das macht sich auch darin bemerkbar, dass Darstellungen der modernen politischen Theorie typischerweise darauf verzichten, Faktoren wie Biografien und Rückkoppelungen zu den älteren politischen Theorien zu berücksichtigen. So manche Einführung in die moderne politische Theorie bleibt den Studierenden der Politikwissenschaft ebenso schwer verständlich wie die fachfremden Autoren, die dort abgehandelt werden. Es bleibt dann bei Einführungswerken für den sehr kleinen Kreis von Studierenden, die sich genau für dieses Spezialgebiet der Theorie entschieden haben.

Dieses Buch ist nicht für die vorrangig Theorieinteressierten in der Politikwissenschaft bestimmt. Es wendet sich an Studierende, die in verständlicher Sprache eine Präsentation politischer Theorien suchen. Es verzichtet bewusst darauf, das Werk der vorgestellten Autoren zur Gänze zu skizzieren. Es wählt jene Aspekte der zumeist breit angelegten Theorien aus, die als Elemente einer politischen Theorie zu verstehen sind. Der Text wird mit Zitaten aus den wichtigsten Werken untermauert. Die Autoren dieses Buches haben englischsprachige Textstellen ins Deutsche übertragen. Die Zitate dienen nicht in erster Linie dem Beleg der Ausführungen. Sie sollen vielmehr eine Schwelle abbauen, die eventuell der Lektüre der Originaltexte entgegensteht. Es lohnt sich, jene Werke zur Hand zu nehmen, die in schwierigen Einführungs- und Übersichtstexten besprochen und zusammengefasst werden.

1.1 Politische Theorie, politische Philosophie und Politikwissenschaft

Für eine politische Theorie ist das empirische Moment, die Nutzbarkeit für die historische oder sozialwissenschaftliche Forschung, nicht sonderlich wichtig. Zwar sollen die Umrisse der Realität schon zu erkennen sein. Falls nicht, kann diese politische Theorie allzu leicht als utopisch bagatellisiert werden. Will eine politische Theorie aber ihre Diagnose, Kritik und Ideale vermitteln, darf, ja muss sie übertreiben und überzeichnen. Kritik am Bestehenden und Zielentwürfe brauchen beide den normativen Bezugspunkt. Die Norm selbst braucht keinen empirischen Anker. Sie wird argumentativ entwickelt und unterwirft sich der vernünftigen Gegenrede, sie zeichnet sich durch ihre Indifferenz zur Empirie aus.

Dieses Moment des kontrafaktischen und gleichwohl vernunftgeleiteten Arguments ist kein Instrument der Sozialwissenschaft. Es handelt sich um eine für die Philosophie typische Konstruktion. Deshalb bezeichnen die politische Theorie und die politische Philosophie häufig dieselbe Sache. Streng genommen steht die politische Theorie zur Politikwissenschaft als empirische Wissenschaft in ebenso großer Distanz wie zur Wirtschafts- oder Medienwissenschaft, um nur einige weitere Disziplinen zu nennen, die wichtige Themen der modernen politischen Philosophie empirisch bearbeiten. Die politischen Theorien des 20. Jahrhunderts beschränken sich nicht mehr auf den Staat und die staatsbezogene Politik – wie noch die älteren politischen Theorien bis weit ins 19. Jahrhundert. Ihr Blickwinkel schließt das marktbezogene Wirtschaften, den Kulturbetrieb und die Grundlagen und Modalitäten gesellschaftlicher Kommunikation mit ein.

Betrachten wir einige bekannte Versuche, politische Theorie zu definieren. Der älteste darunter geht auf *George H. Sabine* (1880-1961) zurück:

- Theorien treffen Aussagen über die Zeit, in der sie entstanden sind,
- Theorien behaupten, dass ursächliche politische Ereignisse mit großer Wahrscheinlichkeit bestimmte Folgen zeitigen,
- Theorien definieren erstrebenswerte politische Zielentwürfe.

Der Charme dieser Definition, die Sabine 1939 in der Eröffnungsnummer der zweiten Fachzeitschrift der damals noch jungen amerikanischen Politikwissenschaft (Journal of Politics) veröffentlichte, liegt darin, dass sie die bis heute gültigen drei Theorieverständnisse präzise benennt:

- Theorie als kontextbezogene Analyse politischer Ideen: Sie wird in der gegenwärtigen Politikwissenschaft als Geschichte der politischen Ideen betrieben.
- Theorie als ein an die exakten Wissenschaften angelehntes empirisches Unterfangen: Sie umschreibt die daten- und beobachtungsbasierte empirische Politikforschung.
- Theorie als normativer Entwurf einer gerechten politischen Ordnung: Sie wird als politische Philosophie oder Staatstheorie verstanden.

Die Suche nach einer Theorie, die alle oben genannten Kriterien erfüllte, wird ohne Erfolg bleiben. Die Konstruktion politischer Normen, wie sie die politische Philosophie bzw. Staatstheorie charakterisiert, ist ein philosophisches Unterfangen. Sie geht dennoch nicht empiriefern vonstatten. Die nüchterne Welt der Tatsachen verlangt Erklärungen, über die man sich als falsch oder richtig, als plausibel oder wenig überzeugend verständigen kann. Der Entwurf einer vernünftigen Gesellschaft oder Politik fußt auf Ethik und Moral. Er kann im empirischen Sinne weder als falsch noch als richtig etikettiert werden. Gesellschafts- und Politikentwürfe gründen sich auf Menschenbilder, d.h. auf Vorstellungen, wie die Welt sein soll und warum sie eventuell so sein muss, wie sie ist.

Bernhard Crick (geb. 1929) unterscheidet in einer bekannten Polemik gegen die sozialwissenschaftliche Politikforschung zwischen der politischen Theorie und der politischen Philosophie:

- Politische Theorie erklärt politisches Handeln in allgemeinen Sätzen und beachtet dabei die Historizität der Politik, d.h. ihre Prägung und Veränderung durch geschichtliche Epochen.
- Politische Philosophie hingegen befasst sich mit philosophischen Systemen. Sie setzt sich mit fachphilosophischen Problemen auseinander und blendet den historisch-gesellschaftlichen Kontext aus.

Politische Theorie ist demnach erfahrungs- und beobachtungsbasiert, politische Philosophie nicht. Das Unterscheidungsmerkmal der Historizität deutet auf empirisch anwendbare Theorien als Gegenstand der politischen Theorie. Sie werden von Crick also eher als politikwissenschaftliche Theorien verstanden. Er ist indes kein Freund der fachwissenschaftlichen Theorie. Ganz im Gegenteil: Die politische Philosophie stellt für ihn die wesentlichen Fragen und sie gibt die wesentlichen Antworten.

Beim Versuch, den Gegenstand der politischen Theorie zu bestimmen, unterscheidet *John G. Gunnell* (geb. 1933) zwischen großen und kleinen politischen Theorien.

- Große politische Theorien sind allgemeine philosophische Theorien, die sich mit der Natur des Menschen und der Gesellschaft auseinandersetzen.
- Kleine politische Theorien erklären empirisch nachweisbare und messbare Strukturen und Ereignisse. Es handelt sich also um politikwissenschaftliche Fachtheorien.

Diese Klärungsversuche für den Gegenstand der politischen Theorie haben bei allen Unterschieden eines gemeinsam: Sie lassen sich von der Etikettierung des Anspruchs auf politische Theorie leiten. Sabine bietet eine denkbar breite Definition, in die alles hineinpasst, was sich mit dem Label der politischen Theorie schmückt. Crick verweist die politische Theorie in den Bereich des bodenständigen Forschens am Objekt und adelt die großen Gesellschaftsentwürfe und Welterklärungen mit dem Terminus der politischen Philosophie. Gunnell wiederum konstatiert zwei Arten von politischer Theorie, die unbeschadet ihres Theorieanspruchs unterschiedliche Welten verkörpern. Hier die empirisch angelegte politikwissenschaftliche Forschung, die auf beweisfähige Erklärungen abhebt, dort die philosophisch geprägte Konstruktion von Welt- und Menschenbildern. Der Nutzer wird aufgefordert, zu entscheiden, in welcher Theoriewelt er sich aufhalten möchte.

Dieses Buch entscheidet sich für die Auswahl „großer politischer Theorien", d.h. solcher Theorien, die das Ganze von Politik und Gesellschaft im Blick haben. Die wenigsten der im Folgenden vorgestellten Theorien sind empiriefremd oder gar empiriewidrig. Sie lassen mehr oder weniger deutlich die Auseinandersetzung mit der vertrauten realen Welt erkennen. Sie leben aus der Spannung von Sein und Sollen und bieten Vorschläge an, um das politische Handeln an ethische Maßstäbe zu binden. Deshalb finden sie außerhalb der engen Fachwelten der Politikforschung und der politischen Philosophie überhaupt Beachtung. Ihre Autoren werden in den gehobenen Feuilletons diskutiert, sie beeinflussen die Sprache der Politik und der politischen Kommentierung und ihre Urheber werden um die Beurteilung aktueller politischer Probleme gebeten.

Über den Status einer großen politischen Theorie der Vergangenheit herrscht in der Politikwissenschaft große Übereinstimmung. Es handelt sich bei diesen Theorien um Menschenbilder und Staatsentwürfe, die pointiert das politische Denken in Epochen großer historischer Umbrüche ausdrücken. Doch worin unterscheiden sich die modernen Theorien davon?

Im 20. Jahrhundert kam es zur Professionalisierung der wissenschaftlichen Auseinandersetzung mit Staat und Politik. Die Urheber der alten und noch der neuzeitlichen politischen Theorien hatten sich, soweit sie einen wissenschaftlichen Anspruch verfolgten, als Universalwissenschaftler verstanden. Thomas Hobbes, John Locke und Immanuel Kant wandten sich unbefangen politischen, ökonomischen und philosophischen Themen zu. Jean-Jacques Rousseau produzierte politische, künstlerische und pädagogische Schriften. G.W.F. Hegels Werk zeichnet sich durch die theoretisierende Auseinandersetzung mit den Grundlagen philosophischer Erkenntnis, mit dem Staat und mit der Geschichte aus.

Mit den großen naturwissenschaftlichen Entdeckungen und mit den technischen Erfindungen gelangte das umfassende, nach heutigem Verständnis jegliche Disziplingrenzen überschreitende Denken an sein Ende. Die Universitäten verabschiedeten sich von ihrer klassischen Aufgabe, althergebrachtes und neueres Bildungsgut zu vermitteln. Sie spezialisierten sich in Fachrichtungen, die sich dem Anspruch unterwarfen, beweiskräftige Erklärungen für das Geschehen in der Natur und in der Gesellschaft zu finden. Die experimentelle Medizin, die Physik und die Ingenieurwissenschaften wurden zum Vorbild für die Spezialisierung auch jener Wissenschaften, die sich mit dem Menschen und der Gesellschaft befassten. Die politischen Denker vergangener Epochen waren Privatgelehrte und freie Schriftsteller gewesen, die mit mehr oder minder großem Erfolg für die wenigen politisch Gebildeten und Einflussreichen geschrieben hatten. Später bildeten sich eigene Fachsprachen heraus. Kein Interessierter hat heute noch ohne das Beherrschen der Begrifflichkeiten und der wichtigsten Literatur die Chance, sich dem Fachpublikum mitzuteilen.

Dieses Publikum selbst ist auf Wissenschaftler der eigenen und der benachbarten Fachdisziplinen zusammengeschrumpft. Es bedarf heutzutage der – auch materiellen – Einbindung in das Milieu der Universitäten und Forschungseinrichtungen, um die aktive Zugehörigkeit zu diesem Publikum zu erwerben. Das politische Denken ist für Gesellschaftswissenschaftler zum Bestandteil eines Broterwerbs geworden.

1.2 Zur Theorienauswahl dieses Buches

Der Zeitrahmen für die moderne politische Theorie wird hier mit den letzten 100 Jahren angesetzt. Dieser Rahmen ist bedeutend enger als die Spanne, in der die klassischen politischen Theorien angesiedelt werden. Trotzdem weist diese relativ kurze Periode deutliche Markierungen auf. Die ökonomische Struktur der Gesellschaft hat in den modernen politischen Theorien ebenso großes Gewicht wie der Staat gewonnen. Dies zeigt, dass den heutigen Theoretikern ein anderes Politikbild vor Augen steht als den Urhebern der älteren Theorien. In diesem Bild wird die Symbiose des Kapitalismus mit der Demokratie, die Kommerzialisierung politischer Events, die Glättung marktbedingter Ungleichheiten durch sozialpolitische Gegensteuerung und die Herausforderung der bürgerlichen Hochkultur durch kommerziell fabrizierte Wünsche und Geschmacksrichtungen erkennbar. Politische Theorie ist heute nicht mehr nur, wie von jeher, eine Kritik der ökonomischen und sozialen Verhältnisse, sondern auch Kulturkritik und Kritik an der fremdgesteuerten Persönlichkeit.

Einen Kanon der wichtigsten Autoren der modernen politischen Theorie gibt es nicht. Dieses Buch wählt einige Autoren aus, die den politischen Geist und das wissenschaftliche Klima einer Epoche zum Ausdruck bringen. Die Auswahl verfolgt auch den Zweck, Verbindungen zwischen den näher vorgestellten Autoren aufzuzeigen. Sie will verdeutlichen, dass neuere Theoretiker auf ältere Bezug nehmen, dass sie sich voneinander abgrenzen und dass Synthesen zwischen verschiedenen Theoriesträngen zustande kommen. Einige Theoretiker und Theoriefamilien werden nicht berücksichtigt. Hier handelt es sich vor allem um Denker wie Richard Rorty, Jean-Francois Lyotard, Jacques Derrida und Michel Foucault. Sie werden nicht vorrangig als Politik- oder Staatstheoretiker wahrgenommen. Auch soziologische Autoren wie Anthony Giddens, Giovanni Sartori und Amitai Etzioni, die bisweilen mit politiktheoretischen Schriften hervorgetreten sind, werden übergangen.

Den Ausschlag für die Auswahl der hier vorzustellenden Theoretiker gab die Absicht, eine Art Mainstream der politischen Theorien im 20. Jahrhundert aufzuzeigen. Dieser Mainstream ist pluralistisch. Er bietet philosophischen, soziologischen, politikwissenschaftlichen und ökonomischen Politiktheorien Platz.

Jedes Buch versucht, eine Geschichte zu erzählen. So ist es auch hier. Diese Geschichte präsentiert Autoren, Epochen und Schauplätze in folgenden Schritten:

1. *Staatstheoretische Politiktheorien*: Hier handelt es sich um ein deutsches Theorienensemble, das den großen historisch-politischen Bruch des Übergangs vom Wilhelminischen Reich zur Weimarer Republik verarbeitet. Im Mittelpunkt steht die berühmte Weimarer Staatsdebatte um Hans Kelsen, Rudolf Smend, Carl Schmitt und Hermann Heller.

2. *Neo-aristotelische Politiktheorien*: Der gemeinsame Ursprung dieser Theorien ist die zivilisationskritische Philosophie Heideggers. Freilich interessiert hier weniger Heidegger selbst als vor allem die von ihm inspirierte Hannah Arendt. Ihr politiktheoretisches Werk lebt aus der Spannung zwischen der bildungsbürgerlich-deutschen Prägung, der Disposition auf die philosophische Welterklärung und der wechselvollen Erfahrung des Exils in den USA. Arendt versucht, den antiken Polis-Gedanken in einer Zeit zu reanimieren, die Demokratie auf Politik, Unterhaltung und Konsum für die Masse einfacher Menschen reimt.

3. *Frankfurter Schule*: Die Autoren der sogenannten Frankfurter Schule stehen in der marxistischen Tradition. Von diesem Ausgangspunkt her setzen sie sich kritisch mit denselben Phänomenen auseinander wie Hannah Arendt. Weitere Gemeinsamkeiten sind das bildungsbürgerliche Kolorit, die Exilerfahrung und die ambivalente Haltung zur Symbiose von Demokratie und kommerzialisierter Massenkultur. Wo Arendt den Verlust der Tugend, der Exzellenz und wirklicher

Deliberation unter den Regierenden beklagt, sehen Theodor L. Adorno und Max Horkheimer die Vision des freien, aufgeklärten Individuums durch die Manipulation der Massen mit fabrizierten, politik- und kritikfremden Bedürfnissen verschüttet. Beide, die Neo-Aristoteliker und die Frankfurter Schule deuten auf gesellschaftliche Fehlentwicklungen. Sie wissen aber beide keinen Rat, wie man sie überwinden kann.

4. *Kritischer Rationalismus*: Messen die Neo-Aristoteliker und die Frankfurter Schule die aus ihrer Sicht traurige Befindlichkeit der Politik entweder an idealisierten Vergangenheitsbildern oder an einer vernünftigen Zukunft, so setzt sich der Kritische Rationalismus mit der nüchternen Gegenwart auseinander. Karl R. Popper als wichtigster Vertreter des Kritischen Rationalismus lehnt Ideologien jedweder Provenienz ab. Er tritt dafür ein, anstelle großer Entwürfe kleine, realistische Schritte zu unternehmen, um Probleme zu lösen und Ungerechtigkeiten zu beseitigen. Dazu bedarf es eines demokratischen Systems, in dem Entscheidungen zwar viele Hürden zu nehmen haben, dafür aber auch keine zu großen Pläne beschließen können, die später nicht mehr korrigiert werden können.

5. *Demokratischer Pluralismus*: Ernst Fraenkel und Robert A. Dahl haben sich in ihrem Werk zwar nicht mit dem philosophisch orientierten Popper auseinandergesetzt. Als Staats- bzw. Politikwissenschaftler denken sie aber im selben Geist. Das ist wenig erstaunlich, wenn man bedenkt, dass beide von derselben Epoche geprägt sind. Fraenkel wendet sich gegen gesellschaftliche Endzustandsvisionen als Richtmaß der Politik. Die Geschichte ist offen, die Menschen sind verschieden. Das Hier und Heute ist der Stoff der Politik. Diese kann und darf es nicht allen Recht machen. Sie entscheidet mit Mehrheiten. Der Weg zur Mehrheit ist mit Regeln und Usancen gepflastert, und es müssen gewisse grundlegende Werte beachtet werden. Wenn es so etwas wie ein Gemeinwohl gibt, kann es nur das Ergebnis eines von Kompromissen gesäumten Verhandlungsweges sein. Dahl erweitert und vertieft diesen Gedanken mit Reflexionen über die Urteilsfähigkeit des gewöhnlichen Bürgers in der Demokratie. Ferner formuliert er Minimalkriterien des politischen Prozesses,

die zwar nicht allen Bürgern und Gruppen den gleichen Erfolg ihrer Beteiligung an der Politik garantieren können, aber doch wenigstens die Chance gewährleisten, im Entscheidungsprozess Gehör zu finden.

6. *Theorien der Gerechtigkeit*: Die bisher erwähnten Theorienstränge haben bei allen Unterschieden eines gemeinsam: sie setzen sich mit dem Faktum des Staates auseinander. Die ganz andere Frage, ob und wie sich der Staat als legitimer Rahmen für das individuelle Handeln – also ethisch – begründen lässt, hatte das Denken des 17. und 18. Jahrhunderts fasziniert. Danach wurde die Frage kaum noch gestellt. Erst der US-amerikanische Philosoph John Rawls sollte sie erneut thematisieren. Mit dem Mittel der Vertragsfigur konstruierte er Persönlichkeitsrechte, Mehrheitsprozeduren und einen verbindlichen Wertekorridor für politische Entscheidungen. Die Kritik an Rawls' Überlegungen bringt Michael Walzer besonders deutlich zum Ausdruck, der hier als Exponent des kommunitaristischen Denkens kurz vorgestellt werden soll.

7. *Systemtheorie*: Die soziologische Systemtheorie ist ein maßgebliches Paradigma der Sozialwissenschaft und des politischen Denkens. Ihr wichtigster Vertreter, Talcott Parsons, weist der Politik in seinem Modell des sozialen Systems zwar ihren festen Platz zu. Aber das politische Teilsystem besitzt im Vergleich mit den ökonomischen und kulturellen Teilsystemen keine besondere Wertigkeit. Auch die wichtigsten speziellen Theorien des politischen Systems verfahren ähnlich: David Easton und Gabriel A. Almond definieren das Kräfte- und Problemfeld, das der Politik ihre Themen und Probleme vorgibt, als das umfassendere soziale System.

8. *Markt und Politik*: Wirtschaftstheorien werden üblicherweise nicht im Bestand der politischen Theorie geführt. Aber die Bedeutsamkeit von Beschäftigung, Wachstum und Geldwertstabilität für die Demokratie und die staatliche Handlungsfähigkeit ist unbestritten. Einige Wirtschaftstheorien der jüngeren Zeit greifen klassische Anliegen der politischen Theorie auf. John Maynard Keynes stellt den Staatshaushalt in den Dienst wirtschaftlicher Ziele, die als Vorbedingung

für die politische Behauptung der kapitalistischen Demokratie gelten. Er verpflichtet Staat und Politik aber auch, die Eigengesetzlichkeit ökonomischer Prozesse zu beachten. August von Hayek und Milton Friedman hingegen halten den ökonomisch aktiven Staat für ein Übel. Dieser produziere mehr Probleme, als er zu lösen vermöge. Politik und Ökonomie sollten auf Distanz bleiben.

9. *Kommunikationstheorien der Politik*: Für die beiden großen Sozialtheorien der Gegenwart stehen Jürgen Habermas und Niklas Luhmann. Habermas greift Impulse aus der Frankfurter Schule und der Systemtheorie auf. Luhmann nimmt die nüchterne Position eines Beobachters ein, für den sich das soziale Geschehen in Systemen entschlüsselt, die ihrerseits auf spezifischen und einfachen Kommunikationsweisen aufbauen. Begnügt sich Luhmann damit, Politik dadurch zu beschreiben, dass sie stets neue Probleme produziert, wenn sie Probleme außerhalb des engeren politischen Bereichs lösen will, so ist Habermas' Entwurf darauf angelegt, die gesellschaftliche Kommunikation nicht von der Politik bestimmen zu lassen. Die Politik soll vielmehr durch herrschaftsfreie gesellschaftliche Diskurse auf eine vom Gedanken der Aufklärung bestimmte Rationalität verpflichtet werden.

📖 Literatur:

Karl Graf Ballestrem u. Henning Ottmann (Hrsg.): Politische Philosophie des 20. Jahrhunderts, München: Oldenbourg 1990.
Klaus von Beyme: Theorie der Politik im 20. Jahrhundert. Von der Moderne zur Postmoderne, 3. Aufl., Frankfurt/M.: Suhrkamp 1996.
Wilhelm Bleek u. Hans J. Lietzmann: Klassiker der Politikwissenschaft. Von Aristoteles bis David Easton, München: C.H. Beck 2005.
André Brodocz u. Gary S. Schaal (Hrsg.): Politische Theorie der Gegenwart, 2 Bde., Opladen: Leske + Budrich 2001.
Bernard Crick: On Theory and Practice, in: Klaus von Beyme (Hrsg.), Theory and Politics. Theorie und Politik. Festschrift zum 70. Geburtstag für Carl-Joachim Friedrich, Den Haag 1971: Nijhoff, S. 275-300.

Iring Fetscher u. Herfried Münkler (Hrsg.): Pipers Handbuch der politischen Ideen, Bd. 5: Neuzeit. Vom Zeitalter des Imperialismus bis zu den neuen sozialen Bewegungen, München: Piper 1987.

John G. Gunnell: Political Theory: The Evolution of a Sub-Field, in: Ada W. Finifter (Hrsg.), Political Science: The State of the Discipline, Washington, D.C. 1983, S. 3-45.

Jürgen Hartmann: Geschichte der Politikwissenschaft. Grundzüge der Fachentwicklung in den USA und in Europa, Opladen: Leske + Budrich 2003.

Jürgen Hartmann: Wozu politische Theorie? Eine kritische Einführung für Studierende und Lehrende der Politikwissenschaft, Opladen und Wiesbaden: Westdeutscher Verlag 1997.

Jürgen Hartmann, Birgit Oldopp u. Bernd Meyer: Geschichte der politischen Ideen, Wiesbaden: Westdeutscher Verlag 2002.

Dieter Nohlen u. Rainer-Olaf Schultze (Hrsg.): Politische Theorien, Lexikon der Politik, Bd.1, hrsg. von Dieter Nohlen, München: C.H. Beck 1995.

Frank R. Pfetsch: Theoretiker der Politik, Paderborn: UTB 2003.

Gisela Riescher: Politische Theorien der Gegenwart. In Einzeldarstellungen von Adorno bis Young, Stuttgart: Kröner 2004.

George H. Sabine: What Is Political Theory?, in: Journal of Politics, 1. Jg. (1939), S. 1-16.

Theo Stammen, Gisela Riescher u. Wilhelm Hofmann (Hrsg.): Hauptwerke der politischen Theorie, Stuttgart: Kröner 1997.

Klaus Stüwe u. Gregor Weber: Antike und moderne Demokratie. Ausgewählte Texte, Stuttgart: Reclam 2004.

2 Staatslehre als politische Theorie

2.1 Verfassungshistorischer Hintergrund

2.1.1 Das Wilhelminische Reich

Politische Ideen waren in Deutschland bis in die zweite Hälfte des 20. Jahrhunderts ein Gegenstand der rechtswissenschaftlichen Staatsdebatte. Zwar fehlte es in Preußen und Deutschland im Revolutionsjahr 1848 und danach nicht an liberalen Köpfen, die es mit der konstitutionellen Zähmung der deutschen Monarchie ernst meinten. Der Herrscher sollte, ganz so, wie es in Großbritannien war, dem Recht der Verfassung unterworfen sein. Bekannterweise setzte sich im Barrikadenjahr 1848 aber der Vorrang des Monarchen gegen diese zeitgemäße Idee durch.

Aus dem Ansatz eines liberalen deutschen Bundesstaates sollte nichts werden. Die Paulskirchenversammlung (1848/49) hatte eine nach damaligen Maßstäben moderne Verfassung erarbeitet. Sie debattierte für einige Wochen, dann verschwand sie im politischen Nichts. Die deutschen Monarchen hatten dem Verfassungsspuk mit Polizei und Militär ein Ende gemacht. Der preußische Monarch hatte sich 1848 zwar zu einer Verfassung bequemt. Sie setzte sich als oktroyierte Verfassung aber über die Vorstellungen des liberalen Verfassungsdenkens hinweg. Der Preußenkönig fand sich lediglich dazu bereit, einen gewählten Landtag an der Gesetzgebung zu beteiligen. Die Kontrolle über die Verwaltung und die Befehlsgewalt über die Streitkräfte verblieben in seiner Hand. Im Verfassungskonflikt mit dem Preußischen Landtag über eine Heeresreform setzte sich der Monarch 1862 verfassungswidrig über den Landtag hinweg. Für dieses Unterfangen betraute der Preußenherrscher eigens Bismarck, einen kompromisslosen Verfechter der überkommenen Herrscherrechte, mit dem Amt des Ministerpräsidenten.

Die weitere politische Entwicklung in Deutschland verzeichnete zwar keine so massiven Verfassungsbrüche mehr. Es bedurfte ihrer aber auch nicht, weil das Bürgertum seinen Frieden mit der Monarchie gemacht hatte. Der Norddeutsche Bund von 1866, Vorläufer des Deutschen Reiches, war ein Fürstenbund, ein Zusammenschluss der Monarchen. Dieselbe politische Form wurde fünf Jahre später für die Gründung des Deutschen Reiches gewählt. Dieses kam der Verfassungsbewegung aber insofern entgegen, als es einen auf dem allgemeinen Männerwahlrecht basierenden Reichstag einführte. Mochte dieser Reichstag auch auf einem fortschrittlicheren Wahlrecht fußen als der nach dem Klassenwahlrecht bestellte preußische Landtag, so war seine Stellung zum Monarchen und den übrigen Reichsorganen durchaus vergleichbar. Im Auftrag des Kaisers leitete der Kanzler die Reichsverwaltung; in Militärangelegenheiten fungierte der Kaiser als Oberbefehlshaber. Für die Alltagsprobleme der Menschen waren die Gliedstaaten wichtiger als das Reich. Die Befugnisse des Reiches beschränkten sich auf die Außen-, Militär- und Kolonialpolitik. Alles andere regelten die Gliedstaaten nach ihren eigenen Vorstellungen. Maßgeblich war hier abermals Preußen als der größte, bevölkerungsreichste und wirtschaftlich stärkste Einzelstaat.

Die Rolle der Landtage und des Reichstages erschöpften sich darin, Gesetze zu verabschieden. Im Reichstag kam es dabei des Öfteren zu Konflikten mit dem Kanzler, der ganz ohne die Abgeordneten des Reichstages nicht zu regieren vermochte. Die beherrschende Tatsache des Verfassungssystems war aber die Unverrückbarkeit eines Reichskanzlers, der das Vertrauen des Kaisers genoss. Vor diesem Hintergrund hatte die wilhelminische Reichsverfassung kaum größere Bedeutung als die eines Organisationsstatuts für die einzigartige Bundesstaatskonstruktion des Deutschen Reiches. Der grundlegende Unterschied zu den Verfassungsstaaten des europäischen Auslandes lag darin, dass die parlamentarischen Strukturen Regierung und Verwaltung gar nicht erst erreichten.

Die Rechtswissenschaft des Deutschen Reiches passte sich diesen Verhältnissen an. Sie war durch und durch positivistisch gestimmt. Sie lehrte, dass sich alles staatliche Handeln auf eine gesetzliche Rechtsnorm stützen müsse. Jede Gesetzesnorm drückte den Willen des Kaisers und der übrigen im Bundesrat vereinigten deutschen Fürsten aus, da kein Gesetz ohne die Zustimmung des Bundesrates zustande kommen konnte. Die wilhelminischen Staatsrechtslehrer kommentierten dieses alles in einer Fülle von Schriften mit der immergleichen Botschaft: Alles, was formal Rechtens ist, gilt! War es dem Reichskanzler durch Taktieren und Finassieren gelungen, in dem in zahlreiche Fraktionen und Faktionen zersplitterten Reichstag eine Mehrheit für seine Absichten zu organisieren, dann war die maßgebliche Hürde in der Gesetzgebung des Reiches überwunden. Die im monarchischen Geist handelnde Staatsverwaltung durfte nun unter Berufung auf die Rechtsvorschriften so handeln, wie es die Verwaltungsspitzen wünschten. Allenfalls die Gerichte konnten noch eingeschaltet werden, um den Lauf der Dinge aufzuhalten. Doch bereits die soziale Auswahl und die Ausbildung der Richterschaft sorgten dafür, dass sie das Handeln der Staatsverwaltung nicht in Frage stellten bzw. dass sie es deckten. Die Justiz als Prüfinstanz der Politik fasste in Deutschland noch nicht Fuß.

2.1.2 Die Weimarer Republik

In der Weimarer Republik wechselte das Verfassungsregime. Die Regierung wurde an das parlamentarische Vertrauen gebunden, der Reichspräsident musste vom Volk gewählt werden, Volksbegehren und Volksentscheid wurden als Instrumente der unmittelbaren Bürgergesetzgebung installiert. In technischer Hinsicht schuf die 1919 in Weimar tagende Verfassunggebende Versammlung ein hochmodernes Werk, das Parlamentarismus und direkte Demokratie miteinander kombinierte, mit seinen Vorkehrungen für innere Notstände und äußere Bedrohungen aber auch eine monokratische Handlungsreserve für den gewählten Reichspräsidenten vorhielt.

Das Problem dieser ersten deutschen Demokratie war indes der Umstand, dass sie von zahlreichen Politikern und von den Staatsdienern nicht mit Leben gefüllt wurde und dass sie selbst einem Großteil ihrer Bürger gleichgültig war. Die demokratisch gesinnten Beamten, die jetzt in die staatlichen Apparate einrückten, standen einem Heer konservativer Beamten gegenüber, die das demokratische System skeptisch betrachteten oder es gar offen ablehnten. Dazu eine ebenso einfühlsame wie treffende Charakterisierung der Weimarer Justiz aus dem Jahre 1927:

> „Das Gehalt reichte nicht mehr. Auf allen Luxus hatte man verzichtet. Wenn der Richter einmal mit der Eisenbahn fort mußte, fuhr er vierter Klasse, mitten unter Handwerksburschen und Landstreichern, die er sonst nur von der Anklagebank kannte. An ein Studium der Söhne war nicht zu denken; diese wurden Kaufleute. [...] Die Dienstboten mußte man abschaffen; die Frau Landgerichtsrat kochte und spülte selbst. An der Spitze des Reiches aber standen ehemalige Arbeiter. Die innere Verwaltung, der man neidlos die soziale Überwertigkeit zugebilligt hatte, wurde mit Schlossern und Buchdruckern besetzt.
>   Wo gab es noch einen Halt? Der Staat war zerbrochen, die gesellschaftliche Stellung unterhöhlt, die Wirtschaft auf den Kopf gestellt. Alles schlug gegen die Säulen der alten Gesellschaftsordnung aus, gegen die Beamten; alles – so schien es dem volkswirtschaftlich und soziologisch ungeschulten Auge des Richters – kam der Arbeiterschaft zugute. Da fraß sich in sein Unterbewußtsein gegen das Proletariat eine Stimmung ein, die jede niedergehende Klasse gegen eine aufsteigende Schicht haben wird: Ressentiment. Hatte man dem Handarbeiter früher fremd und verachtend gegenübergestanden, so blieb die Fremdheit, aber die Verachtung steigerte sich in Haß."

Ernst Fraenkel: Zur Soziologie der Klassenjustiz, in: Reformismus und Pluralismus. Materialien zu einer ungeschriebenen politischen Autobiographie, zusammengestellt und hrsg. von Falk Esche u. Frank Grube, Hamburg: Hoffmann & Campe 1975, S. 98f. [Erstveröffentlichung 1927]

Staat und Politik blieben auch in Weimar das Ressort der Staatsrechtler. Zwar förderte insbesondere die demokratische Regierung Preußens die noch junge Sozialwissenschaft. So profitierte auch die Berliner Hochschule für Politik, die wichtige Grundlagen für die Ausbildung der gegenwärtigen deutschen Politikwissenschaft legte, von den finanziellen Garantien. Aber das Juristenmonopol für die Staatsdeutung blieb. Die Weimarer Demokratie erzwang von den Staatsrechtlern freilich die Neuinterpretation des Staates. So kam es zu verschiedenen Ansätzen, die staatliche Realität und die Verfassungsnormen wieder in Einklang zu bringen. Die Nachwelt hat diese Diskussion als die Weimarer Staatsdebatte festgehalten. Das Spektrum der staatstheoretischen Konstruktionen reichte von der formalen Neubestimmung des Rechtsstaates mit einem Verfassungsgericht an der Spitze über die Abwertung der formalen

Rechtsordnung durch die Selbstrechtfertigung politischer Macht bis hin zur Idee, den Parlamentarismus als Mechanismus des friedfertigen Interessenausgleichs zu legitimieren.

2.2 Georg Jellinek: Die Elemente der Staatlichkeit

Die rechtswissenschaftliche Autorität des wilhelminischen Reiches war *Paul Laband* (1838-1918). Seine Position war schlicht positivistisch. Der Staat besteht aus Normen, die den Willen der verfassungsmäßigen Autoritäten, hier also des Kaisers, des Bundesrates, des Reichstages und der einzelstaatlichen Gesetzgeber des Reiches ausdrücken. Politik findet demnach immer nur punktuell, in Gesetzgebungsakten, statt. Gesetze sind wie bei Hegel Ausdrucksformen der vernünftigen Beratung einer dazu berufenen Elite, die das Gemeinwohl definiert.

> *„Der Staat ist die rechtliche Ordnung für das Gemeinwesen eines ansässigen Volkes.* Obwohl jeder im Staate lebt und der Begriff des Staates jedem vernünftigen Menschen wohl bekannt ist, so giebt doch die Definition dieses Begriffes und die wissenschaftliche Feststellung desselben zu den größten Zweifeln und Schwierigkeiten Anlaß. Insbesondere hat man häufig die Bezugnahme auf eine bestimmte Staatsform oder auf eine gewisse Wirksamkeit der Staatsgewalt in die Definition mit aufgenommen, und dadurch die Definition so eng gefaßt, daß sie nur auf gewisse Staatengruppen paßte und andererseits hat man aus rein philosophischer Abstraction den Begriff zu einer so weiten Kategorie ausgedehnt, daß er die specifischen Merkmale des Staates nicht mehr enthielt. Wir gelangen zu dem Begriffe des Staates aber nicht allein auf dem Wege logischer Construction, sondern zunächst auf empirische Weise durch Entwicklung der Geschichte, denn der Staat ist die weltgeschichtliche Form für das Leben der Völker. [...]
> Die Gesetzgebung hat die Aufgabe, allgemeine Normen, in denen sich die Rechtsordnung des Volkes u. Staates abspiegelt, festzusetzen. Sie ist die höchste und oberste Function des Staates und das Recht zur Gesetzgebung steht, wie die Staatsgewalt überhaupt, dem Souverän zu. [...] Allein die Gesetzgebung soll allgemeine Wahrheiten, Grundsätze von dauernder und weitreichender Verbindlichkeit aussprechen, in ihr soll die Gesammt-Intelligenz, die Gesammt-

Rechtsüberzeugung des Volkes zur Erscheinung kommen; daher soll nicht die augenblickliche Laune und Willkür des Souverains, ebensowenig die Rücksicht auf einen speciellen, vorübergehenden Zweck den Inhalt der Gesetze bestimmen."

Paul Laband: Staatsrechtliche Vorlesungen. Vorlesungen zur Geschichte des Staatsdenkens, zur Staatstheorie und Verfassungsgeschichte und zum deutschen Staatsrecht des 19. Jahrhunderts, gehalten an der Kaiser-Wilhelms-Universität Straßburg 1872-1918, bearb. u. hrsg. von Bernd Schlüter, Berlin: Duncker & Humblot 2004, S. 56, 126.

Georg Jellinek (1851-1911), ein weiterer bekannter Staatslehrer der wilhelminischen Zeit, öffnete die Staatsanalyse für die gesellschaftlichen Quellen des Rechts. Der in Wien geborene Jellinek studierte in seiner Heimatstadt, qualifizierte sich dort zum Hochschullehrer und lehrte zunächst in Wien, dann in Basel. Von dort wechselte er 1891 an die Universität Heidelberg, wo sein Hauptwerk, die „Allgemeine Staatslehre" entstand. In Heidelberg hatte er engen Kontakt zu Max Weber. Dessen Soziologie hinterließ in seinem Werk deutliche Spuren. Wegen seiner Offenheit für soziologische Überlegungen war er bei aller wissenschaftlichen Anerkennung, die er im wilhelminischen Deutschland fand, umstritten. Die konventionelle Staatsrechtslehre konnte und wollte sich nicht auf Argumente einlassen, die den Rahmen schriftlicher Rechtsnormen verließen. Jellineks Außenseiterposition übertrug sich noch auf das Wirken seiner Schüler in der Weimarer Republik.

2.2.1 Elementelehre

Die Staatsanalyse kann nach Jellinek nicht darauf verzichten, die Umstände in den Blick zu nehmen, die überhaupt erst ein effektives Staatshandeln ermöglichen. Die Verbindung der rechtlichen mit der gesellschaftlichen Betrachtungsweise zeigt sich bereits in der bekannten Staatsdefinition Jellineks. In seiner Drei-Elemente-Lehre charakterisiert er den Staat durch das Staatsgebiet, durch das Staatsvolk und durch die Staatsgewalt. Das Staatsgebiet ist staats- und völkerrechtlich definiert, es bezeichnet den Geltungsraum der Staatsgewalt. Das Staatsvolk konstituiert sich durch die Menschen im Staatsgebiet, die im Unterschied zu dort lebenden Ausländern bestimmte Rechte und Pflichten haben. Zu den maßgeblichen Rechten zählt die politische Teilhabe.

„Die rechtliche Stellung der Elemente des Staates.
1. Das Staatsgebiet.

Das Land, auf welchem der staatliche Verband sich erhebt, bezeichnet seiner rechtlichen Seite nach den Raum, auf dem die Staatsgewalt ihre spezifische Tätigkeit, die des Herrschens, entfalten kann. In diesem rechtlichen Sinne wird das Land als Gebiet bezeichnet. Die rechtliche Bedeutung des Gebietes äußert sich in doppelter Weise: negativ dadurch, daß jeder anderen, dem Staate nicht unterworfenen Macht es untersagt ist, ohne ausdrückliche Erlaubnis von seiten des Staates Herrschaft zu üben; positiv dadurch, daß alle auf dem Gebiete befindlichen Personen der Staatsherrschaft unterworfen sind. [...]
2. Das Staatsvolk.

Die dem Staate zugehörigen Menschen bilden in ihrer Gesamtheit das Staatsvolk. Gleich dem Gebiete hat das Volk im Staate eine doppelte Funktion. Es ist ein Element des staatlichen Verbandes, gehört dem Staate als dem Subjekt der Staatsgewalt an; wir wollen es der Kürze halber das Volk in subjektiver Qualität nennen. Sodann aber ist das Volk in anderer Eigenschaft Gegenstand staatlicher Tätigkeit, Volk als Objekt. [...]

Eine Vielheit von Menschen, die unter einer gemeinsamen Herrschaft stehen, ohne die subjektive Qualität eines Volkes zu besitzen wäre kein Staat, weil jedes die einzelnen zu einer Einheit verbindende Moment mangelte. [...]
3. Die Staatsgewalt.

Eine jede aus Menschen bestehende Zweckeinheit bedarf einer Leitung durch einen Willen. Dieser die gemeinsamen Zwecke des Verbandes versorgende Wille, der anordnet und die Vollziehung seiner Anordnungen leitet, stellt die Verbandsgewalt dar. Daher hat jeder noch so lose Verband, wofern er nur als eine von seinen Mitgliedern verschiedene Einheit erscheint, seine ihm eigentümliche Gewalt.

Solcher Gewalten gibt es aber zwei Arten: herrschende und nicht herrschende Gewalten. Worin liegt der Unterschied beider?

Die einfache, nicht herrschende Verbandsgewalt ist dadurch charakterisiert, daß sie zwar Vorschriften für die Verbandsmitglieder erlassen kann, aber nicht imstande ist, die Befolgung ihrer Befehle aus

> eigener Macht, mit eigenen Mitteln zu erzwingen. Jedem nicht mit Herrschermacht ausgerüsteten Verbande kann sich jedes Mitglied jederzeit entziehen. [...]
> Herrschergewalt hingegen ist unwiderstehliche Gewalt. Herrschen heißt unbedingt befehlen und Erfüllungszwang üben können. Jeder Macht kann sich der Unterworfene entziehen, nur der Herrschermacht nicht. [...] Nur bedingter Austritt ist aus dem Staate möglich, nämlich um sich einem anderen zu unterwerfen."
>
> *Georg Jellinek*: Allgemeine Staatslehre, 5. Neudruck d. 3. Aufl., Kronberg/Ts.: Athenäum 1976, S. 394, 406f, 427, 429. [Erstveröffentlichung 1900]

Als den eigentlich heiklen Punkt des Staatsverständnisses erkennt Jellinek die Staatsgewalt. Die Staatsgewalt verleiht den Phänomenen des Staatsvolkes und des Staatsgebietes überhaupt Sinn. Eine Staatsgewalt, die nicht sämtliche Gebiete des Staates effektiv beherrscht, setzt hinter die praktische Bedeutung der Staatsgrenzen ein großes Fragezeichen. Die Befindlichkeit so manchen gegenwärtigen Staates in Vorderasien oder in Afrika, wo der Zugriff der Staatsorgane jenseits der Hauptstadtregion endet, unterstreicht dieses Fragezeichen. Eine Staatsgewalt, die von einem Teil der eigenen Bürger aufgrund der Staatssprache, der Religion und der ethnischen Zusammensetzung nicht als legitim anerkannt wird, setzt hinter die amtliche Definition des Staatsvolkes ebenfalls ein Fragezeichen. Handelt es sich um eine relevante, dazu noch gewaltbereite Minderheit, dann steht die Handlungsfähigkeit der Staatsgewalt auf dem Spiel. Aufstände, Attentate, Generalstreik und Bürgerkrieg zeigen sämtlich an, dass die Staatsgewalt, vulgo: die Herrschenden, nur noch mit blanker Repression ihren Willen durchzusetzen vermag. Wie weit und ob dies gelingt, ist allerdings keine Frage der bereitwilligen Anerkennung durch die Beherrschten mehr, sondern eine Frage des Erfolgs.

2.2.2 Zweiseitentheorie des Staates

Jellinek bringt die soziologische und die rechtliche Analyse in seiner Staatstheorie zusammen. Als „Zweiseitentheorie des Staates" wendet sie sich sowohl den gesellschaftlichen Voraussetzungen des Staates als auch dem Recht des Staates zu. Die faktische Durchsetzung des in Rechtsnormen ausgedrückten Staatswillens ist für Jellinek keine Frage, die von der Rechtswissenschaft geklärt werden könnte. Es handelt sich um eine empirische Frage. Das Gleiche gilt für die weitere Frage, warum der Gehorsam gegenüber Gesetz und Verwaltung hier selbstverständlich ist, dort aber verweigert wird. Diese Fragen, so Jellinek, kann nur die soziologische Betrachtung beantworten.

Mit Soziologie ist hier die Untersuchung der gesellschaftlichen Kräfte gemeint, die sich unter anderem in Parteien und Verbänden artikulieren und die ihre Spuren dann in der Regierungsbildung und Gesetzgebung hinterlassen. Mit anderen Worten kann die Staatsrechtswissenschaft erst dann anfangen, Normen zu analysieren, wenn die Betrachtung der Gesellschaft geklärt hat, warum diese Normen hier gelten und dort ihre Geltung in Frage steht. In einer populär gewordenen Formulierung spricht Jellinek hier von der normativen Kraft des Faktischen.

„Den Grund der normativen Kraft des Faktischen in seiner bewußten oder unbewußten Vernünftigkeit zu suchen, wäre ganz verkehrt. Das Tatsächliche kann später rationalisiert werden, seine normative Bedeutung liegt aber in der weiter nicht ableitbaren Eigenschaft unserer Natur, kraft welcher das bereits Geübte physiologisch und psychologisch leichter reproduzierbar ist als das Neue.

Für die Einsicht in die Entwicklung von Recht und Sittlichkeit ist die Erkenntnis der normativen Kraft des Faktischen von der höchsten Bedeutung. Die Befehle priesterlicher und staatlicher Autoritäten werden zunächst, sei es aus Furcht, sei es aus einem anderen Motive, befolgt, und daraus entwickelt sich die Vorstellung, daß der oftmals wiederholte Befehl selbst, losgelöst von seiner Quelle, kraft seiner inneren verpflichtenden Kraft eine schlechthin zu befolgende, also sittliche Norm sei. Alle imperative religiöse Moral begründet ihre Sätze damit, daß sie faktischer Willensinhalt einer schlechthin anzuerkennenden Autorität sei. ‚Denn ich bin der Herr, euer Gott,' lautet die Motivierung der altjüdischen Ethik. Die ältesten religiösen Formulierungen ethischer Sätze werden stets in absoluter Form ausgedrückt; sie werden zwar mit Sanktionen, aber nicht mit Motiven versehen; ihr Rechtfertigungsgrund liegt in ihrem Dasein.

Noch schärfer tritt aber das Verhältnis des Faktischen zum Normativen in der Entstehung des Rechtes hervor. Alles Recht in einem Volke ist ursprünglich nichts als faktische Übung. Die fortdauernde Übung erzeugt die Vorstellung des Normmäßigen dieser Übung, und es erscheint damit die Norm selbst als autoritäres Gebot des Gemeinwesens, also als Rechtsnorm. Dadurch erhält auch das Problem des Gewohnheitsrechtes seine Lösung. Das Gewohnheitsrecht entspringt nicht dem Volksgeiste, der es sanktioniert, nicht der Gesamtüberzeugung, daß etwas kraft seiner inneren Notwendigkeit Recht sei, nicht einem stillschweigenden Willensakt des Volkes, sondern es entsteht aus der allgemeinen psychischen Eigenschaft, welche das sich stets wiederholende Faktische als das Normative ansieht; der Ursprung der verbindenden Kraft des Gewohnheitsrechtes fällt ganz zusammen mit dem der verbindenden Kraft des Zeremoniells oder der Mode.

Aber nicht nur für die Entstehung, auch für das Dasein der Rechtsordnung gibt die Einsicht in die normative Kraft des Faktischen erst das rechte Verständnis. Weil das Faktische überall die psychologische Tendenz hat, sich in Geltendes umzusetzen, so erzeugt es im ganzen Umfange des Rechtssystems die Voraussetzung, daß der gegebene soziale Zustand der zur Recht bestehende sei, so daß jeder, der eine Veränderung in diesem Zustand herbeiführen will, sein besseres Recht zu beweisen hat."

Georg Jellinek: Allgemeine Staatslehre, 3. Aufl., Kronberg/Ts.: Athenäum 1976, S. 338ff. [Erstveröffentlichung 1900]

Gewohnheit, Glauben und Überzeugung stützen die Normen. Sie werden damit zu gestaltenden Kräften der sozialen Wirklichkeit. Keine Norm lässt sich auf Dauer halten, wenn sie immer weniger Menschen überzeugt oder wenn die Gewohnheit, ihr zu folgen, verblasst. Erfährt die Lebenssituation der Menschen einen grundlegenden Wandel, so verliert die bestehende Rechtsnorm ihren vormaligen Sinn.

2.2.3 Jellinek und die Spannungen der wilhelminischen Politik

Mit seinen Überlegungen war Jellinek um die Jahrhundertwende der zeitgenössischen Staatsrechtswissenschaft weit voraus. Im Unterschied zu seinen juristischen Standesgenossen in Wissenschaft, Politik und Verwaltung sah er die Welt um sich herum mit offenen Augen. Rein rechtlich betrachtet hatten sich die Verhältnisse seit der Reichsgründung kaum verändert. Die Gesellschaft hatte sich dagegen erheblich gewandelt. Das

Deutschland, das 1871 als jüngster europäischer Nationalstaat die politische Bühne betreten hatte, war in seinem Kern noch ein Agrarstaat mit lediglich isolierten Industriezentren gewesen. Die Sozialdemokratie war noch kein allzu wichtiger Faktor im politischen Geschehen; die wirtschaftliche Vereinigung Deutschlands war noch Programm. Es gab kein einheitliches bürgerliches oder Strafrecht. Zwischen den katholischen und protestantischen Gebieten Deutschlands gab es beträchtliche Reibungen.

Am Beginn des 20. Jahrhunderts, kaum 30 Jahre später, sah fast alles anders aus: Die konfessionellen Konflikte waren hinter die Klassengegensätze zurückgetreten, die Sozialdemokratie war in den Reichstagswahlen erstarkt. Ohne die Reichstagsmehrheit im Rücken blieben die Nachfolger Bismarcks als Reichskanzler bemitleidenswerte Figuren. Der neue Kaiser Wilhelm II. war beratungsresistent. Ohne jedes Fingerspitzengefühl sorgte er immer wieder für innenpolitischen Unfrieden und internationale Irritationen. Arbeiterdemonstrationen und Streiks häuften sich. Mietskasernen, Bettler, billige Kneipen und Kleinkriminalität ließen sich auch von den gehobenen Schichten kaum länger übersehen. Ein Roman wie Heinrich Manns „Untertan" fängt die Stimmung dieser Zeit ein. Auch Jellinek registrierte diese Veränderungen. Vor allem nahm er zur Kenntnis, dass es in der Soziologie und in der statistischen Beobachtung der Gesellschaft inzwischen wissenschaftliche Methoden gab, um gesellschaftliche Kräfte und Veränderungen zuverlässig zu beschreiben. Jellinek sollte ein Fundament legen, auf dem die spätere Weimarer Staatsdebatte aufbaute.

Literatur:

Andreas Anter: Georg Jellineks wissenschaftliche Politik. Positionen, Kontexte, Wirkungslinien, in: Politische Vierteljahresschrift, 29. Jg. (1998), S. 503-526.

Georg Jellinek: Allgemeine Staatslehre, 5. Neudruck d. 3. Aufl., Kronberg, Ts.: Athenäum 1976. [Erstveröffentlichung 1900]

Paul Laband: Staatsrechtliche Vorlesungen. Vorlesungen zur Geschichte des Staatsdenkens, zur Staatstheorie und Verfassungsgeschichte und zum deutschen Staatsrecht des 19. Jahrhunderts, gehalten an der Kaiser-Wilhelms-

Universität Straßburg 1872-1918, bearb. u. hrsg. von Bernd Schlüter, Berlin: Duncker & Humblot 2004.

Peter von Oertzen: Die soziale Funktion des staatsrechtlichen Positivismus. Eine wissenssoziologische Studie über die Entstehung des formalistischen Positivismus in der deutschen Staatsrechtswissenschaft, Frankfurt/M.: Suhrkamp 1974.

Michael Stolleis: Geschichte des öffentlichen Rechts in Deutschland, Zweiter Band: Staatsrechtslehre und Verwaltungswissenschaft 1800-1914, München: Beck 2002, S. 341-351, 450-455.

2.3 Hans Kelsen: Der Staat als Normenhierarchie

Der in Prag geborene *Hans Kelsen* (1881-1973) studierte in Wien Jura und wurde dort 1917 Hochschullehrer. Er gehörte zur bedeutungsvollen österreichischen Gruppe in der deutschsprachigen Staatsrechtslehre. 1930 übernahm er eine Rechtsprofessur in Köln. Seine „Reine Rechtslehre" wurde in der Weimarer Zeit sehr kontrovers diskutiert. 1930 nahm Kelsen eine Professur in Köln an. Nach 1933 suchte er Sicherheit in der Schweiz, wo er in Basel lehrte. Nach der Emigration in die USA setzte er seine Karriere in Berkeley fort.

2.3.1 Kelsens positivistische Verfassungsordnung

Scheinbar im Einklang mit dem in Deutschland vorherrschenden staatsrechtlichen Positivismus ließ Kelsen keine über das gesetzte Recht hinausgehende Betrachtungsweise des Staates gelten. Im Unterschied zum staatstheoretischen Hauptstrom im wilhelminischen Deutschland stand dahinter jedoch keine sozialkonservative Gesinnung. Kelsen war weltanschaulich nicht festgelegt. Im Unterschied zu den deutschen Positivisten, die fest in das monarchisch-konservative Milieu des privilegierten Standes der höheren Beamten eingebunden waren, war Kelsen ein untadeliger liberaler Demokrat. Die Jellineksche Zweiseitenlehre lehnte Kelsen grundsätzlich ab. Für das Verständnis des Staates zählt allein die geschriebene Rechtsnorm. Hinter dieser eindimensionalen Sichtweise stand unterschwellig die Reputation der exakten Wissenschaften. Die Rechtswissenschaft sollte sich ganz darauf konzentrieren, die Ursachen der Rechtsgeltung zu erforschen.

Die Angelpunkte des Rechts sind nach Kelsen seine hierarchische Ordnung und seine verfahrenstechnisch korrekte Erzeugung (Kompetenzen, Fristen, Mehrheitsquoren). Das Verhältnis der höherrangigen zu den nachgeordneten Rechtsnormen gleicht einer Ursachenkette. Die Rechtsnormen müssen zunächst schriftlich fixiert sein, sonst lassen sich weder Ursache noch Wirkung erkennen. Niederrangige Rechtsnormen müssen von höherrangigen hergeleitet sein. An der Spitze der Rechtsordnung steht die Grundnorm – die Verfassung. Dann kommen die Gesetze, die den Rahmen der Verfassung allerdings nicht verlassen dürfen. Aus den Gesetzen folgen wiederum die Verordnungen und aus diesen schließlich die Einzelentscheidungen der Verwaltung.

Die Verfassung ist der Kern des Rechtssystems. Sie teilt das Handeln im Verfassungsstaat in positive und negative Entscheidungsmacht. Die erste ist Sache der Politik, sie geht die Staatsrechtslehre nichts an; die zweite ist Sache der Rechtsprechung, sie gehört in das Zentrum der rechtlichen Staatsanalyse.

„Es ist daher begreiflich, daß in den republikanisch-demokratischen Verfassungen das richterliche Gesetzesprüfungsrecht entweder unbeschränkt besteht oder in Form einer speziellen Verfassungsgerichtsbarkeit einem besonderen Gerichte die Aufgabe erteilt wird, verfassungswidrige Gesetze aufzuheben. [...]

Das Recht, die Verordnungen auf ihre Gesetz- und Verfassungsmäßigkeit hin im Instanzenzuge zu prüfen, bedeutet, daß das zur Vollziehung der Verordnung berufene Gericht erster Instanz die Verordnung auf den konkreten Fall anzuwenden ablehnen muß, wenn es diese Verordnung für rechtswidrig erkennt. Das bedeutet aber wieder nichts anderes, als daß das Gericht befugt ist, diese Verordnung für den konkreten Fall zu vernichten; jedoch nur in erster Instanz. Von der höheren Instanz kann die Verordnung als rechtmäßig erkannt und das erstrichterliche Urteil aufgehoben werden.

Auch eine generelle Aufhebung der Verordnung durch das Vollzugsorgan ist – allerdings nur Kraft positivrechtlicher Bestimmung – möglich. So wenn z.B. die Verfassung einem besonderen Gerichte – etwa dem Obersten Gerichtshof oder einem Spezialgerichtshof – die Kompetenz einräumt, eine Verordnung – oder auch ein Gesetz – so-

> fern diese generelle Norm von dem Gerichte anerkannt werden soll – gänzlich zu kassieren, wenn es ihre Rechtswidrigkeit erkennt."

Hans Kelsen: Allgemeine Staatslehre, Berlin: Julius Springer Vlg. 1925, S. 255, 291.

Die Länder und Gemeinden, also die subnationalen Einheiten des Staates, ebenfalls die Organe des Zentralstaates, haben das Recht, mit Gesetzen und Verordnungen politische Gestaltung zu betreiben. Aber die Gerichte besitzen das Recht der negativen Entscheidung. Sie dürfen Verwaltungsentscheidungen für nichtig erklären, wenn sie durch die vorrangige Gesetzesnorm nicht mehr gedeckt sind. Ein Verfassungsgericht darf die gesetzesförmigen politischen Entscheidungen annullieren, wenn sie in der Verfassung keine Basis mehr finden. Letztlich bestimmen also Richter, wie weit die Politik gehen darf. Im österreichischen Verfassungsgesetz von 1920 fand diese Auffassung ihren Niederschlag. Kelsen hatte bei der Konzeption dieses Verfassungsentwurfs Pate gestanden. Auch die Verfassungsgerichtsbarkeit der Bundesrepublik ist von ihr beeinflusst. Richter bestimmen die Grenzen der Politik.

> „Art. 140
> (1) Der Verfassungsgerichtshof erkennt über Verfassungswidrigkeit von Landesgesetzen auf Antrag der Bundesregierung, über Verfassungswidrigkeit von Bundesgesetzen auf Antrag einer Landesregierung, sofern aber ein solches Gesetz die Voraussetzung eines Erkenntnisses des Verfassungsgerichtshofes bilden soll, von Amts wegen. [...]
> (3) Das Erkenntnis des Verfassungsgerichtshofes, mit dem ein Gesetz als verfassungswidrig aufgehoben wird, verpflichtet den Bundeskanzler oder den zuständigen Landeshauptmann zur unverzüglichen Kundmachung der Aufhebung; die Aufhebung tritt am Tag der Kundmachung in Kraft, wenn nicht der Verfassungsgerichtshof für das Außerkrafttreten eine Frist bestimmt. [...]"

Die Bundesverfassung vom 1. Oktober 1920. Sechstes Hauptstück, B. Verfassungsgerichtshof, Art. 140.

Kelsens Absolutsetzung einer Grundnorm ist im Rahmen des rechtsstaatlichen Modells zu verstehen. Der Rechtsstaat bezeichnete in seiner österreichischen und deutschen Schaffensperiode den zivilisatorischen Standard in Europa. Mit einer Justiz, die sich der Politik andiente, verlöre seine Staatslehre den Boden. Die weltanschauliche Diktatur negiert den Primat des Rechts vor der Politik und den Sinn verfahrensgebundener politischer Beschlüsse. Kelsens Thema ist der Verfassungsstaat, nicht der Staat eines diktatorischen Regimes. Kelsen setzt den Verfassungsprimat und die Verfahrensbindung der Rechtserzeugung voraus, wo er in vordergründig fehlinterpretierbarer Weise die gesetzgeberische Gestaltungsfreiheit umschreibt.

„Eine Rechtsnorm gilt nicht darum, weil sie einen bestimmten Inhalt hat, das heißt: weil ihr Inhalt aus dem einer vorausgesetzten Grundnorm im Wege einer logischen Schlußfolgerung abgeleitet werden kann, sondern darum, weil sie in einer bestimmten, und zwar in letzter Linie in einer von einer vorausgesetzten Grundnorm bestimmten Weise erzeugt ist. Daher kann jeder beliebige Inhalt Recht sein. Es gibt kein menschliches Verhalten, das als solches, kraft seines Gehaltes ausgeschlossen wäre, Inhalt einer Rechtsnorm zu sein."

Hans Kelsen: Reine Rechtslehre, Nachdruck der 2. vollst. neu bearb. und erw. Aufl. von 1960, Wien: Verl. Österreich 2000, S. 200f. [Erstveröffentlichung 1934]

2.3.2 Parlamentarismus, Demokratie und die wertefreie Verfassung

Kelsen war ein untadeliger Demokrat, neben Heller der einzige prominente Sozialdemokrat in der ansonsten konservativen Riege der deutschen Staatsrechtslehrer. Im Einklang mit dem traditionellen Ideengut des politischen Denkens im frühen 19. Jahrhundert fasst er Demokratie so, wie sie Aristoteles und Rousseau aus ihrer Anschauung des antiken Athen bzw. des stadtstaatlich verfassten Genf des 18. Jahrhunderts heraus beschrieben haben: als unmittelbare Volksgesetzgebung bzw. Selbstregierung des Volkes. Doch diese Demokratie im ursprünglichen Sinne, so Kelsen realistisch, ist im modernen Staat mit der Idee des Parlamentarismus eins geworden. Im Parlamentarismus ist die gewählte Versammlung Quelle der Rechtschöpfung. Im Parlament debattieren und handeln nur Wenige, auch wenn sie die Repräsentation eines umfassenderen Ganzen beanspruchen. Im modernen Parteienstaat erkennt Kelsen die zeitgenössische Ausdrucksform der Demokratie. Zwar kann der Parlamentarismus im Sinne der Kelsenschen Definition nicht demokratisch sein, weil er bloß die Mandatsträger an Gesetzgebungs- und Regierungsentscheidungen beteiligt. Ebensowenig kann die Demokratie parlamentarisch sein, weil sie sich nicht mit der Privilegierung weniger verträgt, die stellvertretend für das Volk die Entscheidungen treffen. Der Parlamentarismus schränkt die Demokratie ein, er reduziert die große Masse auf den Status von Stimmbürgern. Die politischen Parteien allerdings verbinden die Demokratie mit dem Parlamentarismus. Sie organisieren den Volkswillen, indem sie Programme propagieren und Kandidaten für Wahlämter aufstellen. Ihre Parlamentsvertreter handeln geschlossen und bemühen sich darum, den Interessen ihrer Wähler Rechnung zu tragen. Der lupenreine Parlamentarismus, der vom Abgeordneten als bindungsfreiem Generalbevollmächtigten der Wähler ausgeht, verändert damit seinen Charakter, er passt sich der Demokratie an. Die Demokratie wiederum duldet ihre Einschränkung, indem sie den Parlamentarismus als Entscheidungssystem akzeptiert. Das Scharnier zwischen der parlamentarisch modifizierten Demokratie und dem demokratisch modifizierten Parlamentarismus bilden die politischen Parteien. Sie verdienen nach Kelsen den Rang von Verfassungsinstitutionen.

„Da das ‚Volk', das die Grundlage der demokratischen Idee darstellt, das herrschende, nicht das beherrschte Volk ist, wäre vom Standpunkt realistischer Betrachtung sogar noch eine weitere Einengung des fraglichen Begriffs zulässig. Innerhalb der Masse jener, die, ihre politischen Rechte tatsächlich ausübend, an der staatlichen Willensbildung teilnehmen, müsste man zwischen jenen unterscheiden, die als urteilslose Menge ohne eigene Meinung dem Einfluss anderer folgen, und jenen Wenigen, die wirklich durch die selbständige Willensentscheidung – der Idee der Demokratie entsprechend – Richtung gebend in das Verfahren der Gemeinschaftswillensbildung eingreifen. Eine solche Untersuchung stößt auf die Wirksamkeit eines der bedeutendsten Elemente der Demokratie: der politischen Parteien, die Gleichgesinnte vereinigen, um ihnen wirklichen Einfluss auf die Gestaltung der öffentlichen Verhältnisse zu sichern. Diese sozialen Gebilde haben zumeist noch einen *amorphen* Charakter; sie treten in der losen Form freier Vereinsbildung, häufig nicht einmal in dieser, sondern ohne jede rechtliche Form auf. Und dennoch vollzieht sich in ihrem Schoße ein sehr wesentlicher Teil der Gemeinschaftswillensbildung: die für seine Richtung zumeist entscheidende *Vorbereitung* jenes Prozesses, der, durch die von vielen politischen Parteien ausgehenden Impulse wie durch viele unterirdische Quellen gespeist, erst in Volksversammlung oder Parlament an die Oberfläche tritt und hier in ein einheitliches Bett geleitet wird. Die moderne Demokratie beruht geradezu auf den politischen Parteien, deren Bedeutung um so größer ist, je stärker das demokratische Prinzip verwirklicht ist. Angesichts dieses Umstandes sind die – bisher freilich nur schwachen – Tendenzen begreiflich, die politischen Parteien verfassungsmäßig zu verankern, sie auch rechtlich zu dem zu gestalten, was sie faktisch schon längst sind: zu Organen der staatlichen Willensbildung."

Hans Kelsen: Vom Wesen und Wert der Demokratie, Aalen: Scientia-Verlag 1981, S. 18f. [Erstveröffentlichung 1920]

Kelsens Gedanken zur Demokratie zeigen ihn als scharfen Beobachter der politischen Realität. Er macht auch keinen Hehl aus seiner Auffassung, dass die Verhältniswahl und ein vielfältiges Parteiensystem die dem demokratischen Parlamentarismus am ehesten adäquate Form sei. Insofern steht er ganz im Strom des mitteleuropäischen Verfassungsdenkens. Kelsen betont freilich, dass die Demokratie lediglich eine Methode zur politischen Willensbildung ist. Die Neutralität der verfahrensbasierten Demokratie hat indes den Vorteil der Offenheit für verschiedene, von wechselnden Mehrheiten gewollte Inhalte. Genauso wichtig wie die demokratische Methode ist die Frage, welche politischen Inhalte mit ihr verbindlich gemacht werden.

„Wenn [...] Demokratie *nur* eine Form, *nur* eine Methode ist, die soziale Ordnung zu erzeugen, gerade dann erscheint ihr Wert [...] in höchstem Maße problematisch. Denn mit einer spezifischen Erzeugungsregel, mit einer bestimmten Staats- und Gesellschafts*form* ist noch in keiner Weise die offenbar viel wichtigere Frage nach dem *Inhalt* der staatlichen Ordnung beantwortet. Für die Lösung des Problems scheint es doch darauf anzukommen, wie die staatliche und gesellschaftliche Ordnung materiell gestaltet sein soll, ob sozialistisch oder kapitalistisch, ob sie weit in die Sphäre des Individuums

> eingreifen oder sich auf ein Minimum beschränken soll, kurz: nicht so sehr *wie* die Normen erzeugt werden, sondern *was* durch die Normen statuiert werden soll. Heißt es nicht die Form auf Kosten des Inhalts ungebührlich überschätzen, wenn in der politischen Diskussion sich beinahe alles um die Unterscheidung von Demokratie und Autokratie dreht? Und gerade der Demokratismus hat die ausgesprochene Tendenz, das entscheidende Problem in diesem Sinne zu stellen, während der Autokratismus [...] die Frage nach der Staatsform in den Hintegrund drängt?"
>
> *Hans Kelsen:* Vom Wesen und Wert der Demokratie, Aalen: Scientia-Verlag 1981, S. 98. [Erstveröffentlichung 1920]

Kelsen lässt durchblicken, dass er den Staat nicht als Selbstzweck, sondern als Instrument zur Lösung gesellschaftlicher Probleme betrachtet. Er begnügt sich aber mit dieser sozialkritisch motivierten Frage, die auf Probleme der sozialen Gerechtigkeit als Triebkräfte der politischen Auseinandersetzung deutet. Andere Staatstheoretiker sollten diese Frage in ihre Theorie hineinholen.

Literatur:

Die österreichische Bundesverfassung vom 1. Oktober 1920.
Hans Kelsen: Reine Rechtslehre, Nachdruck der 2. vollst. neu bearb. und erw. Aufl. von 1960, Wien: Verl. Österreich 2000. [Erstveröffentlichung 1934]
Hans Kelsen: Vom Wesen der Demokratie, 2. Nachdruck der 2. Aufl. von 1929, Aalen: Scientia-Verlag 1981. [Erstveröffentlichung 1920]
Hans Kelsen: Allgemeine Staatslehre, Berlin: Julius Springer Vlg. 1925.
Detlef Lehnert: Der Beitrag von Hans Kelsen und Hugo Preuß zum modernen Demokratieverständnis, in Christoph Gusy (Hrsg.), Demokratisches Denken in der Weimarer Republik, Baden-Baden: Nomos 2000, S. 221-255.
Herfried Münkler: Die politischen Ideen der Weimarer Republik, in: Iring Fetscher u. Herfried Münkler (Hrsg.), Pipers Handbuch der politischen Ideen, Bd. 5: Neuzeit. Vom Zeitalter des Imperialismus bis zu den neuen sozialen Bewegungen, München: Piper 1987, S. 283-318.
Michael Stolleis: Geschichte des öffentlichen Rechts in Deutschland, Dritter Band: Staats- und Verwaltungswissenschaft in Republik und Diktatur 1914-1945, München: Beck 1999, S. 158-171.

2.4 Rudolf Smend: Der Staat als Identifikationsphänomen

Rudolf Smend (1882-1975) war einer der stärksten Antipoden Kelsens in der Diskussion über den Gegenstand der Staatstheorie. Sein Vater war Hochschullehrer für Theologie und orientalische Sprachen. Smend studierte in Basel, Berlin, Bonn und Göttingen Rechtswissenschaft, habilitierte sich 1908 und wurde bereits 1909 außerordentlicher Professor in Greifswald. Es folgte eine steile Hochschulkarriere. 1911 trat Smend eine ordentliche Professur in Tübingen an, 1915 folgte er einem Ruf nach Bonn, 1922 wechselte er an die Berliner Universität. Smend war von konservativer protestantischer Gesinnung. Aus seiner Bewunderung für die wilhelminische Monarchie machte er auch nach 1918 keinen Hehl. In der Weimarer Zeit stand er zunächst im Lager der Deutschnationalen Volkspartei. Als diese ihre Oppositionsrolle am äußersten rechten Rand der bürgerlichen Parteien verließ und wie die Nationalsozialisten zur Bekämpfung der Republik überging, brach Smend mit der Partei und unterzog sie bis 1933 einer herben Kritik. Smend war den Nationalsozialisten unbequem. Nachdem die deutschnationale Identifikationsfigur des Reichspräsidenten von Hindenburg 1934 verstorben war und Hitler die Deutschnationalen aus seiner Regierung drängte, setzte das Regime Smend unter Druck, die stets stärker als andere Hochschulen beachtete Hauptstadtuniversität zu verlassen. Als „Ausgleich" wurde ihm eine Professur in Göttingen angeboten. Dort lehrte er bis zu seiner Emeritierung im Jahr 1951 und lange danach als Emeritus. Nachdem sich Smend in seiner ersten Schaffensperiode hauptsächlich staatstheoretischen und staatsrechtlichen Themen zugewandt hatte, publizierte er nach 1945 stärker zum Themenkomplex des Kirchen- bzw. Staatskirchenrechts. Seine protestantische Prägung zieht sich allerdings durch das Gesamtwerk.

Smends beherrschendes Thema war die Integration des Einzelnen in den Staat. Warum identifizieren sich Menschen mit dem Staat, in dem sie leben? Smend überschritt mit dieser Frage den Rahmen der rechtswissenschaftlichen Betrachtungsweise. Es ging ihm um die faktische Geltung und Handlungsfähigkeit des Staates, nicht um die Hierarchie und Konsistenz der Rechtsnormen.

„Staats- und Staatsrechtslehre haben es zu tun mit dem Staat als einem Teil der geistigen Wirklichkeit. Geistige Kollektivgebilde sind als

Teile der Wirklichkeit nicht statisch daseiende Substanzen, sondern die Sinneinheit reellen geistigen Lebens, geistiger Akte. Ihre Wirklichkeit ist die einer funktionellen Aktualisierung, Reproduzierung, genauer einer dauernden geistigen Bewältigung und Weiterbildung (die ihrem Werte nach Fortschritt und Entartung sein kann) – nur in diesem Prozeß und vermöge dieses Prozesses sind sie oder werden sie in jedem Augenblick von neuem wirklich.

So ist insbesondere der Staat nicht ein ruhendes Ganzes, das einzelne Lebensäußerungen, Gesetze, diplomatische Akte, Urteile, Verwaltungshandlungen von sich ausgehen läßt. Sondern er ist überhaupt nur vorhanden in diesen einzelnen Lebensäußerungen, sofern sie Betätigungen eines geistigen Gesamtzusammenhanges sind, und in den noch wichtigeren Erneuerungen und Fortbildungen, die lediglich diesen Zusammenhang selbst zum Gegenstande haben. Er lebt und ist da nur in diesem Prozeß beständiger Erneuerung, dauernden Neuerlebtwerdens; er lebt, um Renans berühmte Charakterisierung der Nation auch hier anzuwenden, von einem Plebiszit, das sich jeden Tag wiederholt. Es ist dieser Kernvorgang des staatlichen Lebens, wenn man so will, seine Kernsubstanz, für die ich schon an anderer Stelle die Bezeichnung als Integration vorgeschlagen habe."

Rudolf Smend: Verfassung und Verfassungsrecht, München/Leipzig: Duncker & Humblot 1928, S. 18.

Smend war vom Studium des Kirchenrechts geprägt. Rituale und Symbole nahmen in seiner Vorstellungswelt großen Platz ein. Diese Herangehensweise war für die soziologische Analyse des Staates von großem Nutzen. Auch die Politik und der Staat arbeiten mit Identität stiftenden Symbolen und Zeremonien. Doch es macht einen Unterschied, ob man, wie bereits Jellinek, die rational nachvollziehbare Geltung einer sozialen Praxis und ihre Übereinstimmung mit schriftlich fixierten Rechtsnormen beobachtet, oder ob man, wie Smend, die gefühlsmäßige Bindung an staatliche Ausdrucksformen in den Mittelpunkt stellt. Der staatsrechtliche Soziologismus Smends hatte eher intuitiven Charakter. Er war vom Bild der christlichen Erlebnisgemeinschaft mit ihren Identität stiftenden Handlungen, Formeln und Bildern beeinflusst.

"Die Realisierung aller ideellen Sinngehalte setzt Gemeinschaft voraus, und wiederum steigert, bereichert, festigt, ja begründet sie diese Gemeinschaft. Man kann von einer ‚Sozialität des Sinnerlebnisses' und insbesondere von einer ‚Werkgemeinschaft der Kultur' sprechen. Die Werte führen ein reales Leben nur vermöge der sie erlebenden und verwirklichenden Gemeinschaft. Umgekehrt lebt aber auch die Gemeinschaft von den Werten: wenn schon der Einzelmensch zur geistigen Persönlichkeit nur wird, im geistigen Sinne nur lebt, vorhanden ist durch Wertverwirklichung, so vollends alle Kollektivwesen, denen ja das ‚Ansich' psychophysischer Lebenswirklichkeit fehlt. [...]

[...] das Staatsleben als Ganzes ist nicht eine Summe, sondern eine individuelle Einheit, eine Totalität [...], bestimmt durch die Konkretisierung objektiver Wertgesetzlichkeiten in [...] konkreten geschichtlichen Verhältnissen. Nur vermöge dieser Wertfülle herrscht der Staat, d.h. ist er ein dauernder einheitlich motivierender Erlebniszusammenhang für die ihm Angehörenden – ein einheitliches Erlebnis ist aber nur als eine Werttotalität.

Vermöge des Erlebnisses dieser Wertfülle oder einzelner Momente daraus als Wesensmomente des Staates selbst erlebt man den Staat, wird man staatlich integriert."

Rudolf Smend: Verfassung und Verfassungsrecht, München/Leipzig: Duncker & Humblot 1928, S. 45, 47.

Smends Verdienst – auch für die spätere Politikwissenschaft – liegt darin, dass er die emotionalen Quellen der Herrschaft erkannte. Fahne, Nationalhymne, Wappen, Sprachbilder und historische Referenzen produzieren Erkennungswert und Loyalität. Sie vereinen die Bürger über Religion, Weltanschauung und soziale Stellung hinweg. Diesen Effekt bezeichnet Smend als Integration. Um das Phänomen der Integration kreist seine Staatsanalyse.

"Soviel integrierende Wirkung das sachliche Leben der Staatsgemeinschaft auch in seiner Einzelheit unmerklich hat; die Totalität dieses Lebens ist jedenfalls als extensive nicht übersehbar und insofern, als intensive, nicht erfaßbar. Um erlebt zu werden, um integrierend zu wirken, muß sie gewissermaßen in ein Moment zusammengedrängt, durch dieses repräsentiert werden. Das geschieht institutionell durch die Repräsentation des geschichtlich-aktuellen Wertge-

halts im politischen Symbol der Fahnen, Wappen, Staatsoberhäupter (besonders des Monarchen), der politischen Zeremonien und nationalen Feste. Es geschieht im Laufe der Geschichte durch repräsentative Vorgänge, die den Sinngehalt der Politik anschaulich machen. [...] Vor allem der Gegensatz zu anderen Staaten läßt plötzlich Wert und Würde des eigenen und die persönliche Einbezogenheit in den eigenen erleben. [...]
Die gesteigerte Integrationskraft eines symbolisierten Sachgehalts beruht allerdings nicht nur darin, dass er als irrationale und individuelle Fülle mit besonderer Intensität erlebt wird, sondern auch darin, dass er in dieser Gestalt zugleich elastischer ist, als in der extensiven, rationalen, gesetzlichen Formulierung."

Rudolf Smend: Verfassung und Verfassungsrecht, München/Leipzig: Duncker & Humblot 1928, S. 48f.

Smend als Zeitgenosse der wilhelminischen Ära und der Weimarer Zeit nahm sehr deutlich die spaltenden Tendenzen in der Gesellschaft wahr: die Klassengegensätze, die weltanschaulichen Auseinandersetzungen und die Abkapselung der sozialen und konfessionellen Milieus. Dies alles, so Smend, bedroht die Einheit des Staates. Diese Einheit stellt sich allein durch die affektive und gewohnheitsmäßige Zustimmung der Regierten her. Die formalistische Betrachtungsweise der Rechtswissenschaft, das Deduzieren von Normen aus höherrangigen Normen, erkannte Smend ganz zutreffend als politischen Magertreibstoff. Der Rechtsprechung und den Formalien der Rechtsordnung traute er sehr zum Verdruss seiner staatsrechtlichen Kollegen keinerlei Integrationswirkung zu. Es handelte sich hier um eine zwar wichtige Sache für Gelehrte und Experten, aber nichts, das in die Breite des Volkes wirken könnte. Integration ist das tägliche Plebiszit, mit dem die Bürger ihren Staat durch ihr Handeln oder Unterlassen bestätigen.

Das Integrationsphänomen ist regimeneutral. Es mag auf einen politischen Führer zurückgehen, auf Staatssymbole, Zeremoniell oder politische Mythen. Integration ist kein Zustand, sondern ein sichtbarer, ein öffentlicher Prozess. Sie mag sich sogar auf den Parlamentarismus und die Demokratie reimen. Dies setzt dann aber den breiten Konsens der Bürger voraus, dass es sich um den richtigen Modus des Regiertwerdens handelt. Das Argument ist von gleicher Art wie Jellineks These von der normativen Kraft des Faktischen.

„Wahlen, parlamentarische Verhandlungen, Kabinettsbildungen, Volksabstimmungen: sie alle sind integrierende Funktionen. D.h. sie finden ihre Rechtfertigung nicht lediglich darin, wie die herrschende Theorie der Staatsorgane und -funktionen vermöge ihrer juristischen Herkunft lehrt, daß hier Stellvertreter des Staates oder des Volksganzen mit Vollmacht eingesetzt werden und nun vermöge dieser Vollmacht gültige rechtsgeschäftliche Willenserklärungen mit Wirkung für und gegen den Vertretenen abgeben. Auch nicht darin, wie Verfassungstechniker im Sinne Max Webers meinen, daß hier gute Beschlüsse gefaßt und gute Führer ausgelesen werden. Dabei bleibt der zugrunde liegende geistige Vorrang, dessen Verständnis die erste Aufgabe einer Geisteswissenschaft wäre, im Dunkeln. Dieser Vorgang ist aber der erste Sinn der Verfahrensweisen: sie integrieren, d.h. schaffen zu ihrem Teile die jeweilige politische Individualität des Volksganzen und damit die Voraussetzung für sein rechtlich faßbares, inhaltlich gutes oder schlechtes Tätigwerden. Es kommt für den letzten Sinn des Parlamentsstaates nicht darauf an, ob das Parlament überhaupt Beschlüsse faßt oder ob es insbesondere gute Beschlüsse faßt, sondern darauf, daß die parlamentarische Dialektik innerhalb des Parlaments und in dem miterlebenden Staatsvolk Gruppenbildung, Zusammenschluß, Bildung einer bestimmten Grundhaltung herbeiführt – ebenso wie das Wahlrecht zunächst parteibildend und dann mehrheitsbildend wirken, nicht lediglich einzelne Abgeordnete liefern soll. [...]

Die zweite Voraussetzung sinngemäßer Integrationswirkung des Verfassungslebens ist die innere Beteiligung daran. Wenn Staat und Staatsform ebenso wie das Recht von der Anerkennung der ihnen Unterworfenen leben, so wird sich diese ‚Anerkennung' des Staates dadurch vollziehen, daß der Einzelne sich der Auswirkung der wesentlichsten staatlichen Integrationsfaktoren unterwirft. Die Beteiligung am Leben des repräsentativen Staates kann die des aktiven Wählers und eifrigen Zeitungslesers sein [...]."

Rudolf Smend: Verfassung und Verfassungsrecht, München/Leipzig: Duncker & Humblot 1928, S. 38f, 41.

Historisch gewachsene Herrschaftsphänomene, exemplarisch die Monarchie, schätzte Smend für besonders integrationsfähig ein. Smend hatte einen wachen Sinn für Stimmungen und Emotionen, die sich mit dem Anschaulichen, dem Vergangenen, dem Vertrauten und dem Gewohnten verbinden. Er war freilich kein Antirepublikaner, kein Antidemokrat. In den Grundrechtsgewährleistungen der Weimarer Verfassung sah er die Chance für die Integration der Bürger in die demokratische Republik; die deutschen Staatsrechtslehrer entwerteten den umfangreichen Grundrechtekatalog der Verfassung als bloß programmatisch. Mit Blick auf das spätere Grundgesetz formulierte Smend geradezu vorausschauend die wegweisende Bedeutung der Grundrechte für das Verfassungsverständnis.

> „Ganz abgesehen von aller positiven Rechtsgeltung proklamieren die Grundrechte ein bestimmtes Kultur-, ein Wertesystem, das der Sinn des von dieser Verfassung konstituierten Staatslebens sein soll. Staatstheoretisch bedeutet das sachliche Integrationsabsicht, rechtstheoretisch Legitimierung der positiven Staats- und Rechtsordnung: im Namen dieses Wertesystems soll diese positive Ordnung gelten, legitim sein. [...]
> Die Bedeutung der (Grundrechte) ist sicher durch den Wegfall der Monarchie gestiegen: solange diese den geschichtlichen Gehalt des Staates symbolisierte und repräsentierte und zugleich der staatlichen Ordnung die notwendige Legitimität gab, lag es nahe, an den Grundrechten nur ihre negative, staatsbeschränkende Seite zu sehen. Jene beiden Aufgaben der Monarchie sind durch die Umwälzung frei geworden, mit dem Erfolge erheblicher Bedeutungssteigerung der als Ersatz eingetretenen Faktoren, wofür die große Rolle der Farben und des Flaggenstreits bezeichnend ist. Daran ändert die Tatsache nichts, daß mancherlei Mißgriffe in den Weimarer Grundrechten enthalten sind, und daß vieles, vom Flaggenstreit angefangen, mehr desintegrierende als sinngemäße, erfolgreich legitimierende Wirkung geübt hat."

Rudolf Smend: Verfassung und Verfassungsrecht, München/Leipzig: Duncker & Humblot 1928, S. 164, 166f.

Smends Integrationsverständnis ist an den Sinn gegebener politischer Ordnungen gebunden. Die nirgendwo ganz präzise definierte Integration ist kein Instrument, um eine Ordnung aus den Angeln zu heben. Wenn Smend von persönlicher Integration spricht, illustriert er dies mit der Figur eines Monarchen; bei funktionaler Integration ist von Institutionen die Rede, bei sachlicher Integration von Werten, Symbolen und historischen Chiffren. Affektive Identifikation steht bei Smend im Vordergrund. Konflikte, Interessengegensätze und konkurrierende Werte sind für ihn kein Thema. Das schließt nicht aus, sie als Hintergrund für den hohen Rang des Einigenden mitzudenken. Smend selbst lässt sich für diese Interpretation aber nicht in Anspruch nehmen.

Literatur:

Marcus Llanque: Die politische Theorie der Integration, in: André Brodocz u. Gary S. Schaal (Hrsg.), Politische Theorien der Gegenwart, Bd.1, Opladen: Leske + Budrich 2001, S. 317-344.
Roland Lhotta (Hrsg.): Die Integration des modernen Staates. Zur Aktualität der Integrationslehre von Rudolf Smend, Baden-Baden: Nomos 2005.
Roland Lhotta: Rudolf Smend und die Weimarer Demokratiediskussion: Integration als die Philosophie des Als-Ob, in: Christoph Gusy (Hrsg.), Demokratisches Denken in der Weimarer Republik, Baden-Baden: Nomos 2000, S. 285-325.
Herfried Münkler: Die politischen Ideen der Weimarer Republik, in: Iring Fetscher u. Herfried Münkler (Hrsg.), Pipers Handbuch der politischen Ideen, Bd. 5: Neuzeit. Vom Zeitalter des Imperialismus bis zu den neuen sozialen Bewegungen, München: Piper 1987, S. 283-318.
Rudolf Smend: Verfassung und Verfassungsrecht, München/Leipzig: Duncker & Humblot 1928.

2.5 Carl Schmitt: Der Staat als Waffe der Politik

Carl Schmitt (1888-1985) war die bekannteste Figur unter den Staatsdenkern der Weimarer Republik. Als bekennender Katholik aus dem westfälischen Sauerland war er nicht gerade für eine Karriere im protestantisch dominierten Staats- und Wissenschaftsestablishment des wilhelminischen Preußen prädestiniert. Dennoch machte er als brillanter Jurist Karriere und gelangte nach Stationen in Greifswald und Bonn 1930 schließlich an die Berliner Universität. Schmitt diente sich den Gegnern der Demokratie in der präsidialen Endphase der Weimarer Republik mit seiner autoritären Auslegung der Weimarer Verfassung an. Nach 1933 ging er noch einen Schritt weiter und rechtfertigte den Führerstaat des Dritten Reiches. 1936 verlor er seinen Nutzen für das Regime und wurde kalt gestellt. Über zahlreiche Schüler beeinflusste er indirekt noch die Staatsrechtslehre der frühen Bundesrepublik. Publizistisch blieb er bis ins hohe Alter aktiv.

2.5.1 Politische Homogenität und Freund-Feind-Denken

Schmitt definiert Politik als politischen Kampf, als permanenten Krieg. Der Krieg kennt allein Freund und Feind. Die Voraussetzung aller Politik ist es deshalb, den Feind auszumachen. In theoretischer Hinsicht ist es belanglos, wer dieser Feind ist, ob er links oder rechts steht, ob es sich um Klasse oder Rasse, um Religionsgemeinschaften oder um Weltanschauungen handelt. Politik ist ihrem Wesen nach auf einen Punkt bezogen, auf den sie ihr Kalkül, ihre Energien und ihre Leidenschaften konzentrieren kann. Ohne den Feind findet keine Politik statt. Das von Lenin auf den Klassenkampf bezogene „Wer wen?" wird gleichsam weltanschaulich neutralisiert und auf ein beliebiges Gegenüber im politischen Kampf übertragen.

> „Eine Begriffsbestimmung des Politischen kann nur durch Aufdeckung und Feststellung der spezifisch politischen Kategorien gewonnen werden. Das Politische hat nämlich seine eigenen Kriterien, die gegenüber den verschiedenen, relativ selbständigen Sachgebieten menschlichen Denkens und Handelns, insbesondere dem Moralischen, Ästhetischen, Ökonomischen in eigenartiger Weise wirksam werden. Das Politische muß deshalb in eigenen letzten Unterscheidungen liegen, auf die alles im spezifischen Sinne politische Handeln zurückgeführt werden kann. Nehmen wir an, daß auf dem Gebiet des Moralischen die letzten Unterscheidungen Gut und Böse sind; im Ästhetischen Schön und Häßlich; im Ökonomischen Nützlich und Schädlich oder beispielsweise Rentabel und Nicht-Rentabel. Die Frage ist dann, ob es auch eine besondere, jenen anderen Unterscheidungen zwar nicht gleichartige und analoge, aber von ihnen

> doch unabhängige, selbständige und als solche ohne weiteres einleuchtende Unterscheidung als einfaches Kriterium des Politischen gibt und worin sie besteht.
> Die spezifisch politische Unterscheidung, auf welche sich die politischen Handlungen und Motive zurückführen lassen, ist die Unterscheidung von *Freund* und *Feind*. Sie gibt eine Begriffsbestimmung im Sinne eines Kriteriums, nicht als erschöpfende Definition oder Inhaltsangabe. [...] Die Unterscheidung von Freund und Feind hat den Sinn, den äußersten Intensitätsgrad einer Verbindung oder Trennung, einer Assoziation oder Dissoziation zu bezeichnen; sie kann theoretisch und praktisch bestehen, ohne daß gleichzeitig alle jene moralischen, ästhetischen, ökonomischen oder andern Unterscheidungen zur Anwendung kommen müßten. Der politische Feind braucht nicht moralisch böse, er braucht nicht ästhetisch häßlich zu sein; er muß nicht als wirtschaftlicher Konkurrent auftreten, und es kann vielleicht sogar vorteilhaft scheinen, mit ihm Geschäfte zu machen. Er ist eben der andere, der Fremde, und es genügt zu seinem Wesen, daß er in einem besonders intensiven Sinne existenziell etwas anderes und Fremdes ist, so daß im extremen Fall Konflikte mit ihm möglich sind, die weder durch eine im voraus getroffene generelle Normierung, noch durch den Spruch eines ‚unbeteiligten' und daher ‚unparteiischen' Dritten entschieden werden können."

Carl Schmitt: Der Begriff des Politischen, 7. Aufl., Berlin: Duncker & Humblot: 2002, S. 26f. [Erstveröffentlichung 1932]

Schmitts Denken beinhaltete historische Bilder. Als konservativem Katholiken in einem konfessionell gespaltenen Land war ihm die Vision einer zu rekonstruierenden Einheit von Religion und Politik, von Staat und Kirche nicht fremd. Pluralistische Strukturen, Interessenvielfalt und die weltanschaulich-religiöse Konkurrenz würden in dieser Einheit aufgehoben. Wie diese Einheit von Staat und Gesellschaft beschaffen ist, auf welchen ideologischen Prämissen sie fußt, war Schmitt in theoretischer Hinsicht gleichgültig. Das Mittelalter bot dafür eine historische Anschauung. In Schmitts Hauptschaffenszeit führte die Sowjetunion diese Einheit vor, ebenso das nationalsozialistische Deutschland, dem sich Schmitt aus Karrieregründen in die Arme werfen sollte.

„Wo eine gleichgültige, ohne das Korrelat einer Ungleichheit gedachte Gleichheit ein Gebiet menschlichen Lebens tatsächlich erfaßt, verliert auch dieses Gebiet selbst seine Substanz und tritt in den Schatten eines andern Gebietes, auf welchem dann die Ungleichheiten mit rücksichtsloser Kraft zur Geltung kommen.

Die Gleichheit aller Menschen als Menschen ist nicht Demokratie sondern eine bestimmte Art Liberalismus, nicht Staatsform sondern individualistisch-humanitäre Moral und Weltanschauung. Auf der unklaren Verbindung beider beruht die moderne Massendemokratie. [...]

Die *volonté générale* wie Rousseau sie konstruiert ist in Wahrheit Homogenität. Das ist wirklich konsequente Demokratie. Nach dem *Contrat social* beruht also der Staat, trotz des Titels und trotz der einleitenden Vertragskonstruktion, nicht auf Kontrakt sondern wesentlich auf Homogenität. Aus ihr ergibt sich die demokratische Identität von Regierenden und Regierten. [...]

Die Krisis des modernen Staates beruht darauf, daß eine Massen- und Menschheitsdemokratie keine Staatsform, auch keinen demokratischen Staat zu realisieren vermag.

Bolschewismus und Fascismus dagegen sind wie jede Diktatur zwar antiliberal, aber nicht notwendig antidemokratisch. [...] Es gehört zu den undemokratischen, im 19. Jahrhundert aus der Vermengung mit liberalen Grundsätzen entstandenen Vorstellungen, das Volk könne seinen Willen nur in der Weise äußern, daß jeder einzelne Bürger, in tiefstem Geheimnis und völliger Isoliertheit, also ohne aus der Sphäre des Privaten und Unverantwortlichen herauszutreten, unter ‚Schutzvorrichtungen' und ‚unbeobachtet' – wie die deutsche Reichsstimmordnung vorschreibt – seine Stimme abgibt, dann jede einzelne Stimme registriert und eine arithmetische Mehrheit berechnet wird. [...] Der Wille des Volkes kann durch Zuruf, durch *acclamatio*, durch selbstverständliches, unwidersprochenes Dasein ebensogut und noch besser demokratisch geäußert werden als durch den statistischen Apparat, den man seit einem halben Jahrhundert mit einer so minutiösen Sorgfalt ausgebildet hat. Je stärker die Kraft des demokratischen Gefühls, um so sicherer die Erkenntnis, daß Demokratie etwas anderes ist als ein Registriersystem geheimer Abstimmungen."

Carl Schmitt: Die geistesgeschichtliche Lage des heutigen Parlamentarismus, 8. Aufl., Berlin: Duncker & Humblot 1996, S. 18f, 20, 22. [Erstveröffentlichung 1923]

2.5.2 Die Entscheidung und der Anti-Parlamentarismus

Der Inhalt der Politik ist die Entscheidung. Von der Grenzsituation des Krieges zwischen den Völkern her denkend, stellt sich Schmitt die innerstaatliche Politik von der Ausnahmesituation des Bürgerkrieges her vor. Der Staatsnotstand spitzt das, worum es in der Politik stets geht, lediglich auf das Extrem zu. Der Ausnahmezustand setzt Verfassung und Recht außer Kraft. Er verkörpert den Staat in einer Notwehrsituation. Bei Notwehr zählt aber nicht mehr die rechtstaatliche Verhältnismäßigkeit der Mittel. Es geht darum, den Feind des Staates auszuschalten. Dies aber setzt voraus, dass der Staat eine Instanz bestimmt, die nicht nur befugt, sondern vor allem dazu befähigt ist, klare, allein auf den Zweck der Feindbekämpfung gerichtete Entscheidungen zu treffen.

> „Politisch ist jedenfalls immer die Gruppierung, die sich an dem Ernstfall orientiert. Sie ist deshalb immer die *maßgebende* menschliche Gruppierung, die politische Einheit infolgedessen immer, wenn sie überhaupt vorhanden ist, die maßgebende Einheit und ‚souverän' in dem Sinne, daß die Entscheidung über den maßgebenden Fall, auch wenn das der Ausnahmefall ist, begriffsnotwendig immer bei ihr stehen muß. [...]
> Das, worauf es ankommt, ist immer nur der Konfliktsfall. Sind die wirtschaftlichen, kulturellen oder religiösen Gegenkräfte so stark, daß sie die Entscheidung über den Ernstfall von sich aus bestimmen, so sind sie eben die neue Substanz der politischen Einheit geworden. Sind sie nicht stark genug, um einen gegen ihre Interessen und Prinzipien beschlossenen Krieg zu verhindern, so zeigt sich, daß sie den entscheidenden Punkt des Politischen nicht erreicht haben."

Carl Schmitt: Der Begriff des Politischen, 7. Aufl., Berlin: Duncker & Humblot: 2002, S. 39. [Erstveröffentlichung 1932]

Die Staatsnotwehr ist die Stunde des Diktators. Debatten, Beschlüsse, Einsprüche, Fristen und Bedenken sind denkbar schlecht geeignet, in dieser Situation die Absichten und Handlungen des Feindes zu parieren. Aus diesen Gründen hat Schmitt für den Parlamentarismus nichts als Verachtung übrig.

„Die Parteien, in denen die verschiedenen gesellschaftlichen Interessen und Tendenzen sich organisieren, sind die zum Parteienstaat gewordene Gesellschaft selbst, und weil es wirtschaftlich, konfessionell, kulturell determinierte Parteien gibt, ist es auch dem Staat nicht mehr möglich, gegenüber dem Wirtschaftlichen, Konfessionellen, Kulturellen neutral zu bleiben. [...]

Zur Partei im Sinne des liberalen Verfassungsstaates gehört es, daß sie ein auf freier Werbung beruhendes, also *nicht* festes, *nicht* zu einem ständigen, permanenten und durchorganisierten sozialen Komplex gewordenes Gebilde ist. [...] Statt dessen sind heute die meisten größeren Parteien teils selbst feste, durchorganisierte Gebilde, teils stehen sie in einem durchorganisierten sozialen Komplex mit einflußreichen Bürokratien, einem stehenden Heer bezahlter Funktionäre und einem ganzen System von Hilfs- und Stützorganisationen, in welchen eine geistig, sozial und wirtschaftlich zusammengehaltene Klientel gebunden ist. Die Ausdehnung auf alle Gebiete des menschlichen Daseins, die Aufhebung der liberalen Trennungen und Neutralisierungen verschiedener Gebiete wie Religion, Wirtschaft und Bildung, mit einem Wort: das, was [...] als die Wendung zum ‚Totalen' bezeichnet wurde, ist für einen Teil der Staatsbürger in gewissem Maße schon von einigen sozialen Organisationskomplexen verwirklicht, so daß wir zwar keinen totalen Staat, wohl aber schon einige zur Totalität strebende, ihre Mannschaft von Jugend auf ganz erfassende, soziale Parteigebilde haben, deren jede [...] ‚ein ganzes Kulturprogramm' hat, und deren Nebeneinander den pluralistischen Staat bildet und trägt. Dadurch daß eine miteinander konkurrierende, sich gegenseitig in gewissen Grenzen haltende *Mehrheit* derartiger Komplexe, also ein *pluralistischer Parteienstaat* vorhanden ist, wird es verhindert, daß der totale Staat sich als solcher mit derselben Wucht zur Geltung bringt, wie er es in den sogenannten *Ein-Parteienstaaten* Sowjetrußlands und Italien bereits getan hat. [...]

Infolge der Art, Zusammensetzung und Zahl der Parteien, infolge der eben erwähnten Umwandlung der Parteien in fest organisierte Größen mit festem Verwaltungsapparat und festgebundener Klientel, und außerdem noch durch die große Zahl der für eine Mehrheit notwendigen Parteien und Fraktionen wird aber der Aufstieg vom egoistischen Partei- zum verantwortlichen Staatswillen immer wieder verhindert. Den Voraussetzungen der verfassungsmäßigen Regelung zuwider, kommen dann nur solche Regierungen zustande, die infol-

ge ihrer fraktionellen Kompromißbindungen zu schwach und gehemmt sind, um selbst zu regieren, andererseits aber immer noch soviel Macht- und Besitztrieb haben, um zu verhindern, daß andere regieren. [...]
[...] das Ein-Partei-System ergibt sich aus der Notwendigkeit, die Beherrschung des Staates durch mehrere Parteien, also die pluralistische Aufteilung des Staates zu verhindern."

Carl Schmitt: Der Hüter der Verfassung, 4. Aufl., Berlin: Duncker & Humblot 1996, S. 79, 83f, 88, 100. [Erstveröffentlichung 1931]

Das Wesen des Parlamentarismus ist der Kompromiss, die ausgehandelte Schnittmenge widerstreitender Interessen. Es handelt sich um Krämergeschäfte, für die der Name Politik nicht taugt. Der Staat überlässt es den Vertretern der Gesellschaft, zu beschließen, was er anschließend tun oder nicht tun darf. Der Diktator jedoch, ob nun ein „konstitutioneller" Diktator wie zu Schmitts Zeit Hindenburg oder ein „außerkonstitutioneller" Diktator wie Hitler, hat es nicht nötig, zu fragen, sich zu beraten oder rückzuversichern. Wie ein Befehlshaber an der Front ordnet er die notwendigen Schritte an und er verlässt sich darauf, dass sie postwendend exekutiert werden. Die Entscheidungen, mit denen der Feind ausgespäht und bekämpft wird, sind Politik. Alles andere mag umgangssprachlich Politik genannt werden. Hinter den Zustand des Politischen fällt es nach Schmitt zurück.

2.5.3 Die Lesart der Klassiker des politischen Denkens

Schmitt beruft sich auf die modernen Klassiker des politischen Denkens. Der eine Referenzautor ist Machiavelli. Dessen lebhafte Schilderung der politischen Intrigen, Morde und Staatsstreiche im Italien der Renaissance führt in Schmitts Sicht eine dichte, nicht enden wollende Kette von Ausnahmezuständen vor. Für den Herrscher war das Erkennen und Vernichten des Feindes eine alltägliche Überlebensnotwendigkeit. Für einen konservativen, aus der wilhelminischen Ordnung kommenden Rechtsprofessor wie Schmitt, den herausragenden Vertreter eines privilegierten Standes, lag es nahe, die turbulente Weimarer Republik ganz ähnlich zu deuten. Freikorps, paramilitärische Formationen der politischen Parteien,

Putsche, Straßenkämpfe, kommunistische Aufstände – die Feinde des Staates von links und rechts waren tagtäglich zu besichtigen. Über ihre Ausfälle konnte man täglich in der Zeitung lesen.

Der zweite Referenzautor Schmitts ist Hobbes. Hinter dem geordneten Zustand des Staates lauert bei Hobbes stets der Rückfall in das Chaos des inneren Krieges. Der Fall tritt ein, sobald der Herrscher die Fähigkeit verliert, seinen Willen durchzusetzen. Hobbes' Werk kreist aber um den Herrschaftsvertrag, also um den Staat als Frieden stiftendes Instrument der Vertragschließenden. Schmitt stellt dieses Moment hintan und konzentriert sich ganz auf den Staat. Er stellte Hobbes damit auf den Kopf. Seine Interpretation hat Hobbes auf Jahrzehnte hinaus und speziell in Deutschland höchst wirksam in Misskredit gebracht. Hobbes ist für Schmitt aber bloß ein Vehikel in Gestalt eines klassischen Werkes, um die These von der eigentlichen Politik als Ausnahmezustand zu transportieren. Bei Schmitt ist der Feind ein öffentliches Gut, kein privater Widersacher. Die zahlreichen persönlichen Feindschaften zählen nicht. Sie sind in der Summe richtungslos und heben einander auf. Allein der Staat ist in der Lage, einen Feind zu bezeichnen.

Allein der Staat besitzt auch die Mittel, um diesen Feind zu bekämpfen. Falls die Mittel nicht ausreichen und falls der Diktator die falschen Entscheidungen trifft, um den Feind zu bekämpfen, wird unvermeidlich der Feind siegen. Und dann wandelt sich der vormalige Feind zum Herrn des Ausnahmezustands. Auch er wird nicht zögern, die Mächte von gestern nunmehr als Feinde zu behandeln.

2.5.4 Historische Einordnung

Schmitt klappte das Visier des Antidemokraten bereits herauf, als die erste deutsche Demokratie in der kurzen Ruhephase von 1924 bis 1929 noch einigermaßen in der Lage schien, sich gegen ihre Feinde von links und rechts zu behaupten. Als die Machtlage keine Zweifel mehr ließ, stimmte auch Schmitt in den Lobgesang auf Hitler ein. Schmitt ist ein Extrembeispiel für die Befindlichkeit der höheren Kreise, die mit dem Ende des Kaiserreiches den Verlust des Goldenen Zeitalters beklagten. Die verachteten Demokraten, vor allem jene auf der Linken, durften an den Schalthebeln der Macht spielen. Der Bevölkerungsmehrheit ging es schlechter als vor dem Krieg. Die demokratischen Regierungen wurden als Erfüllungshelfer des ungerechten Versailler Friedens verhetzt. Die Rechte schürte Ängste mit den Vorgängen im sowjetisierten Russland. Keine sechs Jahre nach dem Ende der Hochinflation 1923 schlug die Bombe der Weltwirtschaftskrise ein. Normalität spielte sich im Deutschland der Weimarer Republik nicht wieder ein. Die akademischen Stars zogen es vor, mit den plebejischen Wölfen um Hitler zu heulen, wollten sie ihre Karrieren nicht aufs Spiel setzen. So auch Schmitt. Zahlreiche Kollegen und Schüler jüdischer Herkunft, die von ihm im Stich gelassen oder der Denunziation preisgegeben wurden, säumten nach 1933 seinen Weg.

Schmitts Würdigung kommt nicht umhin, diese moralische Defizienz in den Vordergrund zu rücken. Sie kann auch nicht darüber hinweg sehen, dass er für seine Rolle im Dritten Reich keinen merklichen Preis gezahlt hat, außer dass ihm im vorgerückten Alter die Lehrbefugnis entzogen wurde. Seine Faszination als politischer Denker hat indes zwei Seiten. Seine Abkehr vom positivistischen Formalismus machte aus dem gelernten Juristen einen veritablen politischen Theoretiker. Hätte die Staatsrechtslehre insgesamt Alternativen der politischen Analyse geboten, hätte diese Tatsache kaum eine so starke Wirkung entfaltet. Die ganz wenigen sozialdemokratischen und liberalen Staatsrechtslehrer wurden als Außenseiter isoliert, weil sie nicht ins traditionelle Milieu passten.

Literatur:

André Brodocz: Die politische Theorie des Dezisionismus: Carl Schmitt, in: André Brodocz u. Gary S. Schaal (Hrsg.), Politische Theorien der Gegenwart, Bd. 1, Opladen: Leske + Budrich 2001, S. 281-316.
André Brodocz u. Gary S. Schaal (Hrsg.): Politische Theorien der Gegenwart, 2 Bde., Opladen: Leske + Budrich 2001.
Andreas Koenen: Der Fall Carl Schmitt. Sein Aufstieg zum „Kronjuristen des Dritten Reiches", Darmstadt: Wissenschaftliche Buchgesellschaft 1995.
Christian Graf von Krockow: Eine Untersuchung über Ernst Jünger, Carl Schmitt, Martin Heidegger, Frankfurt/M.: Campus 1990.
Reinhard Mehring (Hrsg.): Carl Schmitt. Der Begriff des Politischen. Ein kooperativer Kommentar, Berlin: Akademie Verlag 2003.

Herfried Münkler: Die politischen Ideen der Weimarer Republik, in: Iring Fetscher u. Herfried Münkler (Hrsg.), Pipers Handbuch der politischen Ideen, Bd. 5: Neuzeit. Vom Zeitalter des Imperialismus bis zu den neuen sozialen Bewegungen, München: Piper 1987, S. 283-318.
Paul Noack: Carl Schmitt. Eine Biographie, Frankfurt/M. u. Berlin: Ullstein 1993.
Franz Nuscheler u. Winfried Steffani (Hrsg.): Pluralismus. Konzeptionen und Kontroversen, München: Piper 1972.
Henning Ottmann: Carl Schmitt, in: Karl Graf Ballestrem u. Henning Ottmann (Hrsg.), Politische Philosophie des 20. Jahrhunderts, München: Oldenbourg 1990, S. 61-88.
Carl Schmitt: Der Begriff des Politischen, 7. Aufl., Berlin: Duncker & Humblot: 2002. [Erstveröffentlichung 1932]
Carl Schmitt: Der Hüter der Verfassung, 4. Aufl., Berlin: Duncker & Humblot 1996. [Erstveröffentlichung 1931]
Carl Schmitt: Die geistesgeschichtliche Lage des heutigen Parlamentarismus, 8. Aufl., Berlin: Duncker & Humblot 1996. [Erstveröffentlichung 1923]
Kurt Sontheimer: Antidemokratisches Denken in der Weimarer Republik. Die politischen Ideen des deutschen Nationalismus zwischen 1918 und 1933, 4. Aufl., München: dtv 1994.

2.6 Hermann Heller: Der Staat als Arena der gesellschaftspolitischen Auseinandersetzung

Hermann Heller (1891-1933) war – wie auch Smend – ein entschiedener Kritiker des Kelsenschen Rechtspositivismus. In Teschen im mährischen Teil Österreichs als Sohn eines Rechtsanwalts geboren, studierte er in Wien, Innsbruck, Graz und Kiel. In Kiel begann er 1920 mit der Habilitation seine wissenschafltiche Laufbahn. Wie so viele österreichische Intellektuelle in der Endzeit der Doppelmonarchie war Heller ein Sozialdemokrat, dem pragmatische Reformen wichtiger waren als revolutionäre Gesamtlösungen.

Der Sozialdemokrat Heller engagierte sich in den Wirren der frühen Weimarer Zeit aktiv für die Republik. Nach 1921 wurde er in Leipzig in der Volkshochschulbewegung aktiv. In Berlin erhielt er 1926 eine Anstellung an einem rechtswissenschaftlichen Forschungsinstitut. Jetzt begann eine Phase großer wissenschaftlicher Produktivität. 1928 berief ihn die Berliner Universität auf eine außerordentliche Professur, 1932 wurde er

Rechtsordinarius an der Frankfurter Universität. Sein Engagement für die Erwachsenenbildung ließ ihn in seiner Berliner Zeit eine Dozententätigkeit an der 1919 gegründeten Deutschen Hochschule für Politik übernehmen. Die Hochschule verstand sich damals noch als Lehrstätte für den Politikernachwuchs der demokratischen Parteien

Im Prozess um die Rechtmäßigkeit des Preußenputsches – Reichskanzler v. Papen hatte 1932 die demokratisch legitimierte preußische Staatsregierung aus dem Amt gejagt und sich selbst als kommissarischer Ministerpräsident eingesetzt – vertrat Heller die preußische Seite, Carl Schmitt die Reichsregierung. Das Urteil selbst war ein Skandal: Der Machtakt Papens wurde sanktioniert, die entmachtete preußische Regierung durfte das Land aber im Reichsrat, der Länderkammer, weiterhin vertreten. Die nationalsozialistische Diktatur trieb Heller 1933 außer Landes. Er starb unter bitter elenden Umständen ein Jahr später im spanischen Exil.

2.6.1 Soziologische Staatsanalyse

Wie Jellinek verbindet Heller die rechtliche Betrachtung des Staates mit der soziologischen. Im Unterschied zu diesem findet Heller auch zur politischen Analyse des Staates. Schmitts Verachtung für Recht und Rechtstaat war ihm fremd. Aber in einem Punkt war er sich mit Schmitt einig. Das Phänomen des Staates bedarf einer Machtanalyse. Heller betrachtete den Staat der Gegenwart als Ausdruck der Klassengesellschaft. Die ökonomischen Verhältnisse schaffen Privilegierte und Benachteiligte, Arme und Reiche. Im Übrigen sind die Menschen nach ihren Begabungen, Neigungen und Anschauungen ungleich. Soll aus diesem Neben- und Gegeneinander verschiedener Interessen und Lebensverhältnisse nun ein Staat entstehen, so bedarf es für diesen Staat eines Anerkennungsgrundes, der jenseits dieser gesellschaftlichen Unterschiede liegt. Und hier kann es sich nur um einen Wert handeln, den alle akzeptieren, weil er auch von den unteren Klassen als gerecht empfunden wird: die parlamentarische Demokratie. Mit der formalen Demokratie, die eine politische Rechtsgleichheit der Bürger herstellt, ist aber nichts gewonnen. Es muss die Bereitschaft hinzutreten, einander trotz der vorhanden Unterschiede im gesellschaftlichen Alltag als Gleiche, d.h. als gleichwertige Glieder des gemeinsamen Ganzen zu akzeptieren. Heller thematisiert hier eine Bedingung der Demokratie, die in der politikwissenschaftlichen Sprache der Gegenwart als eine demokratische politische Kultur bezeichnet wird.

„Die Gefährdung der politischen Demokratie durch die ökonomische Disparität der Klassen kann zunächst, wenn auch keineswegs auf die Dauer, abgeschwächt werden durch eine Homogenität der Alltagskonventionen, wie sie sich etwa in der Schweiz und in den Vereinigten Staaten bis zu einem gewissen Grad herausgebildet hat. Gleichheit der Konventionen kann die Ungleichheit im Ökonomischen einigermaßen vergessen machen. Umgekehrt, je stärker der Alltagsverkehr die ökonomischen Unterschiede auch in Gruß und Kleidung betont, je größer die Zahl der gesellschaftlichen Kreise und Ringe ist, die ihre Kastenabschließung durch Hoffähigkeit, Offiziersfähigkeit, Korpsfähigkeit usw. öffentlich unterstreichen, je eindringlicher die konventionelle Stufung schon in Erziehung und Unterricht nach Titel, Rang und Namen erfolgt, je strenger die Sonderung der Platzanweisung im öffentlichen Leben, sei es in der Straßenbahn oder in der Kirche, vorgenommen wird, desto größer muß das Bewußtsein der Ungleichartigkeit der Klassen, desto geringer die Bereitschaft dazu sein, dem politischen Klassengegner das *fair play* der politisch gleichen Möglichkeiten zu gewähren."

Hermann Heller: Politische Demokratie und soziale Homogenität, in: Hermann Heller, Gesammelte Schriften. Zweiter Band. Recht, Staat, Macht, 2. um ein Nachwort erw. Aufl. hrsg. v. Christoph Müller, Tübingen: Mohr 1992, S. 431. [Erstveröffentlichung 1928]

Der Sozialdemokrat Heller war kein Marxist, der den demokratischen Staat als Instrument der herrschenden Klassen abtat. Ungeachtet vieler Übereinstimmungen mit der marxistischen Bewertung gesellschaftlicher Tatsachen lehnte er das Zielmodell einer Diktatur des Proletariats ab.

Heller versteht Demokratie als die Beschaffung von Mehrheiten. Demokratie kann sich ferner nur als repräsentative Demokratie bewähren. Die zeitlich begrenzte Mandatierung der Gewählten und die Möglichkeit des Mandatsverlustes schließen den Missbrauch der Mehrheitsherrschaft aus. Mehrheit und Minderheit sind dialektisch aufeinander bezogen. Beide sind durch das Phänomen der Macht charakterisiert. Die Mehrheit hat politische Macht und spielt sie aus. Die Opposition kompensiert ihre

Machtlosigkeit durch die Kritik an den Regierenden. Diese Kritik steigert ihre Chance, bei nächster Gelegenheit mit der Mehrheit die Rollen zu tauschen. Der Rollentausch funktioniert aber nur unter der Voraussetzung, dass es eine gemeinsame Überzeugung gibt, nach der die Mehrheit nicht alles tun darf, was sie beschließen könnte, und dass die Minderheit nicht jedes Mittel wählen darf, um die Mehrheit zu gewinnen. Diesen Grundkonsens in Werte- und Verfahrensfragen bezeichnet Heller als „fair play". Er wählt hier bezeichnenderweise einen Begriff, der etwas ausdrückt, wofür die wissenschaftliche Betrachtung seiner Zeit keine passenden deutschen Worte besaß.

„Erst die Einsicht in die Bedeutung der demokratischen Repräsentation vermag auch die große, viel verkannte und viel geschmähte Bedeutung der politischen Parteien in der Demokratie erkennen zu lassen. Sie sind auch im Rätesystem unentbehrlich als spezifische Faktoren in jenem System von Willensvereinigungen, das wir den demokratischen Staat nennen. Ohne ein solches System von Vermittlungen ist die Einheit in der Vielheit unvermittelter Gegensätze demokratisch nicht zu denken.

In eben der angedeuteten Problematik ist auch die Bedeutung der sozialen Homogenität für die Demokratie mitbeschlossen. Demokratie soll bewußte politische Einheitsbildung von unten nach oben sein, alle Repräsentation von Gemeinschaftswillen juristisch abhängig bleiben. Das Volk als Vielheit soll sich selbst bewußt zum Volk als Einheit bilden. Ein bestimmtes Maß sozialer Homogenität muß gegeben sein, damit politische Einheitsbildung überhaupt möglich sein soll. Solange an die Existenz solcher Homogenität geglaubt und angenommen wird, es gäbe eine Möglichkeit, durch Diskussion mit dem Gegner zur politischen Einigung zu gelangen, solange kann auf die Unterdrückung durch physische Gewalt verzichtet, solange kann mit dem Gegner parliert werden. Carl Schmitt ist deshalb weit davon entfernt, das ‚geistige Zentrum' des Parlamentarismus dadurch zu treffen, daß er, gefangen von den irrationalen Reizen des Gewaltmythos, als die *ratio* des Parlaments den Glauben an die Wahrheitsfindung durch freie Meinungskonkurrenz bezeichnet. [...] Tatsächlich ist die geistesgeschichtliche Basis des Parlamentarismus nicht der Glaube an die öffentliche Diskussion als solche, sondern der Glaube an die Existenz einer gemeinsamen Diskussionsgrundlage und damit die Möglichkeit des *fair play* für den innenpolitischen Gegner, mit dem man sich unter Ausschaltung der nackten Gewalt einigen zu können meint. Erst dort, wo dieses Homogenitätsbewußtsein verschwindet, wird die bis dahin parlierende zur diktierenden Partei."

Hermann Heller: Politische Demokratie und soziale Homogenität, in: Hermann Heller, Gesammelte Schriften. Zweiter Band. Recht, Staat, Macht, 2. um ein Nachwort erw. Aufl. hrsg. v. Christoph Müller, Tübingen: Mohr 1992, S. 427. [Erstveröffentlichung 1928]

Die Schlüsselsubstanz der Politik ist bei Heller – wie bei Schmitt – die Macht. Darin erschöpft sich die Gemeinsamkeit. Heller lässt allein demokratisch erworbene Macht als legitim gelten. Doch Politik ist ein hartes Geschäft. Sie passt mit Gutmenschentum, Gefühlsduselei und Prinzipienreiterei nicht zusammen, weil sie sich im Rahmen des Staates bewegt. Hellers Charakterisierung der Politik sei hier ausführlich zitiert. Sie zeugt von realistischer Wahrnehmung des Politikerhandelns, und sie postuliert die Verantwortungsethik als zentrale Handlungsmaxime.

„Politik ist zweckbewußte Gesellschaftsgestaltung, zweckbewußte auf die Ordnung menschlicher Gegenseitigkeitsbeziehungen gerichtete Tätigkeit. [...] Nur organisierte Gesellschaft kann Politik treiben. Jedes Individuum und jede Gruppe strebt danach, die ihr nützlich oder wertvoll erscheinende Art von Verbandsordnung zur gesicherten Geltung zu bringen. [...] Alle Politik ist letztlich Staatspolitik. Nur die staatliche Ordnung zwingt die ganze Gebietsbevölkerung zur Befolgung und setzt sich gegen andere Gebietsbevölkerungen durch. Es ist also alle Politik ihrem Ziele nach notwendig Staatspolitik; denn sie muß wollen, daß ihre Interessen gesichert werden durch staatliches Recht. Und deshalb ist auch alle Politik ihren Mitteln nach notwendig Staatspolitik; denn sie muß wollen, daß ihre Interessen den staatlichen Machtapparat zu ihrer Verfügung bekommen.

[...] Deshalb muß der Politiker zuerst durch Kenntnis und Erfahrung wissen, was ist, und dieser Wirklichkeit gegenüber dann fähig sein, zu tun, was richtig ist. Die gesellschaftliche Wirklichkeit befindet sich aber in dauernder Wandlung, keinen Augenblick ist sie in Ruhe! Der Politker muß jedem Augenblick gewachsen sein. Die Geschichte hält den Atem nicht an, damit der Politiker Atem holen kann. Wer den politischen Augenblick nicht meistert, hat in der Regel die politische Zukunft verspielt. Mangel an jederzeitiger Wirklichkeitsachtung

ist aber auch Mangel an lebendiger Menschenachtung und ist in jedem Fall eine politische Todsünde. [...]
Denn alle Politik will und soll erfolgreiche Gesellschaftsgestaltung sein. Wer sich aber über die wirklichen Menschen und ihren gesellschaftlichen Zustand täuscht, kann ihre Beziehungen unmöglich gestalten. Er wird sein politisches Ziel falsch stecken und wird erfolglose Mittel anwenden. Das herrlichste Vernunftziel kann eine Vergewaltigung und Zersetzung der Gesellschaft sein, wenn es den wirklichen Menschen und Mächten nicht angepaßt ist. Die idealste Gesellschaftsordnung muß zu allererst die Forderung erfüllen, die Gesellschaft tatsächlich mit Erfolg zu ordnen. Gelingt ihr das in absehbarer Zeit nicht, so ist das gesteckte Ziel ein Ergebnis der gesellschaftlich-politischen Unvernunft, mag es der individuellen Spekulation noch so vernünftig erscheinen. Das gleiche gilt für die Mittel der Politik. Der Zweck heiligt die Mittel! Dieser von gedankenlosen Moraltanten vielgeschmähte Satz bedeutet: Die Mittel müssen zweckentsprechend – und sonst nichts sein. [...]
Erfolgreiche Politik ist zielklare, harte Entscheidung. Politisches Handeln ist ein streng nach einem bestimmten Zweck und nach bestimmten Mitteln unter möglichster Beachtung aller Nebenfolgen abgewogenes Handeln. Keine ununterbrochene Heldentat, aber auch keine gefühlvolle Hingabe an Persönlichkeiten, sondern ein kühles Rechnen, ein ehrliches Maklertum, wie Bismarck sagt. [...] Sicherlich treibt ihn leidenschaftliche Begeisterung für sein Werk. Im Augenblick der Entscheidung aber muß er, mag ihn Wut würgen oder Liebe überwältigen wollen, nichts als unerbittlicher Rechner sein. Und so gewiß alle Politik ihre stärksten Kräfte nicht aus der Vernunft zieht, sondern aus den machtvolleren Trieben der menschlichen Bedürfnisse und Leidenschaften, so gewiss ist eine Politik der Leidenschaft eine verdammt schlechte Politik."

Hermann Heller: Sozialismus und Nation, in: Hermann Heller, Gesammelte Schriften. Erster Band. Orientierung und Entscheidung, 2. um ein Nachwort erw. Aufl. hrsg. v. Christoph Müller, Tübingen: Mohr 1992, S. 498f. [Erstveröffentlichung 1925]

2.6.2 Die soziale Demokratie

Heller dehnt seine Demokratievorstellung über den Geltungsrahmen des liberalen Rechtstaates hinaus aus. Demokratie bedeutet für Heller den Auftrag an die Mehrheit, die soziale Kluft zwischen den reichen und den armen Klassen abzubauen. Er verbindet also die Demokratie mit der Idee des Sozialstaates. Gelingt die Verbindung der politischen mit der sozialen Demokratie nicht, dann werden sich die Benachteiligten von der Demokratie abwenden.

„In der Politik erhebt aber die furchtbare Frage ihr Medusenhaupt, wie sich die heutige, in diese ungeheuren Klassen- und Rassengegensätze hineingestellte Demokratie zu behaupten vermag. In viel höherem Grade als jeder anderen politischen Form ist ihre Existenz von dem Dasein einer sozialen Angeglichenheit abhängig. [...] Das Proletariat aber verzweifelt angesichts der gegebenen ökonomischen Disparität [...] an den demokratischen Formen und hofft, für die Gegenwart oder eine nahe Zukunft, auf eine Erziehungsdiktatur zur Freiheit und Gleichheit. Trotz der augenblicklichen politischen Beruhigung, richtiger Ermüdung, fehlt die Voraussetzung der politischen Demokratie, ein Zustand sozialer Homogenität, in einem Maße, wie in keinem Zeitalter vorher.

Gewiß, die zivile Homogenität haben die letzten Jahrhunderte in Europa verwirklicht. [...] Jeder Mensch, nicht nur jeder Staatsbürger genießt den formal gleichen Schutz von Person, Familie und Eigentum. Ebenso ist die formaljuristische politische Homogenität hergestellt: der formal gleiche Anteil an der Einheitsbildung und die formale gleiche Ämterfähigkeit jedem Staatsbürger garantiert. Gerade dieser ‚Fortschritt im Bewußtsein der Freiheit' [...] ist es aber, der die demokratische Einheitsbildung heute bedroht.

Denn dieses Freiheitsbewußtsein ist einerseits soziales Ungleichheitsbewußtsein, andererseits politisches Machtbewußtsein. [...] An sich muß der auf ökonomischer Grundlage erwachsende Klassenkampf noch keineswegs die Demokratie sprengen. Erst wenn das Proletariat zu dem Glauben gelangt, daß die demokratische Gleichberechtigung seines übermächtigen Gegners den Klassenkampf in demokratischen Formen zur Aussichtslosigkeit verdammt, erst in diesem Augenblick wird es zur Diktatur greifen.

Der Staat als Arena der gesellschaftspolitischen Auseinandersetzung 61

> Von der Einsicht der herrschenden Klassen beziehungsweise der Geistigen in diesen Klassen hängt es wesentlich ab, ob jener Glaube im Proletariat sich durchsetzt. Sich und andere mit der Formalethik der Demokratie beruhigen zu wollen, ist zwecklos. Gewiß, die politische Demokratie will jedem Mitglied des Staates die gleiche Einwirkungsmöglichkeit auf die Gestaltung der politischen Einheit durch Repräsentationsbestellung gewähren. Die soziale Disparität kann aber *summum jus* zur *summa injuria* machen. Die radikalste formale Gleichheit wird ohne soziale Homogenität zur radikalsten Ungleichheit und die Formaldemokratie zur Diktatur der herrschenden Klasse.
>
> Die ökonomische und zivilisatorische Überlegenheit gibt den Herrschenden genügende Mittel in die Hand, um durch direkte und indirekte Beeinflussung der öffentlichen Meinung die politische Demokratie in ihr reales Gegenteil zu verkehren. Durch finanzielle Beherrschung von Partei, Presse, Film und Literatur, gesellschaftliche Influenzierung von Schule und Hochschule, vermag sie, selbst ohne direkte Bestechung, es zu einer virtuosen Beeinflussung der bureaukratischen und Wahlmaschine zu bringen, so daß alle demokratische Form gewahrt und eine Diktatur dem Inhalt nach doch erreicht wird. Sie ist um so gefährlicher, weil anonym und unverantwortlich. Sie macht die politische Demokratie zur Fiktion, indem sie die Form der Repräsentationsbestellung wahrt und ihren Inhalt verfälscht.

Hermann Heller: Politische Demokratie und soziale Homogenität, in: Hermann Heller, Gesammelte Schriften. Zweiter Band. Recht, Staat, Macht, 2. um ein Nachwort erw. Aufl. hrsg. v. Christoph Müller, Tübingen: Mohr 1992, S. 429f. [Erstveröffentlichung 1928]

Der demokratische Klassenkampf, der den Sozialstaat hervorbringt, verlangt freilich um so stärker den klassenübergreifenden Konsens. Fehlt es daran, so werden die privilegierten Klassen die Demokratie wohl preisgeben, um den für sie günstigen Status quo zu verteidigen.

> „[...] Ein sich beständig vermehrendes Proletariat erwacht zum Selbstbewußtsein und macht die Forderung der bürgerlichen Demokratie zu seiner eigenen. Selbständig in Parteien und Gewerkschaften organisiert, erzwingt es seine Beteiligung an der rechtsstaatlichen Legislative. Dadurch wird diese Volkslegislative aber der Geist, den das Bürgertum gerufen hatte und nicht wieder bannen kann,

> wenn es ihn nicht von Grund auf verleugnen und mit Beelzebub Diktatur wieder vertreiben will.
> Denn auf dem Umweg über die Politik wird das nunmehr juristisch-politisch gleichberechtigte Proletariat dem Bürgertum auch wirtschaftlich gefährlich. Der wirtschaftlich Schwache versucht mittels der Gesetzgebung, den wirtschaftlich Starken zu fesseln, ihn zu größeren sozialen Leistungen zu zwingen oder ihn gar aus dem Eigentum zu verdrängen. So hat der Kapitalismus das demokratische Prinzip zur Konsequenz geführt, die dessen eigene Schöpfer, das Bürgertum, in seiner Herrschaft bedrohen. Eine dauernde Verdrängung des Proletariats aus der Legislative erscheint auf rechtsstaatlichem Wege ausgeschlossen. Auch kann dem heutigen Bewußtsein eine Beschränkung der Demokratie auf Bildung und Besitz nicht mehr zugemutet werden, weil der Besitz sich in einer Zeit, da die Besitzverschiebung sich mit rasender Geschwindigkeit vollzieht, weder durch Bildung noch durch Tradition Respekt zu verschaffen vermag. Das Bürgertum beginnt am Rechtsstaatsideal zu verzweifeln und seine eigene geistige Welt zu verleugnen."

Hermann Heller: Was bringt uns eine Diktatur? Fascismus und Wirklichkeit, in: Hermann Heller, Gesammelte Schriften. Zweiter Band. Recht, Staat, Macht, 2. um ein Nachwort erw. Aufl. hrsg. v. Christoph Müller, Tübingen: Mohr 1992, S. 448f. [Erstveröffentlichung 1929]

Das Werk des allzu früh verstorbenen Heller ist fragmentarisch geblieben. Dennoch hat es große Wirkung gehabt. Mit guten Gründen wurde Heller nach 1945 stärker als Politikwissenschaftler denn als Staatsrechtler wahrgenommen. Die Gedanken der Hellerschen Staatslehre, oder besser wohl: seiner politischen Theorie, lagen nach 1945 „in der Luft". Seine Rezeption in der Politik- und Staatsrechtswissenschaft sollte ähnlich wie Teile des Werkes von Kelsen und Smend auf das Politik- und Verfassungsverständnis der deutschen Nachkriegsdemokratie ausstrahlen (→ Kapitel 3.3: Staatstheoretische Begegnungen: Ernst Fraenkel und die pluralistische Demokratie).

Die Geschichte wollte es so, dass die soziale Demokratie nach 1949 in hohem Maße von der neuen politischen Kraft der christlichen Demokratie realisiert wurde. Der soziale und demokratische Konsens sollte auch die großen Antipoden der deutschen Nachkriegsdemokratie, CDU/CSU und SPD, bis in allerjüngste Zeit miteinander verbinden. Die aktuellen Auseinandersetzungen um den Um- und Rückbau des Sozialstaates unterstreichen nur, wie stark das deutsche Demokratieverständnis mit der Sozialstaatserwartung zusammengewachsen ist.

Literatur:

Wilhelm Bleek: Geschichte der Politikwissenschaft in Deutschland, München: C.H. Beck 2001, S. 198-228.
Hermann Heller: Gesammelte Schriften, 3 Bde., Tübingen: Mohr 1992.
Hermann Heller: Gesammelte Schriften, Bd. 1. Orientierung und Entscheidung, Tübingen: Mohr 1992
Hermann Heller: Gesammelte Schriften, Bd. 2., Recht, Staat, Macht, Tübingen: Mohr 1992
Herfried Münkler: Die politischen Ideen der Weimarer Republik, in: Iring Fetscher u. Herfried Münkler (Hrsg.), Pipers Handbuch der politischen Ideen, Bd. 5: Neuzeit. Vom Zeitalter des Imperialismus bis zu den neuen sozialen Bewegungen, München: Piper 1987, S. 283-318.
Wolfgang Schluchter: Entscheidung für den sozialen Rechtsstaat. Hermann Heller und die staatstheoretische Diskussion in der Weimarer Republik, Köln: Kiepenheuer & Witsch 1968.

3 Europa begegnet Amerika: Exilerfahrung und die politischen Theorien

3.1 Ein Clash of cultures: Deutsche Philosophen im Mutterland des Kapitalismus

Der Nationalsozialismus trieb Intellektuelle jüdischer Herkunft in Scharen außer Landes. Das bevorzugte Emigrationsziel waren die USA. Während prominente Naturwissenschaftler dort häufig die Gelegenheit bekamen, an renommierten Universitäten und Instituten auf vertrauten Feldern weiter zu forschen, bot Amerika Philosophen, Rechtswissenschaftlern und Journalisten kaum Perspektiven, mit dem in Deutschland Erlernten existenziell auszukommen. Bildung war im jüdischen Bürgertum Deutschlands hoch geschätzt. Dieses hatte sich im 19. Jahrhundert bewusst an das bildungsbürgerliche Milieu assimiliert. Klassische Musik und Belesenheit wurden kultiviert. Wissenschaftler jüdischer Herkunft reüssierten in den Geisteswissenschaften, darunter in der Philosophie. Auch in den jungen Sozialwissenschaften waren sie stark vertreten. An Impulsen zur Sozialkritik boten das wilhelminische Reich und auch die Weimarer Republik keinen Mangel.

Richten wir nun den Blick auf die amerikanische Gesellschaft der Jahre, in denen sich Deutschland aus dem Kreis der zivilisierten Völker verabschiedet hatte. Die Instinkte der amerikanischen Bürger waren bei allen Unterschieden in Vermögen und Bildung grundlegend demokratisch. Dies galt nicht nur für die Selbstverständlichkeit, mit der das demokratische politische System auch auf dem Höhepunkt der Weltwirtschaftskrise und der Massenarbeitslosigkeit akzeptiert wurde. Anders als in Deutschland wurden die sozialen Unterschiede und Gegensätze nicht durch das Zelebrieren einer Hochkultur betont, an der Angestellte und Arbeiter schon mangels Bildung und Einkommen nicht teilhaben konnten. Nicht, dass es in den USA keine Gebildeten vom Kenntnis- und Geschmacksniveau des europäischen Hochbürgertums gegeben hätte! Sie machten daraus nur keine Lebensweise. Sie bevorzugten wie auch andere Amerikaner beim Essen die Gabel in der rechten Hand, sie gebrauchten die gleichen Redewendungen, ließen sich von der gleichen Radiomusik berieseln und kleideten sich mehr oder minder leger. Geldverdienen und Geschäftemachen galten auf den Parties der Reichen und Gebildeten keineswegs als Verfehlungen gepflegter Unterhaltung. Das Konkrete war Trumpf, das Spekulative allein als Börsenthema angebracht. Was Wunder, dass es den meisten Einwanderern und Emigranten, die aus den statusbetonenden Gesellschaften Europas kamen, leicht fiel, sich dem American way of life anzupassen.

Die Hochschulen Deutschlands und der USA unterschieden sich in mancher Hinsicht. Diese Unterschiede spielten in der technischen und naturwissenschaftlichen Forschung, in der Physik und in der Architektur freilich keine Rolle. Hier hatte es bereits vor der Verödung der deutschen Universitäten durch die Vertreibung der besten Wissenschaftler so etwas wie einen internationalen Austausch gegeben, der durch Besuche und Symposien in Schwung gehalten worden war. Für die Geistes- und Sozialwissenschaften galt dies weniger. Die Geisteswissenschaften, insbesondere die Philosophie, galten in den USA nicht viel. Mit Philosophieren ließ sich kein Geld verdienen und kein Gewerbe aufziehen. Dagegen standen die Sozialwissenschaften in Amerika hoch im Kurs. Sie schickten sich an, die bis zum heutigen Tage gehaltene Führerschaft auf diesem Feld zu übernehmen. Dank der von den demokratischen Parteien beherrschten preußischen Regierung hatte die Förderung der Sozialwissenschaften zwar auch in der Weimarer Republik begonnen; aber erstens reichte die Dimension der deutschen Sozialwissenschaft an die der amerikanischen nicht heran. Zweitens waren Soziologie und Politikwissenschaft in den USA stärker anwendungsbezogen. Sie untersuchten konkrete Phänomene mit ursachenzentrierten Methoden. Die deutsche Sozialwissenschaft war demgegenüber noch stark philosophisch orientiert, teilweise auch dem emanzipatorischen Ziel des Marxschen Denkens verpflichtet. Während es den wenigen empirisch und methodisch arbeitenden deutschen Sozialwissenschaftlern gelang, sich in den entsprechenden Mainstream der amerikanischen Sozialwissenschaft einzugliedern – mit Max Weber im Gepäck sollten sie einen wichtigen Beitrag leisten –, hatten es Philosophen und marxistische Sozialwissenschaftler sehr schwer, überhaupt einen Broterwerb zu finden. Sie waren nicht nur heimatlos, sondern dazu auch noch sozial und kulturell deklassiert, weil sie einer bürgerlichen Welt angehörten, die es in dieser Art in den USA nicht gab.

Betrachten wir zu guter letzt die politische Szenerie nach 1933. Der Kontrast zwischen Deutschland und den USA hätte nicht größer sein können: In Deutschland kam es zur Preisgabe des Parlamentarismus durch die Erosion der demokratischen Parteien und deshalb seit 1930 zur Präsidialdiktatur eines im Gestern erstarrten Reichspräsidenten, seit 1932 sogar zur heimlichen Herrschaft reaktionärer Politiker und Offiziere, die den Reichspräsidenten manipulierten. Dies alles wurde von steigender Massenarbeitslosigkeit, sozialen Kämpfen und den Restaurationsbemühungen jener Kreise begleitet, die im demokratischen Weimarer System marginalisiert worden waren. Dieselben Kreise erwiesen sich als Steigbügelhalter der politischen Plebejer um Hitler, die sich dann bald als die wirklichen Herren Deutschlands entpuppen sollten. Das Bürgertum und auch die Arbeiterschaft liefen schließlich zu Hitler über, der aus seinen Absichten keinen Hehl machte. Die Emigranten, die alledem den Rücken kehrten, verloren eine Welt, die ihre Identität bestimmt hatte. Einige litten daran so stark, dass sie nach 1945 in ein Deutschland zurückkehrten, das ihnen freilich kaum weniger fremd geworden war.

Während Deutschland 1933 bereits eine Nazi-Diktatur war, wählten die Amerikaner im Herbst desselben Jahres den Präsidenten F. D. Roosevelt. Roosevelts New Deal, eine der wichtigsten Epochen der jüngeren amerikanischen Geschichte, brachte den Übergang zu einer aktiven Arbeitsmarktpolitik der Regierung. Diese legte Beschäftigungsprogramme auf, führte mit großen Mehrheiten im Kongress sozialpolitische Grundsicherungen ein, regulierte die Macht der Banken und tat vieles, was das Los der Millionen Menschen verbesserte, die keine Arbeit hatten, die schlecht verdienten und die schutzlos den Risiken von Krankheit und Invalidität ausgeliefert waren. Dies alles war von Pragmatismus und Kompromissen gekennzeichnet und programmatisch wenig kohärent. Die politische Gesamtwirkung des New Deal entsprach dem, wofür sich in Europa die Sozialdemokraten einsetzten.

3.2 Philosophische Begegnungen: Hannah Arendt und die Republik

3.2.1 Aristoteles und Tocqueville als Referenzdenker

Hannah Arendt (1906-1975) ragt als die bedeutendste Theoretikerin des Denkens in der Tradition der aristotelischen Philosophie heraus. Nach ihrer Auffassung ist die moderne Demokratie in den Erscheinungsformen der Parteienkonkurrenz und des Interessenbetriebs von einer vernünftigen, wirklich freiheitlichen Form der politischen Gemeinschaft entfernt. Der Angelpunkt ihrer Kritik ist das Bild einer freiheitlichen Ordnung, die den Bürger in den Mittelpunkt stellt. Die liberale Demokratie, so Arendts Vorwurf, setzt den Bürger schlicht mit dem Staatsbürger gleich, der konkrete Interessen verfolgt. Demgegenüber definiert sich der wirkliche Bürger durch seine unmittelbare Teilhabe an einem System der Selbstregierung. Dieser originäre Bürger fasst es als Verpflichtung auf, sich im vernunftgeleiteten Dialog mit seinen Mitbürgern auf das richtige Handeln zu verständigen. Auf die gleiche Weise hatten Aristoteles und seine Epigonen das Verhältnis von Bürger und Staat in der antiken Polis beschrieben. Charles de Montesquieu und Alexis de Tocqueville hatten diesen Gedanken aufgenommen und ihn auf moderne, großflächige Staatsgebilde übertragen.

Die Anwendung des antiken Bürgerideals auf die Gegenwart wirft große Schwierigkeiten auf. Der Gedanke freier und gleicher Bürger in der Demokratie verträgt sich schlecht mit der Vorstellung, dass allein solche Bürger zum Herrschen berufen sein sollen, die sich durch die Fähigkeit zum Durchdenken eines Problems dafür eignen. Dieser Bürgertypus mochte in der Sozialverfassung der antiken Polis seinen Platz haben. Auch die vom Adel beherrschte zeitgenössische Gesellschaft eines Montesquieu kannte lediglich einen überschaubaren Kreis von politisch Informierten und Gebildeten. Die Masse der Bevölkerung war des Lesens und Schreibens unkundig.

Dies verhielt sich in der frühen amerikanischen Republik erkennbar anders. Bereits *Alexis de Tocqueville* (1805-1859) hatte die Auffassung vertreten, die Masse der Bürger in Amerika folge nicht dem Ideal, die Möglichkeiten der Selbstregierung ohne den Blick auf den eigenen Vorteil wahrzunehmen. Die Bürger der frühen amerikanischen Demokratie frönten vielmehr dem Gelderwerb. Politik interessierte sie kaum, und jene, die in der Politik tätig waren, taten es offenkundig zum Broterwerb oder um sich private Vorteile zu verschaffen. Wie hätte es auch anders sein können?

„In Europa glauben viele Leute, ohne es zu sagen, oder sagen, ohne es zu glauben, einer der großen Vorteile der allgemeinen Wahl sei, daß sie zur Leitung der Staatsgeschäfte Menschen berufe, die des öffentlichen Vertrauens würdig seien. [...]

Ich persönlich muß dagegen sagen, daß, was ich in Amerika gesehen habe, mich keineswegs zu dem Glauben ermutigt, dem sei wirklich so. Bei meiner Ankunft in den Vereinigten Staaten war ich außerordentlich überrascht, als ich entdeckte, wie verbreitet das Verdienst unter den Regierten war, wie selten dagegen unter den Regierenden. Es ist eine feststehende Tatsache, daß heutzutage in den Vereinigten Staaten die bedeutendsten Männer selten zu öffentlichen Ämtern berufen werden, und wir müssen uns darüber klar sein, daß das in eben dem Maße so ist, wie die Demokratie alle ihre alten Grenzen überschritten hat. [...]

(Das Volk) muß immer übereilt urteilen und sich an das halten, was ihm am deutlichsten in die Augen springt. Daher kommt es, daß die Scharlatane aller Sorten sich so gut auf die Kunst verstehen, dem Volk zu gefallen, seine wirklichen Freunde bei ihm dagegen meistens durchfallen.

Die Menschen, die in demokratischen Zeiten leben, haben viele Leidenschaften; aber die meisten ihrer Leidenschaften münden in die Liebe zum Reichtum, oder sie entspringen ihr. Das rührt nicht daher, daß sie kleinmütiger sind, sondern daß das Geld tatsächlich wichtiger ist.

Wenn die Mitbürger alle unabhängig und gleichgültig sind, so kann man die Mithilfe eines jeden nur mit Geld erlangen; das vervielfacht unabsehbar die Verwendung des Reichtums und steigert dessen Preis.

Da die früheren Dinge nicht mehr in Ansehen stehen, unterscheiden Geburt, Stand, Beruf die Menschen nicht oder kaum mehr voneinander; es bleibt nur das Geld, das sehr sichtbare Unterschiede zwischen ihnen schafft und einige über jeglichen Vergleich hinaushebt. [...]

Die Liebe zum Reichtum ist also gewöhnlich der Haupt- oder Nebenantrieb im Handeln der Amerikaner; [...]"

Alexis de Tocqueville: Über die Demokratie in Amerika, ausgewählt und hrsg. von J.P. Mayer, Stuttgart: Reclam 2004, S. 111ff, 264. [Erstveröffentlichung, De la démocratie en Amérique, 2 Bde., Paris 1835/1849]

Das von Tocqueville beobachtete Dilemma ähnelte den Wahrnehmungen der deutschen Emigranten in den USA. Die Gründe lagen im bildungsbürgerlichen Milieu des spätwilhelminischen und des Weimarer Deutschlands. Die deutsche Gesellschaft war damals hochindustrialisiert und nicht weniger als die zeitgenössischen Vereinigten Staaten von materiellen Interessen auch in der Politik geprägt. Der für das Denken wichtige Unterschied zur amerikanischen Gesellschaft lag in der Tatsache, dass Teile des deutschen Bürgertums Philosophie und Literatur als Bildungsgüter hoch schätzten. Gerade im jüdischen Bürgertum wurde klassische Bildung kultiviert. Die Diskriminierung und Verfolgung der Juden in Deutschland traf jüdische Wissenschaftler und Philosophen gleich in doppelter Hinsicht. Aus Ämtern und Berufen waren sie entfernt worden, mediokre Opportunisten waren an ihre Stelle getreten. Das Handeln der Nationalsozialisten im Staat und an den Bildungseinrichtungen hatte das Wertesystem des aufgeklärten Bürgertums von unten nach oben gekehrt.

Jene Wissenschaftler, die Deutschland verließen und in den USA eine neue Heimat fanden, stellten fest, dass es dort kein bildungsbetontes Milieu der vertrauten Art gab und dass an den Universitäten und Colleges praktisch nutzbare Wissenschaften, vor allem solche, die eine politische und ökonomische Verwertung versprachen, weit höher angesehen waren als Philosophie und Geisteswissenschaften. Die religiöse und politische Toleranz in den USA verfehlte keineswegs ihren positiven Eindruck auf die unfreiwilligen Neubürger. Die Verachtung für den demokratischen Kapitalismus des amerikanischen Alltags (Geld, Statussymbole) vermochte sie aber nicht zu neutralisieren.

Das Leben in den USA gab den Neo-Aristotelikern die maßgeblichen Impulse, um ihren theoretischen Standort zu präzisieren. Es handelte sich um den Kanon der Klassiker des politischen Denkens in der politikwissenschaftlichen Lehre an Colleges und Universitäten: Plato, Aristoteles, Locke, Montesquieu, Madison und Tocqueville. Die letztgenannten Klassiker waren in Deutschland nur wenigen Spezialisten bekannt. Plato und Aristoteles waren zwar geläufig. Sie wurden aber nicht als Klassiker des politischen Denkens gelesen. Der raue individualistische Geist der amerikanischen Gesellschaft war für die Neo-Aristoteliker ein Stein des Anstoßes. In der Besinnung auf antike Polis-Formen und Bürgertugenden konstruierten sie eine Republik, in der Vernunft und Bildung zu ihrem Recht kommen. Den Tenor dieser politischen Theorien bestimmten Nostalgie und Hoffnung auf die Renaissance gemeinschaftsbezogener Deliberation.

3.2.2 Der Einfluss Heideggers

Die deutsche Philosophie hatte sich im bewegten 19. Jahrhundert von der Politik weitgehend fern gehalten. Erst die großen politischen Katastrophen des 20. Jahrhunderts wehten Politik in die Gelehrtenstuben. Dabei aktualisierten Philosophen das vertraute Repertoire der antiken Philosophie für die Auseinandersetzung mit den Zeitproblemen. Allen voran postulierte *Martin Heidegger* (1889-1976), der bekannteste deutsche Philosoph der Zwischenkriegsepoche, das Gespräch als konstitutiv für die Welt, in der Menschen ihre Existenz erfahren – die so genannte Lebenswelt. Hannah Arendt hatte bei Heidegger studiert.

> „Die 'Beschreibung' der nächsten Umwelt, zum Beispiel der Werkwelt des Handwerkers, ergab, daß mit dem in Arbeit befindlichen Zeug die anderen 'mitbegegnen', für die das 'Werk' bestimmt ist. In der Seinsart dieses Zuhandenen, das heißt in seiner Bewandtnis liegt eine wesenhafte Verweisung auf mögliche Träger, denen es auf den 'Leib zugeschnitten' sein soll. [...] Das verankerte Boot am Strang verweist in seinem An-sich-sein auf einen Bekannten, der damit seine Fahrten unternimmt, aber auch als 'fremdes' Boot zeigt es andere. [...] Die Charakteristik des Begegnens der *Anderen* orientiert sich so aber doch wieder am je *eigenen* Dasein. [...] 'Die Anderen' besagt nicht soviel wie: der Rest der Übrigen außer mir, aus dem sich das Ich heraushebt, die Anderen sind vielmehr die, von denen man sich selbst zumeist *nicht* unterscheidet, unter denen man auch ist. Dieses Auch-da-sein mit ihnen hat nicht den ontologischen Charakter eines 'Mit'-Vorhandenseins in der Welt. [..] 'Mit' und 'auch' sind *existenzial* und nicht kategorial zu verstehen. Auf dem Grunde dieses *mithaften* In-der-Welt-seins ist die Welt schon immer die, die ich mit den Anderen teile. Die Welt des Daseins ist Mitwelt. Das In-sein ist *Mitsein* mit Anderen. Das innerweltliche Ansichsein ist *Mitdasein*. [...]

> Weil für das Sein das Da, das heißt Befindlichkeit und Verstehen, die Rede konstitutiv ist, Dasein aber besagt: In-der-Welt-sein, hat das Dasein als redendes In-Sein sich schon ausgesprochen. Das Dasein hat Sprache. [...] Der Mensch zeigt sich als Seiendes, das redet. Das bedeutet nicht, dass ihm die Möglichkeit der stimmlichen Verlautbarung eignet, sondern, daß dieses Seiende ist in der Weise des Entdeckens der Welt und des Daseins der Sprache. Die Griechen haben kein Wort für Sprache, sie verstanden dieses Phänomen 'zunächst' als Rede. [...]
> Reden und Hören gründen im Verstehen. Dieses entsteht weder durch vieles Reden noch durch geschäftiges Herumhören. Nur wer schon versteht, kann zuhören. Dasselbe existenziale Fundament hat eine andere wesenhafte Möglichkeit des Redens, das *Schweigen*. Wer im Miteinanderreden schweigt, kann eigentlicher 'zu verstehen geben', das heißt das Verständnis ausbilden, als der, dem das Wort nicht ausgeht."

Martin Heidegger: Sein und Zeit, 18. Aufl., Tübingen 2001, S. 117f.,164f. [Erstveröffentlichung 1927]

Die Lebenswelt der Menschen ist von der Zeit bestimmt, in der sie leben. Über die Erfahrungen, die sie in der Welt durchleiden, verständigen sie sich im Gespräch. Sprechen ist Handeln. Die Sprache ist ein Code zur Standortbestimmung in der Zeit und zur Gestaltung des Vorhandenen. Sie ruht auf den Fundamenten der europäischen Kultur, vor allem auf der antiken griechischen Philosophie, dem Römischen Recht und dem Christentum. In diesem speziellen Sinne verstand Heidegger seine Philosophie als geschichtlich, keineswegs aber als geschichtswissenschaftlich im Verständnis des Forschungsinteresses der Historiker.

> „Sodann meint Geschichte nicht so sehr die 'Vergangenheit' im Sinne des Vergangenen, sondern die *Herkunft* aus ihr. Was eine 'Geschichte hat', steht im Zusammenhang eines Werdens. Die 'Entwicklung' ist dabei bald Aufstieg, bald Verfall. Was dergestalt eine 'Geschichte hat', kann zugleich solche 'machen'. Geschichte bedeutet hier einen Ereignis- und Wirkungszusammenhang, der sich durch 'Vergangenheit', 'Gegenwart' und 'Zukunft' hindurchzieht. Hierbei hat die Vergangenheit keinen besonderen Vorrang."

Martin Heidegger: Sein und Zeit, 18. Aufl., Tübingen 2001, S. 378f. [Erstveröffentlichung 1927]

Die Geschichte der Menschheit erzählt eine Geschichte des Aufstiegs und des Verfalls. Die Aufklärung hat zwar Entdeckungen und Erfindungen geleistet sowie die technische Revolution und die industrialisierte Welt hervorgebracht. Doch diese Welt lebt mit sich selbst im Krieg. Sie plündert die Natur und erniedrigt die Menschen zu maschinengleichen Wesen mit fabrizierten Bedürfnissen. Sie erschlägt die Fähigkeit zum Verstehen der großen Seinsfragen, die Sprachfähigkeit voraussetzt, mit dem Gegenbild der modernen Wissenschaft, das Erkenntnis als rechenhafte Größen und beweisfähige Zusammenhänge definiert.

Näher soll hier auf Heidegger nicht eingegangen werden. Er selbst hatte keine Ambitionen auf eine Staatstheorie. Seine komplexe bis nebulöse Sprache stand bereits dem Verstandenwerden bei einem breiteren Gelehrtenpublikum entgegen. Als Philosoph gewann Heidegger Kultstatus insbesondere bei der Studentengeneration, die den Ersten Weltkrieg als junge Menschen erlebt hatten. Er begeisterte vor allem mit der Neuentdeckung der griechischen Klassiker, deren Gedanken er in seiner eigenen Sprachwelt in ein lebendiges, allerdings sehr deutsches und gelehrtes Idiom übertrug. Mit der Abkehr von der Geschichtsphilosophie Hegels und vom Rationalismus Kants distanzierte er sich von den bis dahin beherrschenden Einflüssen in der deutschen Schulphilosophie.

Heideggers Wirkung ragt weit in die moderne politische Theorie hinein. Dies ist allein durch die Tatsache zu erklären, dass Philosophie bei den intellektuellen Multiplikatoren in Deutschland so viel galt. Mit der Wiederbelebung von Platon und Aristoteles gelangte unvermeidlich auch das Thema der politikbildenden Gemeinschaft in den Blick. Für Heidegger selbst war es ein Randthema. Seine Schüler indes, die Antworten auf die politischen Probleme ihrer Gesellschaft suchten, glaubten diese Antworten in der Heideggerschen Philosophie zu entdecken. In den USA etwa, wo Wissenschaft von jeher viel stärker anwendungsbezogen betrieben wurde, war und blieb die Philosophie ein Randfach. Das sozialkritische Anliegen der Wissenschaft artikulierte sich dort eher im datenbasierten Studium der sozialen und politischen Welt, das unter anderem Politikwissenschaft und Soziologie beflügelte. Als lockerer philosophischer Deutungsrahmen genügte die Tradition des liberalen und utilitaristischen Denkens im Geiste John Lockes, Adam Smith's und John St. Mills. Dass sich die philosophische und die empirische Art der Auseinandersetzung mit der Politik schwer vereinbaren ließen, bedarf keiner näheren Erörterung. Einer der wenigen auch im amerikanischen Milieu erfolgreichen Wissenschaftler in der deutschen philosophischen Tradition war Leo Strauss. Trotz seines Erfolgs blieb er in der Gesamtheit der amerikanischen Politikforschung ein Außenseiter.

3.2.3 Leo Strauss. Ein Exkurs

Leo Strauss (1899-1973) hatte in Deutschland Philosophie studiert, lehrte als Philosoph und fand 1938 in der amerikanischen Emigration Schutz vor der Verfolgung durch die Nationalsozialisten. Strauss erlangte in der amerikanischen Politikwissenschaft vorübergehend große Bedeutung. Er zog mit großem Erfolg gegen die in den 1930er und 1940er Jahren stattfindende Wende des Politikstudiums zu einer empirischen Wissenschaft zu Felde. Bekannt wurde Strauss mit zahlreichen Büchern. Sie alle folgten dem gleichen Thema, dass sie die totalitären Systeme der Zeit auf die Abkehr von der Idee der klassischen Polis zurückführten. Nach Strauss beherrschen nicht Menschen und soziale Kräfte die Epochen, sondern Ideen. Der Sündenfall der Moderne war demnach das Vergessen der antiken Idee, das Gerechte als Richtschnur der Politik zu suchen. Den Weg zum rechten Handeln weist das vernunftgeleitete Gespräch. Die Vernunft hat in der Moderne dem Interesse weichen müssen. Dies hat zur Folge, dass die Politik nur mehr im Dienste individueller Bedürfnisse steht.

„Wenn Prinzipien dadurch, daß sie von einer Gesellschaft angenommen wurden, genügend gerechtfertigt sind, dann sind die Prinzipien des Kannibalismus genauso verfechtbar und stichhaltig wie diejenigen des zivilisierten Lebens. Von diesem Gesichtspunkt aus können die Lebensprinzipien der Kannibalen gewiß nicht einfach als schlecht abgetan werden. [...] Wenn es keinen höheren Maßstab gibt als das Ideal unserer Gesellschaft, dann sind wir vollkommen außerstande, kritischen Abstand von diesem Ideal zu gewinnen. Die bloße Tatsache jedoch, daß wir die Frage nach dem Wert unseres Gesellschaftsideals stellen können, zeigt, daß es etwas im Menschen gibt, was seiner Gesellschaft nicht gänzlich versklavt ist, und daß wir daher imstande und folglich verpflichtet sind, uns nach einem Maßstab umzusehen, aufgrund dessen wir über die Ideale unserer eigenen wie auch jeder anderen Zivilisation urteilen können. Jener Maßstab kann nicht in den Bedürfnissen der verschiedenen Gesellschaften gefunden werden, denn die Gesellschaften und ihre Teile haben viele einander widerstreitende Bedürfnisse: [...]

Mag uns unsere Sozialwissenschaft auch noch so klug und weise hinsichtlich der Mittel machen, die wir für irgendwelche Zwecke wählen mögen, so gibt sie doch zu, daß sie unfähig ist, uns bei der Unterscheidung zwischen rechtmäßigen und unrechtmäßigen, gerechten und ungerechten Zielen zu helfen. [...]

Alle natürlichen Wesen haben ein natürliches Ziel, eine natürliche Bestimmung, die entscheidet, was zu tun gut für sie ist. Was die Menschen anbetrifft, so ist Vernunft vonnöten, um zu erkennen, was zu tun und was zu lassen ist: die Vernunft bestimmt im Hinblick auf das natürliche Ziel des Menschen, was von Natur Rechtens ist."

Leo Strauss: Naturrecht und Geschichte, 2. Aufl., Frankfurt a. M: Suhrkamp 1989, S. 2ff, 8. [Erstveröffentlichung, Nature and History, 1950]

Den auf ein Mittel reduzierten Staat, den – wie Strauss behauptet – die Ideen eines Machiavelli oder Hobbes in die Welt gebracht haben, bezeichnet Strauss als liberal. Dieser Staat bietet dem Menschen aber keine Befriedigung seiner eigentlichen, auf die Gemeinschaft mit anderen gerichteten Bedürfnisse. Deshalb werfen sich die Menschen Heilslehren in die Arme. Diese produzieren eine falsche, nicht etwa integrierende, sondern ausgrenzende, zwanghafte und antipolitische staatliche Gemeinschaft. Allein die Rückbesinnung auf die antiken Staatsdenker, insbesondere Plato und Aristoteles, verspricht die richtige Antwort auf die Herausforderungen der Moderne.

3.2.4 *Biografische Skizze*

Hannah Arendt wuchs im assimilierten jüdischen Großbürgermilieu Königsbergs auf, wo sie mit einer kurzen Unterbrechung ihre Kindheit und Jugend verbrachte. Der Umgang mit großer Literatur und philosophischen Schriften war ihr von klein auf vertraut. Nach dem Ersten Weltkrieg nahm Arendt ein Philosophiestudium in Marburg auf. Studierende

Frauen waren zu dieser Zeit eine Rarität. Arendt studierte bei Heidegger, der bereits als ein philosophischer Star galt. An Arendt fand Heidegger nicht nur wegen ihrer Aufgewecktheit Gefallen. Er beendete die Beziehung aber, um seine Karriere nicht zu beschädigen. Arendt setzte ihr Studium in Freiburg bei Husserl fort und promovierte in Heidelberg bei einem weiteren philosophischen Großprominenten jener Zeit, Karl Jaspers. Nach ihrer Heirat mit dem Journalisten Günter Stern begann sie die Arbeit an einem philosophischen Werk. Mit Stern in Berlin lebend, fand sie Zugang zu zahlreichen Exponenten der Bildungselite. In diese Zeit fielen die Weltwirtschaftskrise, der sich beschleunigende Verfall der Weimarer Demokratie und der immer weniger kaschierte aufsteigende Antisemitismus. Diese Ereignisse, insbesondere das Ausleben der niedersten Instinkte mit dem zum Massenphänomen anschwellenden Nationalsozialismus, brachten Arendt zur Auseinandersetzung mit den Grundlagen der Politik.

1933 ging Arendt ins französische Exil, wo sie ihren zweiten Ehemann Heinrich Blücher kennen lernte, einen Journalisten, der zunächst der KPD nahe gestanden, sich dann aber von der stalinistisch gewordenen Partei getrennt hatte. Nach einem langen Weg, darunter nach Kriegsbeginn auch die Internierung in Frankreich, gelangte sie 1941 schließlich in die Vereinigten Staaten. Dort arbeitete sie für jüdische und zionistische Organisationen. Nach dem Kriege wurde sie Verlagslektorin. In dieser Zeit wurde sie mit ihren Schriften bekannt.

Ihr erstes größeres Buch über die Ursprünge totalitärer Herrschaft erschien Anfang der 1950er Jahre auf dem Höhepunkt des Kalten Krieges. Es kombinierte historische, sozialpsychologische und philosophische Ansätze. Dieses Werk verschaffte Arendt schlagartig Berühmtheit. Weitere Bücher sollten folgen. Ihr Gesamtwerk umfasst nicht nur staatsphilosophische, sondern auch historische und politische Analysen sowie Zeitberichte von hoher literarischer Qualität. Damit stach Arendt aus den Reihen der zahlreichen Emigranten heraus, die aus der Tradition der deutschen Universität kamen und an einem Milieu litten, das klassische Bildung und namentlich die Philosophie nicht sonderlich achtete. Ihr Publikum reichte deshalb weit über die Universität hinaus. Als feuilletonbekannte Autorin erlangte sie in ihrer neuen Heimat Anerkennung. Vor allem ihr Bericht über den Eichmann-Prozess in Jerusalem brachte ihr weit über die USA hinaus Berühmtheit. Das Interesse der frühen deutschen Politikwissenschaft an Fragen der politischen Philosophie machte

Arendts Schriften in den 1960er und 1970er Jahren auch in Deutschland einem breiteren wissenschaftlichen Publikum bekannt.

3.2.5 Grundbegriffe der Arendtschen Theorie

Angelpunkt der Arendtschen Staatstheorie ist die Republik oder genauer: die gemischte Verfassung eines Aristoteles und Montesquieu. Arendt versteht den Staat nicht so sehr als Institutionenordnung, sondern vor allem als eine Werteordnung. Diese Werte stecken allerdings nicht in Verfassungsproklamationen und Gesetzespostulaten, sondern im Geist und im Handeln der Menschen, die im Staat leben. Im Rekurs auf Montesquieu unterscheidet sie dabei zwischen den Republiken, die sich durch ihren Bürgersinn auszeichnen, und politischen Ordnungen, denen diese Qualität abgeht.

> „Für Montesquieu [...] hieß dies, die Frage nach der eigentlichen, geschichtlichen Einheitlichkeit von Kulturen stellen, die ihn ursprünglich zu der Suche nach dem ‚esprit des lois' veranlaßte, dem Geist, der jeweils verschieden die in allen Ländern verschieden auftretenden Regierungsformen und ihre Gesetze beseelte.
>
> Dasjenige, was nach Montesquieu diesen einheitlichen Geist in einer jeden politischen Formation garantiert, ist die Grunderfahrung, aus der das jeweils verschiedene Prinzip öffentlichen Handelns entspringt und die als solche das Gemeinsame ist, was Struktur der Staatsform und Prinzip des ihr angemessenen Handelns verbindet. Solch eine Grundlage menschlichen Lebens, die zu ausschlaggebender Bedeutung in einer Republik gelangt, ist die Erfahrung, daß alle Menschen gleich sind; dieser Gleichheit entsprechen republikanische Gesetze, und aus der Liebe zur ihr, die Tugend ist, entspringt republikanisches Handeln. Die politisch ausschlaggebende Grunderfahrung, die einer Monarchie – und eigentlich allen hierarchisch geordneten Staatsformen – zugrunde liegt, ist die Erfahrung, daß wir durch Geburt einer vom anderen verschieden und auf natürliche Weise voneinander und voreinander ausgezeichnet sind. [...] Die Grundtatsache also, an der eine Republik sich orientiert, ist die Gleichheit, und zwar, da es sich um eine politische und öffentliches Handeln fundierende Tatsache handelt, nicht die Gleichheit aller Menschen vor Gott und nicht die Gleichheit alles menschlichen

Schicksals vor dem Tod, sondern die Gleichheit menschlicher Stärke. Daß wir gleich geboren werden, heißt politisch nur, daß wir – bei aller Verschiedenheit der Anlagen – von Natur mit gleicher Stärke ausgestattet sind. [...] Die Grunderfahrung der Republik ist das Zusammensein mit gleich starken Mitbürgern; die republikanische Tugend, die das öffentliche Leben in ihr durchwaltet, ist die Freude, nicht allein zu sein; denn nur weil wir von Natur gleich, mit gleicher Kraft begabt sind, sind wir miteinander zusammen. Allein sein heißt immer, zu existieren ohne seinesgleichen'."

Hannah Arendt: Elemente und Ursprünge totaler Herrschaft. Antisemitismus, Imperialismus, Totalitarismus, 9. Aufl., München: Piper 2003, S. 971f. [Erstveröffentlichung, The Origins of Totalitarianism, New York 1951]

In der Republik gilt es als Tugend, den Belangen des Ganzen Zeit und Arbeit zu widmen. Honorige Zeitgenossen, Bürger im originären Sinne, finden in der Beratung mit Anderen zu einem Handeln, das die Tagespolitik immer wieder auf den Zweck justiert, Entscheidungen mit Blick auf das Ganze zu treffen.

Arbeit, Herstellen und Handeln sind Zentralbegriffe Arendts.

- Die Arbeit ist eine körperliche Betätigung, die der Befriedigung der grundlegenden Existenzbedürfnisse dient.
- Das Herstellen erzeugt Werke von dauerhafter Gestalt, Bauten, Techniken und Produktionsweisen, welche die Natur beherrschbar machen.
- Das Handeln befähigt den Menschen, die Welt zu verändern.

Das Handeln bzw. die Praxis bildet den Kern des Politischen. Es setzt freilich eine aktive Gemeinschaft voraus, d.h. Bürger, die sich auf Ziele, Vorgehensweisen und Risiken für das Ganze verständigen. Im Unterschied zum Herstellen, auf dem die technische Zivilisation fußt, verlangt die Praxis dialogische Fertigkeiten: Sie verlangt, dass die Bürger auf andere Bürger hören, um herauszufinden, was zum Wohl aller wichtig ist. Handeln bedeutet nicht, gemeinsame Schnittmengen von Individualinteressen zu ermitteln. Der kleinste gemeinsame Nenner charakterisiert die Interessengemeinschaft von Menschen, die bloß ihren Vorteil im Blick haben. Das Handeln in der Bürgerrepublik brüskiert unter Umständen zahlreiche Individualinteressen, weil es auf die Zukunftsfähigkeit des Ganzen angelegt ist. Die Republik muss deshalb so eingerichtet sein, dass sie die öffentliche Debatte ermöglicht und fördert und dass sie es erlaubt, die Erkenntnisse daraus im Handeln zu realisieren. Private Interessen sind zwar legitim. Sie dürfen das Handeln, d.h. den öffentlichen Raum, aber nicht beherrschen.

> „[...] erwächst die Wirklichkeit des öffentlichen Raums aus der gleichzeitigen Anwesenheit zahlloser Aspekte und Perspektiven, in denen ein Gemeinsames sich präsentiert und für die es keinen gemeinsamen Maßstab und keinen Generalnenner je geben kann. Denn wiewohl die gemeinsame Welt den allen gemeinsamen Versammlungsort bereitstellt, so nehmen doch alle, die hier zusammenkommen, jeweils verschiedene Plätze in ihr ein, und die Position des einen kann mit der eines anderen in ihr so wenig zusammenfallen wie die Position zweier Gegenstände. Das von Anderen Gesehen- und Gehörtwerden erhält seine Bedeutsamkeit von der Tatsache, daß ein jeder von einer anderen Position aus sieht und hört. Dies eben ist der Sinn eines öffentlichen Zusammenseins [...]."

Hannah Arendt: Vita activa oder Vom tätigen Leben, 12. Aufl., München: Piper 2001, S. 71. [Erstveröffentlichung, The Human Condition, 1958]

3.2.6 Polis, Republik und Demokratie

Die griechische Polis, der überschaubare Stadtstaat, bot nach Arendt das Idealbild der Beratenden Gemeinschaft. Jeder Bürger konnte kompetent mitsprechen, weil er wusste, worum es ging. Ein neuzeitliches Äquivalent gab es im New England town meeting zur Zeit der amerikanischen Revolution. Bürger verschiedenen Standes und verschiedener Bildung kamen zusammen, um Dinge von gemeinsamem Belang zu regeln. Das Repräsentationssystem ist demgegenüber eine demokratisch zwar tragfähige, im Sinne der kleinräumigen Republik jedoch geringerwertige Lösung.

> „Wo immer Freiheit je als eine greifbar weltliche Realität existiert hat, war sie räumlich begrenzt. Dies tritt nirgends deutlicher hervor als bei der Bewegungsfreiheit, der elementarsten und wichtigsten der negativen Freiheiten, denn Stadtmauern und nationale Grenzen die-

nen immer nur dem Zweck, einen Raum ein- und auszugrenzen, innerhalb dessen Menschen sich frei bewegen können. [...] Denn positive Freiheit, wie die Freiheit des Handelns und Meinens, ist nur unter Gleichen möglich, und Gleichheit selbst ist keineswegs ein universell gültiges Prinzip, sondern ist gleichfalls nur unter Einschränkungen und vor allem nur in räumlichen Grenzen anwendbar.

Im Sinne der uns bekannten gegenwärtigen politischen Institutionen heißt dies, daß das eigentlich politische Leben eines Abgeordneten sich im Parlament abspielt, wo er sich unter seinesgleichen bewegt, nicht aber in der Wahlkampagne oder wo er sonst versucht, den Wähler bei der Stange zu halten. [...]

Selbst wo die Kommunikation zwischen Wähler und Gewählten, zwischen der Nation und dem Parlament, noch einigermaßen intakt ist, wie in den angelsächsischen im Unterschied zu den meisten europäischen Ländern, kann sie doch niemals ein Umgang zwischen gleichen genannt werden; sie findet bestenfalls zwischen denen statt, die zu regieren beanspruchen, und denen, die ihre Zustimmung zum Regiertwerden nur unter bestimmten Bedingungen erteilen."

Hannah Arendt: Über die Revolution, 4. Aufl., München: Piper 1994, S. 354, 356. [Erstveröffentlichung, On Revolution, 1963]

Gefahr droht dem Republikgedanken in den Demokratien der Gegenwart. Sie begegnet Arendt in Politikern, die in der Massenpresse – heute würde man das Fernsehen hinzufügen – ihren Zielgruppen nach dem Munde reden und die beim Beraten und Entscheiden ihren Vorteil und den ihrer Freunde und Verbündeten mit im Auge haben. Das Bollwerk gegen die Dominanz dieses politischen Unternehmertypus sind unabhängige Geister, die nicht zögern, Unpopuläres zu tun. Ihr genuiner Platz soll die Gesetzgebende Versammlung sein.

Für die Frühgeschichte der Vereinigten Staaten behauptet Arendt eine starke Annäherung an das ursprüngliche Republikmodell. Dies galt nach ihrer Schilderung insbesondere für die Beratungen in der verfassungsgebenden Philadelphia convention, aus denen die Verfassung der Vereinigten Staaten von Amerika hervorgegangen ist. Hier waren gebildete Vertreter des amerikanischen Bürgertums zusammengetreten, die indes so vermögend waren, dass sie es nicht nötig hatten, sich bei der Verfassungsgebung vom Blick auf ihren Geldbeutel leiten zu lassen. Dem gleichen Ideal entspricht nach Arendt die Idee der amerikanischen Repräsentativverfassung. In den beiden gesetzgebenden Kammern, im Kongress, soll eine Auswahl der Besten, eine wahre Bürgeraristokratie, beraten. Das Mandat auf Zeit zwingt die Volksvertreter, sich fortwährend zu vergewissern, ob das Volk durch sie noch vertreten sein will.

Arendt erstellt dieses Bild der Republik aus einer Collage der klassischen Staatsliteratur, namentlich der Schriften von Aristoteles, Montesquieu, Hamilton, Madison und des berühmten Amerikareisenden Tocqueville. Letzteren beruft sie zum Zeugen für den kritischen Einfluss der Demokratie auf diese Republik. Mit der Demokratie schwindet das Kapital der Muße für das Leben in der Republik: Die Armen suchen in der Politik ihren Vorteil, sie neiden den Vermögenden ihr gutes Leben. In der Demokratie breitet sich ein Kult der Gleichheit aus, dem sich auch jene beugen, die erkennbar privilegiert sind. Dies führt dazu, dass die Liebedienerei gegenüber den Bedürfnissen der Mehrheit bei den Wahlen und in der Amtsführung der Gewählten die Oberhand gewinnt.

Das Fazit: Die Mediokrität gefährdet die Exzellenz. Die einmal als Bürgeraristokratie konzipierte Republik gewinnt im Wandel zur Demokratie plebejische Züge. Arendt verachtet die Demokratie keineswegs. Der Liberalismus, d.h. das Regiment der Interessen, trägt die Demokratie. Er achtet auch die Persönlichkeit und toleriert die Meinungsvielfalt. Der Republikgedanke aber leidet unter der Demokratie.

> „[...] die revolutionären Vorstellungen von *öffentlichem Glück* und *politischer Freiheit* sind ein unabdingbarer Teil der Struktur des republikanischen Gemeinwesens geworden und geblieben, und als solche sind sie aus dem Bewußtsein amerikanischer Politik niemals ganz verschwunden. Ob aber diese politische Struktur wirklich so fest gegründet und untermauert ist, daß sie dem sinnlosen Treiben einer Konsumgesellschaft standzuhalten vermag, kann nur die Zukunft lehren. Es wäre durchaus möglich, daß die Republik an dem Reichtum und der Konsumbesessenheit ihrer Gesellschaft zugrunde geht, so wie die europäischen Republiken durch Elend und Not in ihren Grundlagen erschüttert wurden. [...]
> [...] öffentliche Freiheit, öffentliches Glück, öffentlicher Geist. Davon ist kaum mehr übrig geblieben als ein waches Bewußtsein für die Sicherung der Grundrechte, die Sorge um das größte Wohlergehen der größten Zahl, das Wissen um die ungeheure Macht der öffentlichen Meinung in einer egalitären, demokratischen Gesellschaft

und die Fähigkeit, sich, wenn es sein muß, gegen die eigene Regierung zu stellen, *pressure groups* zu bilden und im äußersten Fall den Gehorsam zu verweigern. Das ist gewiß erheblich mehr als nichts, aber es bedeutet doch eine traurige Verkümmerung und Deformation dessen, was es einmal hier wirklich gab. Und diese Verwandlung entspricht genau den Folgen des Eindringens der Gesellschaft in den öffentlichen Bereich."

Hannah Arendt: Über die Revolution, 4. Aufl., München: Piper 1994, S. 178, 248f. [Erstveröffentlichung, On Revolution, 1963]

Die amerikanische Demokratie ist für Arendt zwar ein fader Widerschein des Republikprojekts geworden, aber doch immerhin soweit originär, als sie den Selbstbestimmungsgedanken in sich trägt. Wo der demokratische Gedanke nicht so stark verankert ist wie in den bewährten Demokratien Nordamerikas und Europas, suchen sich Neid, Ressentiment und Unfreiheit ein Ventil in Ideologien und Bewegungen, die in totalitäre Systeme münden können. Auch totalitäre Systeme bedienen das Gleichheitsbedürfnis. Gleichheit ist dort jedoch ausschließend. Der Totalitarismus braucht den Gegner, die Minderheit, an deren Unterdrückung die Mehrheit ihre Komplexe auslebt.

Bei aller Skepsis hält Arendt das Individualinteresse für ein tragfähiges Fundament der Demokratie. Der Kern ihrer politischen Theorie ist die rationale Verständigung auf Lösungen, die den Einzelnen und die Gesamtheit überzeugen. Doch die moderne Zivilisation, der Flächenstaat und die Arbeitsteilung haben die Grundlagen der antiken Polis zerstört. Die liberale Demokratie ist eine große Errungenschaft, vor allem, wenn man das Wüten der totalitären Diktaturen der Moderne bedenkt. Ökonomie, Konsum und Unterhaltung zählen in der Demokratie mehr, als dem Republikgedanken bekömmlich ist. Das ist bedauerlich, weil der Geist den ihm gebührenden Rang beim Gesetzgeben und Regieren einbüßt. Auch die Gefahr des Abgleitens in die totalitäre Herrschaft droht, wenn einerseits das sinnstiftende Gemeinsame in der Gesellschaft erloschen ist, andererseits aber auch die materiellen Bedürfnisse – infolge einer großen Krise, wie in der großen Depression am Ende der 1920er Jahre – nicht mehr erfüllt werden können.

> „Die europäischen Massen entstanden aus der Zersetzung einer bereits atomisierten Gesellschaft, in der die Konkurrenz zwischen Individuen und die aus ihr entstehenden Probleme der Verlassenheit nur dadurch in gewissen Grenzen gehalten wurden, daß die Individuen gleichzeitig von Geburt an zu einer Klasse gehörten, in der sie unabhängig von Erfolg und Scheitern beheimatet blieben. Das Hauptmerkmal der Individuen in einer Massengesellschaft ist nicht Brutalität oder Dummheit oder Unbildung, sondern Kontaktlosigkeit und Entwurzeltsein. [...]
>
> Was moderne Menschen so leicht in die totalitären Bewegungen jagt und sie so gut vorbereitet für die totalitäre Herrschaft, ist die allenthalben zunehmende Verlassenheit. Es ist, als breche alles, was Menschen miteinander verbindet, in der Krise zusammen, so daß jeder von jedem verlassen und auf nichts mehr Verlaß ist. Das eiserne Band des Terrors, mit dem der totalitäre Herrschaftsapparat die von ihm organisierten Massen in eine entfesselte Bewegung reißt, erscheint so als ein letzter Halt und die 'eiskalte Logik', mit der totalitäre Gewalthaber ihre Anhänger auf das Ärgste vorbereiten, als das einzige, worauf wenigstens noch Verlaß ist."

Hannah Arendt: Elemente und Ursprünge totaler Herrschaft. Antisemitismus, Imperialismus, Totalitarismus, 9. Aufl., München: Piper 2003, S. 513, 729. [Erstveröffentlichung: The Origins of Totalitarianism, New York 1951]

Der Konflikt zwischen Kapital und Arbeit, der lebhafte Interessenbetrieb der modernen Politik, die Abhängigkeit von Lohnarbeit, die Konkurrenz um Märkte und die großen Themen des Parlamentarismus und der Parteien – dies alles ist für Arendt kein Thema. Das liegt zum Einen an ihrer philosophischen Prägung und ihrem Argumentationsmodus in den Bahnen der antiken Klassiker. Es drückt zum Anderen biografische Tatsachen aus, vor allem das Unbehagen an der in den USA damals weit stärker als in Europa ausgereiften Konsumkultur und die eigene Sozialisation im großbürgerlichen Milieu, d.h. Bildungsgut als Attribut des deutschen Gelehrtentums, der große Abstand der Gebildeten zum profanen Broterwerb der arbeitenden Klassen, Geld als Unthema gebildeter Gespräche! Wir begegnen hier dem gleichen Phänomen, von dem weiter unten bei der Frankfurter Schule die Rede sein wird. Dort litten marxistische, aus Deutschland vertriebene Wissenschaftler an einer Umgebung, die ihnen zwar das Leben gerettet hatte, die für ihr Anliegen – die Kapitalismuskritik – aber kein Verständnis aufbrachte.

📖 Literatur:

Hannah Arendt: Ursprünge und Elemente totalitärer Herrschaft. Antisemitismus, Imperialismus, Totalitarismus, 9. Aufl., München: Piper 2003. [Erstveröffentlichung, The Origins of Totalitarianism, New York 1951]
Hannah Arendt: Über die Revolution, 4. Aufl., München: Piper 1994. [Erstveröffentlichung, On Revolution, 1963]
Hannah Arendt: Vita Activa oder Vom tätigen Leben, 12. Aufl., München: Piper 2001. [Erstveröffentlichung, The Human Condition, 1958]
Walter Biemel: Heidegger, 16. Aufl., Reinbek: Rowohlt 2002.
Harald Bluhm: Leo Strauss, in: Wilhelm Bleek u. Hans J. Lietzmann (Hrsg.), Klassiker der Politikwissenschaft. Von Aristoteles bis David Easton, München: C.H. Beck 2005, 165-178.
Thorsten Bonacker: Die politische Theorie des freiheitlichen Republikanismus: Hannah Arendt, in: André Brodocz u. Gary S. Schaal (Hrsg.), Politische Theorien der Gegenwart, Bd.1, Opladen: Leske + Budrich 2001, S. 182-220.
Karl-Heinz Breier: Hannah Arendt zur Einführung, Hamburg: Junius 1992.
André Brodocz u. Gary S. Schaal (Hrsg.): Politische Theorien der Gegenwart, 2 Bde., Opladen: Leske + Budrich 2001.
Antonia Grunenberg: Hannah Arendt, in: Wilhelm Bleek u. Hans J. Lietzmann (Hrsg.), Klassiker der Politikwissenschaft. Von Aristoteles bis David Easton, München: C.H. Beck 2005, 209-221.
Martin Heidegger: Sein und Zeit, 18. Aufl., Tübingen 2001. [Erstveröffentlichung 1927]
Wolfgang Heuer: Hannah Arendt, 7. Aufl., Reinbek: Rowohlt 2004.
Ingeborg Nordmann: Hannah Arendt, Frankfurt/M.: Campus 1994.
Alfons Söllner: Leo Strauss, in: Karl Graf Ballestrem u. Henning Ottmann (Hrsg.), Politische Philosophie des 20. Jahrhunderts, München: Oldenbourg 1990, S. 105-122.
Leo Strauss: Naturrecht und Geschichte, 2. Aufl., Frankfurt/M.: Suhrkamp 1989. [Erstveröffentlichung, Nature and History, 1950]
Alexis de Tocqueville: Über die Demokratie in Amerika, ausgewählt und hrsg. von J.P. Mayer, Stuttgart: Reclam 2004.
Peter Trawney: Martin Heidegger, Frankfurt/M.: Campus 2003.

Roy R. Tsao: Arendt against Athens: Rereading 'The Human Condition', in: Political Theory, 30. Jg. (2002), S. 97-123.
Dana R. Villa: The Philosopher versus the Citizen: Arendt, Strauss and Socrates, in: Political Theory, 26. Jg. (1998), S. 147-172.
Ernst Vollrath: Hannah Arendt, in: Karl Graf Ballestrem und Henning Ottmann (Hrsg.), Politische Philosophie des 20. Jahrhunderts, München: Oldenbourg 1990, S. 13-32.

3.3 Marxistische Begegnungen: Die Frankfurter Schule

3.3.1 Der Staat und der kapitalistische Überbau

Für die Marxisten war die Beharrungsfähigkeit des Kapitalismus nach den Erschütterungen des Ersten Weltkriegs ein gravierendes Problem. Der orthodoxe Marxismus suchte die Erklärung im Staat. Die Klassenwidersprüche und das selbstzerstörerische Konkurrenzgebaren der Kapitalisten hatten demnach nur deshalb nicht zum Zusammenbruch geführt, weil die herrschende Klasse dem Staat die Aufgabe übertragen hat, ihr Gesamtinteresse zu wahren. Der Staat bändigt das kapitalistische Treiben soweit, dass es nicht in Selbstzerstörung entgleist. Im Gesamtinteresse des Kapitals, so die marxistische Schulerklärung, lässt sich der Staat auf Konflikte mit einzelnen Kapitalisten ein.

> „Im Prinzip vertritt und verficht der bürgerliche Staat umfassendere Interessen als die einzelnen Kapitalisten und deren Gruppen. Außerdem muß er unter den heutigen Bedingungen gewöhnlich stärker als die Monopole den Druck der dem Kapitalismus feindlich gegenüberstehenden sozialen Kräfte berücksichtigen. Doch daraus folgt keineswegs, daß der Staat stets und in allen konkreten Situationen von den wirklichen gesellschaftlichen Interessen weniger weit entfernt ist als die Privatkapitalisten. Letztlich entscheidet das Kräfteverhältnis. Die staatsbürokratische Fraktion der herrschenden Klasse, die über eine bedeutende selbständige Macht verfügt, sorgt vor allem für sich selbst."
>
> *S.I. Tjulpanow und V.L. Scheinis*: Aktuelle Probleme der Politischen Ökonomie des heutigen Kapitalismus, Berlin (DDR) 1975, S. 255f.

Wenn der Staat eine steuerliche Vermögensumverteilung organisiert, um Sozialpolitik zu Gunsten der Arbeiterschaft und der wirtschaftlich nicht (mehr) aktiven Bevölkerung zu betreiben, so handelt er sich den Widerstand der Reichen ein. Er stabilisiert aber den Kapitalismus, indem er die Massen mit der Absicherung gegen Alltagsrisiken wie Alter, Krankheit, Unfall und Erwerbslosigkeit vor der schlimmsten Verarmung bewahrt. Mit der Garantie der Einkommensminima handelt er im übergreifenden Interesse der Kapitalisten. Der Staat wird zum „ideellen Gesamtkapitalisten". Dieser kapitalistische Staat verträgt sich gut mit Wahlen, mit parlamentarischer Verfassung und mit Parteienpluralität. Alle diese demokratischen Mechanismen suggerieren, dass das Volk regiert. Tatsächlich lenken aber die Parteienvielfalt, der Sozialstaat und die Wahlkämpfe von den wirklich wichtigen Fragen ab. Und diese drehen sich durchweg um die Herrschaft des Kapitals.

Die sozialstaatlich moderierten kapitalistischen Systeme verhindern nach Auffassung des orthodoxen Marxismus die Zuspitzung der in der Klassengesellschaft angelegten Gegensätze. Die politischen Debatten und Medienauseinandersetzungen befassen sich demzufolge – gemessen am Antagonismus von Kapital und Arbeit, den die politische Debatte ausspart – mit Nebenfragen. Der repressive Charakter des Ganzen kommt nur dann zum Vorschein, wenn Bewegungen hervortreten, die das Wirken der Kapitalinteressen als Basistatsache der Gesellschaft benennen. Dies gilt insbesondere dann, wenn sie dazu auffordern, den politischen Kampf für eine freie, sozialistische und von den unmittelbaren Produzenten selbst bestimmte Gesellschaft aufzunehmen. Dann zieht der bürgerliche Staat alle Register und legt die Samthandschuhe ab.

Die Entlarvung der bürgerlichen Demokratie als Klassenherrschaft ist eine aufklärerische Aufgabe. Sie verlangt nicht so sehr den ökonomischen Kampf um Lohnprozente, auch nicht den verteilungspolitischen Kampf um Karenztage, Selbstbeteiligung an den Leistungen der Sozialversicherung und die wöchentliche Arbeitszeit. Wichtiger ist die grundlegende Infragestellung des Eigentums an den Produktionsmitteln. Kurz: Antikapitalistische Politik kann nur programmatische Politik sein. Diese Politik gilt es vorrangig dort durchzusetzen, wo die politische Bewusstseinsbildung stattfindet: an den Universitäten, in den linken Parteien, in den Gewerkschaften und in denjenigen Medien, die sich an ein kritisches Publikum wenden.

Das Spektrum der marxistischen Theorie reichte bis zum offensichtlichen Scheitern der sozialistischen Vision in den späteren 1980er Jahren vom orthodoxen Staatsmarxismus sowjetischer Provenienz bis zum linken Rand des demokratischen Sozialismus. Entsprechend breit waren die politischen Strategien gestreut. Die eine, vornehmlich in den 1930er Jahren betriebene Strategie setzte auf Krisenverschärfung. Sie entsprang dem Kalkül Stalins und der Kommunistischen Internationale und war gegen die Konkurrenz des sozialdemokratischen Reformismus gerichtet. So wurden noch in der Spätphase der Weimarer Republik die Sozialdemokraten befehdet, während die erstarkenden Nationalsozialisten als Totengräber des Kapitalismus gesehen wurden, die man gewähren lassen sollte. Nachdem die sowjetische Führung allerdings erkannt hatte, dass das nationalsozialistische Deutschland eine Gefahr für den sowjetischen Staat darstellte, schaltete sie um auf eine Politik der Zusammenarbeit mit den europäischen Sozialdemokratien (Volksfront). Das Überwuchern des sozialistischen Gedankens durch das sowjetische Staatsinteresse sollte später etliche Intellektuelle veranlassen, sich von der sowjetischen Variante des Marxismus abzuwenden.

Einige marxistische Beobachter stellten den Schematismus in Frage, mit dem das Industrieproletariat als tragende Kraft der sozialistischen Veränderung behauptet wurde. Überbauphänomene, z.B. soziale Traditionen gelangten jetzt in den Blick. Erst lange nach seinem Tode zwar, dafür aber um so wirksamer sollte der italienische Kommunist *Antonio Gramsci* (1891-1937) für ein Umdenken sorgen. Die in der Gesellschaft üblichen Denkweisen, die Macht des Bildungssystems und der Anschauungen stützen nach Gramsci die herrschende Klasse ebenso wie die Kontrolle der Produktionsmittel. Deshalb gilt es dort anzusetzen. Die Intellektuellen haben dabei eine bedeutende Funktion.

„Bisher lassen sich zwei große ‚Ebenen' als Überbau festlegen; diejenige, die man die Ebene der ‚bürgerlichen Gesellschaft' nennen kann, nämlich die Gesamtheit der umgangssprachlich als ‚privat' bezeichneten Organismen, und die zweite Ebene, die der ‚politischen Gesellschaft oder des Staates'. Von diesen Ebenen entspricht die eine der Funktion der ‚Hegemonie', die die herrschende Gruppe in der gesamten Gesellschaft ausübt, die andere die Funktion der ‚direkten Herrschaft' oder der Befehlsgewalt, die ihren Ausdruck im Staat und in der ‚gesetzlichen Regierung' findet. Genau genommen,

> sind das Organisations- und Verbindungsfunktionen. Die Intellektuellen sind die ‚Commis' der herrschenden Gruppe, um die untergeordneten Funktionen der gesellschaftlichen Hegemonie und der politischen Herrschaft auszuüben. Das betrifft: 1. die ‚spontane' Zustimmung breiter Volksmassen gegenüber der gesellschaftlichen Orientierung, die die herrschende grundlegende Gruppe bestimmt. Diese Zustimmung bildet sich ‚historisch' aus dem Prestige (und folglich aus dem Vertrauen) heraus, das der herrschenden Gruppe aus ihrer Position und ihrer Stellung in der Produktion erwächst; 2. den Apparat der staatlichen Machtausübung, der ‚legal' die Disziplin derjenigen Gruppen gewährleistet, die weder aktiv noch passiv ihre ‚Zustimmung' geben; dieser Apparat aber ist für die ganze Gesellschaft geschaffen worden – in Voraussicht von Krisenmomenten der Machtausübung und der Führung, in denen die spontane Zustimmung verweigert wird."

Antonio Gramsci: Die Herausbildung der Intellektuellen [erschienen zwischen 1930 u. 1932], in: Antonio Gramsci: Zur Politik, Geschichte und Kultur. Ausgewählte Schriften, 2. Aufl., Frankfurt/M.: Röderberg 1986, S. 228f.

3.3.2 Die Persönlichkeitsanalyse

Die Psychoanalyse trug ein Weiteres zur Entwicklung der Gesellschaftsanalyse bei. Die Psychologie und hier insbesondere der Zweig der Individualpsychologie erfreuten sich nach dem Ersten Weltkrieg großer Beachtung in der deutschen Wissenschaftslandschaft. Dies galt insbesondere für die Fortentwicklung der Gedanken *Sigmund Freuds* (1856-1939). Der Begründer der Psychoanalyse hatte die Persönlichkeit noch ganz aus innerseelischen Konflikten in der Auseinandersetzung des Kindes mit seinen Eltern erklärt. Demnach formt die Verarbeitung des Geschlechts- und Aggressionstriebs die Persönlichkeit. Diese originären Triebe, das „Es", treiben zu bestimmten Handlungen an. Das „Ich", die Persönlichkeit, zögert indes, sich von den Trieben steuern zu lassen. Das „Ich" reagiert damit auf Verbote, d.h. auf gesellschaftliche Tabus, die in der Erziehung vermittelt werden. Diese Verbotszone, das „Über-Ich", eine Chiffre für die Gesellschaft, dämmt das Ausleben von Aggression und Sexualität ein. Die Persönlichkeit bildet sich, indem das „Ich" seine Bedürfnisse kontrolliert, d.h. indem es sie in gesellschaftlich akzeptierte Bahnen lenkt. Das

„Ich" bringt also das „Es" und das „Über-Ich" in eine Balance, auf deren Grundlage es Lebenspläne konstruiert und handelt. Je nach Persönlichkeit fällt diese Balance unterschiedlich aus. Die Einen verhalten sich kontrollierter, die Anderen spontaner.

Für die Gesellschaftsanalyse eignete sich das Freudsche Schema zwar noch nicht. Aber zum Einen war Freud in der Zwischenkriegszeit in intellektuell-künstlerischen Kreisen ungeheuer populär geworden. Die Soziologie hatte die Gesellschaft, die Klassen, die Sozialethik und die Wirtschaftsphilosophie für beweisfähige Erklärungen erschlossen. Die Persönlichkeit hatte noch im Dunkeln gelegen. Sie galt in der sozialwissenschaftlichen Analyse durch die Zugehörigkeit zu Schichten, durch Weltanschauungen, Religion und Organisationsmitgliedschaften bestimmt. Jetzt bot sich die Chance, einen Blick in die Persönlichkeit zu werfen. Es dauerte nicht lange, bis sich die von Freud inspirierte Richtung der Psychologie mit dem Erkenntnisstand der aufstrebenden Sozialforschung verband. Insbesondere Freuds Schüler *Alfred Adler* (1870-1937) führte den Nachweis für die naheliegende These, dass Institutionen wie die Schule, soziale Milieus und die Art des Broterwerbs die Persönlichkeit formen. Dementsprechend existieren dann beispielsweise unterschiedliche persönliche Auffassungen darüber, ab welcher Grenze der Einsatz von Gewalt als legitim anzusehen ist.

„Die individualpsychologische Forschung erstrebt eine Vertiefung der Menschenkenntnis, die nur zu holen ist aus dem Verständnis der Stellung des Individuums zu seiner sozial bestimmten Aufgabe. Nur die Bewegungslinie, in der sich die soziale Aktivität einer Persönlichkeit darstellen und empfinden läßt, gibt uns Aufschluß über den Grad der Verschmelzung eines Menschen mit den Forderungen des Lebens, der Mitmenschen, des Weltalls."

Alfred Adler: Praxis und Theorie der Individualpsychologie. Vorträge zur Einführung in die Psychotherapie für Ärzte, Psychologen und Lehrer, 5. Aufl., Darmstadt 1969, S. 3. [Erstveröffentlichung 1920]

3.3.3 Biografische Skizzen

Die Frankfurter Schule ist eine Sammelbezeichnung für Sozialwissenschaftler und Philosophen, die den Marxismus von seiner Fixierung auf das Ökonomische lösen wollten. Mit der Analyse des gesellschaftlichen Überbaus sollte die Frage beantwortet werden, warum die Gesellschaft so geworden ist, wie sie sich präsentiert.

Die Wurzeln der Frankfurter Schule liegen in dem 1924 in Frankfurt am Main als Stiftung der Mäzenatenfamilie Weil entstandenen Institut für Sozialforschung. Der Gründungsimpuls ging wesentlich von Felix Weil Jr. aus, der starkes Interesse an der Erforschung des Marxismus hatte. Die Stadt Frankfurt und der preußische Staat sicherten dem Institut die finanzielle Bestandsgarantie zu. Die Besonderheiten des Instituts waren sein interdisziplinärer Charakter und das Bestreben seiner Mitglieder, die Gesellschaftsanalyse vom marxistischen Ansatz her zu betreiben. Von der aus wilhelminischer Zeit überkommenen Fächerstruktur der Universitäten geprägt, hatten die meisten Institutsmitglieder eine philosophische Ausbildung. Das Institut pflegte eine enge Beziehung zu marxistischen Wissenschaftlern aller Richtungen. Als Forschungseinrichtung, die an keine der linken Parteien und an keine staatliche Einrichtung gebunden war, stellte das Institut eine zu damaliger Zeit einzigartige Institution dar. Sozialphilosophische Arbeiten ragten unter den Forschungen der Institutsmitglieder heraus, aber auch empirische Forschungen zu ökonomischen und gesellschaftlichen Fragen wurden durchgeführt.

Der bekannteste Vertreter des Instituts sollte Max Horkheimer werden. Er gelangte erst 1930 in die Leitung, war aber bereits in den Jahren davor die treibende Kraft der Institutsarbeit gewesen. Ahnend, was sich mit der Entparlamentarisierung der deutschen Politik und mit dem Erstarken der reaktionären und nationalsozialistischen Rechten anbahnte, traf Horkheimer Vorsorge. Er gründete Zweigstellen des Instituts im westlichen Ausland. Erwartungsgemäß wurde das marxistische Institut dann auch sehr früh von der Repression des nationalsozialistischen Regimes getroffen. Die Mitglieder zogen sich ins Exil zurück. Als sich der Zweite Weltkrieg zusammenbraute, gelang es Horkheimer schließlich, unter dem Dach der New Yorker Columbia University die Institutsarbeit neu zu organisieren. Im Umfeld des Instituts fanden etliche Mitglieder ein knappes Auskommen, andere suchten teils vergeblich, teils mit Erfolg eine

Karriere an amerikanischen Universitäten. Nach Kriegsende bot die hessische Regierung an, das Institut nach Frankfurt zurück zu verlagern. Mit Horkheimer und Adorno sollten prominente Mitglieder des Instituts dem Ruf zur Rückkehr folgen. Die meisten zogen es vor, in den USA zu bleiben.

Zu den prominentesten Vertretern der Frankfurter Schule avancierten *Theodor L. W. Adorno* (1903-1969), *Erich Fromm* (1900-1980), *Max Horkheimer* (1895-1973) und *Herbert Marcuse* (1898-1979). Max Horkheimer, Sohn eines jüdischen Textilindustriellen, der eigentlich den väterlichen Betrieb hätte übernehmen sollen, wandte sich gegen familiäre Widerstände dem Philosophiestudium zu. Die Beobachtung der elenden Situation der arbeitenden Bevölkerung hatte ihn zum Marxismus geführt. Nach seiner Habilitation an der Frankfurter Universität betätigte er sich am Institut für Sozialforschung. Nach 1945 übernahm Horkheimer erneut die Leitung des Instituts und amtierte vorübergehend als Rektor der Frankfurter Universität.

Theodor Adorno stammte aus dem großbürgerlichen Frankfurter Kaufmannsmilieu. Auch er studierte Philosophie, gelangte jedoch über eine ästhestisierende Sozialkritik zur marxistischen Analyse. Adornos Interessen galten in starkem Maße der Kunst und insbesondere der Musik. In einer Musik interessierten Familie aufgewachsen, enthält sein Werk zahlreiche Arbeiten zur Musikkritik. Dem groß- und bildungsbürgerlichen Herkunfsmilieu blieb Adorno zeit seines Lebens verhaftet, ebenso dem hochabstrakten Gestus und der komplizierten Sprache der deutschen Philosophie. Im Unterschied zu Horkheimer fand er nur kurzfristig Interesse an der empirischen Sozialforschung. Doch über die Sujets der Musik und Unterhaltung fand er einen Schlüssel zur Gesellschaftskritik. Im amerikanischen Exil arbeiteten Horkheimer und Adorno zusammen, insbesondere an der zum Klassiker gewordenen Studie über die autoritäre Persönlichkeit. In der Nachkriegsphase des Instituts für Sozialforschung verfasste Adorno keine größeren sozialwissenschaftlichen Beiträge mehr.

Erich Fromm, wie Adorno in Frankfurt am Main geboren, wuchs als einziges Kind in einer jüdisch-orthodoxen Kaufmannsfamilie auf. Unter seinen Vorfahren befanden sich zahlreiche Rabbiner. Fromm, der in seiner Jugend selbst mit dem Gedanken spielte, Rabbiner zu werden, blieb den jüdischen Wurzeln zeit seines Lebens treu. In Frankfurt und Heidelberg studierte er Jura, Soziologie, Philosophie und Psychologie. Er ließ sich zum Psychoanalytiker ausbilden und eröffnete eine Praxis. Seine Kombination soziologischer und psychologischer Herangehensweisen machten ihn für das Institut für Sozialforschung interessant, in das er 1930 eintrat. Vor dem Hintergrund der nationalsozialistischen Wende wählte Fromm 1934 nach einer Übergangszeit an der Genfer Zweigstelle des Instituts das US-amerikanische Exil. In seiner neuen Heimat avancierte er zu einem der führenden Vertreter der Psychoanalyse.

Herbert Marcuse, Sohn eines jüdischen Fabrikanten aus Pommern, studierte nach dem Ersten Weltkrieg Philosophie, unter anderem bei Heidegger, von dem er sich aber wegen dessen zumindest vorübergehenden Sympathien für den Nationalsozialismus distanzierte. 1933 wurde er Mitarbeiter am Institut für Sozialforschung. Auch er wechselte 1934 an die für ihn als Juden und Marxisten sichere Schweizer Zweigstelle des Instituts und später an das in New York neu gegründete Hauptinstitut. Er zog sich allerdings bald aus dem Institut zurück und schlug eine Karriere als Politikwissenschaftler ein. Im Unterschied zu Adorno, Fromm und Horkheimer wurde er mit seinen Schriften erst in den USA bekannt. Marcuse wurde in den Studentenprotesten der 1960er Jahre in den USA und in der Bundesrepublik sehr populär.

3.3.4 Kritische Theorie

Eine geschlossene Theorie hat die Frankfurter Schule nicht hervorgebracht, eher die heterogenen Splitter einer Theorie. Das ist so gewollt. Das Grundthema der Frankfurter Schule ist die Entfremdung des Menschen von seinen Bedürfnissen. Insbesondere Horkheimer brachte die Psychoanalyse ein, um zu demonstrieren, dass die Menschen nicht allein durch die ökonomischen Zwänge des Kapitalismus in Fesseln gehalten werden, sondern ebenso durch ein Denken in den Bahnen einer berechnenden Vernunft. Hier zeigte sich auch der Einfluss Erich Fromms, der im psychologischen Zweig des Instituts für Sozialforschung arbeitete:

> „Andererseits muß der Psychoanalytiker darauf hinweisen, daß der Gegenstand der Soziologie, die Gesellschaft, in Wirklichkeit aus einzelnen Menschen besteht, und daß diese Menschen, und nicht eine

abstrakte Gesellschaft als solche, es sind, deren Handeln, Denken und Fühlen Gegenstand soziologischer Forschung ist. Diese Menschen haben nicht eine ‚Individualseele', die dann funktioniert, wenn der Mensch als Individuum agiert, und die Objekt der Psychoanalyse wäre, und daneben eine davon separate ‚Massenseele' mit allerhand vagen Gemeinschaftsgefühlen, Solidaritätsgefühlen, Masseninstinkten usw., die in Aktion tritt, wenn der Mensch als Massenteil auftritt, und wenn der Soziologe sich einige Verlegenheitsbegriffe für ihn unbekannte psychoanalytische Tatsachen verschafft. Diese zwei Seelen sind aber nicht in des Menschen Brust, sondern nur eine, in der die gleichen Mechanismen und Gesetze gelten, ob der Mensch als Individuum auftritt oder die Menschen als Gesellschaft, Klasse, Gemeinschaft oder wie sonst."

Erich Fromm: Psychoanalyse und Soziologie, in: Erich Fromm, Gesamtausgabe, Bd. 1: Analytische Sozialpsychologie, hrsg. von Rainer Funk, Stuttgart: Deutsche Verlagsanstalt 1999, S. 3. [Erstveröffentlichung 1929]

Das Denken der Aufklärung, d.h. die Entzauberung der Natur, hat nach Horkheimer die Menschheit befähigt, die Naturgesetze zu erkennen und sie für ihre Zwecke auszubeuten. In der Auseinandersetzung mit der Natur hat sich eine Denkweise durchgesetzt, dass sich jedes Ziel mit geeigneten Mitteln erreichen lässt. Die positive Theorie, die diesem Denken zu Grunde liegt, lässt nur solche Erkenntnisse als richtig gelten, die in sich widerspruchsfrei sind und durch empirische Tests nicht widerlegt werden. Dies gilt nicht nur für die Technik- und Naturwissenschaften, sondern auch für die Gesellschaftswissenschaft. Horkheimer argumentierte bereits 1937 gegen die empirische Sozialforschung, die in den USA zu dieser Zeit schon lange ihren Siegeszug angetreten hatte. Diese Art Wissenschaft beschränkt sich ebenso wie die idealistische Philosophie darauf, verstehen zu wollen, welche beweisbare Wahrheit sich in den Tatsachen und Ideen des Vorhandenen verbirgt. Sie steckt in der gleichen Falle wie die bürgerliche Ökonomie und wie die objektiven Wissenschaften, die sich auf das Deuten und Erklären von Daten und Fakten beschränken. Die Kritische Theorie verfolgt hingegen das Ziel, die vorgefundenen Verhältnisse zu verändern. Allein der Marxismus verbindet die Analyse des Bestehenden mit dem Willen zur Veränderung.

Marxistische Begegnungen: Die Frankfurter Schule

Die Kritische Theorie lässt sich auf die Zweck-Mittel-Rationalität des Denkens nicht ein. Sie akzeptiert auch die Trennung des Denkens vom Handeln, der Theorie von der Praxis nicht.

„Die traditionelle Vorstellung der Theorie ist aus dem wissenschaftlichen Betrieb abstrahiert, wie er sich innerhalb der Arbeitsteilung auf einer gegebenen Stufe vollzieht. Sie entspricht der Tätigkeit des Gelehrten, wie sie neben allen übrigen Tätigkeiten in der Gesellschaft verrichtet wird, ohne daß der Zusammenhang zwischen den einzelnen Tätigkeiten unmittelbar durchsichtig wird. In dieser Vorstellung erscheint daher nicht die reale gesellschaftliche Funktion der Wissenschaft, nicht was Theorie in der menschlichen Existenz, sondern nur, was sie in der abgelösten Sphäre bedeutet, worin sie unter den historischen Bedingungen erzeugt wird. [...]

Die Trennung von Individuum und Gesellschaft, kraft deren der Einzelne die vorgezeichneten Schranken seiner Aktivität als natürlich hinnimmt, ist in der kritischen Theorie relativiert. Sie begreift den vom blinden Zusammenwirken der Einzeltätigkeiten bedingten Rahmen, das heißt die gegebene Arbeitsteilung und die Klassenunterschiede als eine Funktion, die, menschlichem Handeln entspringend, möglicherweise auch planmäßiger Entscheidung, vernünftiger Zielsetzung unterstehen kann. [...]

Wird die theoretische Anstrengung, die im Interesse einer vernünftig organisierten zukünftigen Gesellschaft die gegenwärtige kritisch durchleuchtet und anhand der in den Fachwissenschaften ausgebildeten traditionellen Theorien konstruiert, nicht fortgesetzt, so ist der Hoffnung, die menschliche Existenz grundlegend zu verbessern, der Boden entzogen. [...]

Die kritische Theorie der Gesellschaft hat [...] die Menschen als die Produzenten ihrer gesamten historischen Lebensformen zum Gegenstand. Die Verhältnisse der Wirklichkeit, von denen die Wissenschaft ausgeht, erscheinen ihr nicht als Gegebenheiten, die bloß festzustellen und nach den Gesetzen der Wahrscheinlichkeit vorauszuberechnen wären. Was jeweils gegeben ist, hängt nicht allein von der Natur ab, sondern auch davon, was der Mensch über sie vermag. Die Gegenstände und die Art der Wahrnehmung, die Fragestellung und der Sinn der Beantwortung zeugen von menschlicher Aktivität und dem Grad ihrer Macht. [...]

Insofern bewahrt die kritische Theorie über das Erbe des deutschen Idealismus hinaus das der Philosophie schlechthin; sie ist nicht irgendeine Forschungshypothese, die im herrschenden Betrieb ihren Nutzen erweist, sondern ein unablösbares Moment der historischen Anstrengung, eine Welt zu schaffen, die den Bedürfnissen und Kräften der Menschen genügt. Bei aller Wechselwirkung zwischen der kritischen Theorie und den Fachwissenschaften, an deren Fortschritt sie sich ständig zu orientieren hat und auf die sie seit Jahrzehnten einen befreienden und anspornenden Einfluß ausübt, zielt sie nirgends bloß auf Vermehrung des Wissens als solchen ab, sondern auf die Emanzipation des Menschen aus versklavenden Verhältnissen."

Max Horkheimer: Traditionelle und kritische Theorie, in: Max Horkheimer, Traditionelle und kritische Theorie. Fünf Aufsätze, 6. Aufl., Frankfurt/M.: Fischer-Taschenbuch-Verlag 2005, S. 214, 224, 250, 261ff. [Erstveröffentlichung 1937]

Den scholastischen Marxismus, der eine krude Determinierung kultureller Phänomene durch Produktionsweisen und Produktionsleistungen unterstellt, lehnen die Vertreter der Frankfurter Schule genauso ab wie die sich auf das Empirische konzentrierende Sozialforschung. Die Kritische Theorie hat die Gesamtheit der Gesellschaft im Blick. Kunst, Unterhaltung und Familie müssen ebenso radikal der kritischen Analyse unterzogen werden wie Ausbeutung und Klassenkampf.

„Immergleichheit regelt auch das Verhältnis zum Vergangenen. Das Neue der massenkulturellen Phase gegenüber der spätliberalen ist der Ausschluß des Neuen. Die Maschine rotiert auf der gleichen Stelle. Während sie schon den Konsum bestimmt, scheidet das Unerprobte als Risiko aus. Mißtrauisch blicken die Filmleute auf jedes Manuskript, dem nicht schon ein Bestseller beruhigend zu Grunde liegt. Darum gerade ist immerzu von idea, novelty und surprise die Rede, dem, was zugleich allzu vertraut wäre und nie dagewesen. Ihm dient Tempo und Dynamik. Nichts darf beim Alten bleiben, alles muß unablässig laufen, in Bewegung sein. Denn nur der universale Sieg des Rhythmus von mechanischer Produktion und Reproduktion verheißt, daß sich nichts ändert, nichts herauskommt, was nicht paßte."

Max Horkheimer u. Theodor W. Adorno: Dialektik der Aufklärung. Philosophische Fragmente, 14. Aufl., Frankfurt/M.: Suhrkamp 2003, S. 142. [Erstveröffentlichung 1947]

In allen Erscheinungsformen der Gesellschaft artikuliert sich eine übergreifende Tendenz, wobei die Tendenz die Gesellschaft in ihrer aktuellen historischen Erscheinungsform beschreibt. Die Kritische Theorie stellt aber nicht die historische Bedingtheit der Verhältnisse in den Vordergrund. Der Blick auf die Historizität der Gesellschaft zeigt vielmehr Ansatzpunkte, wo und wie der Status quo durch konkretes Handeln in Frage gestellt und aufgebrochen werden kann. In dieser Auffassung steckt die Grundannahme, dass sich die Welt in einem beklagenswerten, verbesserungswürdigen Zustand befindet, der sich im Lichte existenzieller Freiheit nicht rechtfertigen lässt. Die Vision einer freien, solidarischen Gesellschaft fordert dazu auf, wider die Vernunftgebote zu handeln, in denen sich der Kapitalismus eingekapselt hat.

3.3.5 Kulturbetrieb und autoritäre Persönlichkeit

Die so verstandene Gesellschaftsanalyse lässt sich auf die Unterscheidung zentraler und peripherer Themen nicht ein. Jede Erscheinungsform der Gesellschaft ist für die Zustandsbeschreibung und auch für das Aufklärungs- und Veränderungsprojekt wichtig. Wo die Kritische Theorie also den ökonomisierten Kunst- und Unterhaltungsbetrieb aufs Korn nimmt, der ästhetische Bedürfnisse und Zerstreuungslust mit kommerziell verwertbaren Produkten bedient und somit verfälscht, enttarnt sie einen im Alltag wichtigen Beherrschungsmechanismus, der die Selbstvergewisserung eigener ästhetischer Vorlieben und Unterhaltungsbedürfnisse verhindert.

Die Gesellschaft der fortgeschrittenen Moderne ist durch ihre Totalität charakterisiert. Die für das System bezeichnenden Tauschbeziehungen haben den allerprivatesten Bereich erobert. Die gesellschaftlichen Antagonismen wirken dort weit effektiver als in den politischen Großauseinandersetzungen zwischen Kapital und Arbeit. Die Anpassung an die Funktionszwänge des Marktes vollzieht sich in der Psyche und in artifiziell produzierten Konsumbedürfnissen. Den Medien kommt die Aufgabe zu, eine Wirklichkeit in die Gesellschaft zu projizieren, die störende Einflüsse und Informationen ausblendet.

> „Freuds ‚Unbehagen in der Kultur' hat einen Gehalt, der ihm schwerlich gegenwärtig war; nicht allein in der Psyche der Vergesellschafteten akkumuliert sich der Aggressionstrieb bis zum offenen destruktiven Drang, sondern die totale Vergesellschaftung brütet objektiv ihr Widerspiel aus, ohne daß bis heute zu sagen wäre, ob es die Katastrophe ist oder die Befreiung. [...]
> Alles, was heutzutage Kommunikation heißt, ausnahmslos, ist nur der Lärm, der die Stummheit der Gebannten übertönt. Die einzelmenschlichen Spontaneitäten, mittlerweile auch weithin die vermeintlich oppositionellen, sind zur Pseudoaktivität, potentiell zum Schwachsinn verurteilt. Die Techniken der Hirnwäsche und das ihnen Artverwandte praktizieren von außen eine immanent-anthropologische Tendenz, die freilich ihrerseits von außen motiviert wird."

Theodor W. Adorno: Negative Dialektik. Gesammelte Schriften Bd. 6, Frankfurt/M.: Suhrkamp 2003, S. 340, 341. [Erstveröffentlichung 1966]

Die Menschen haben ein hintergründiges Verlangen nach dem Ausleben ihrer Individualität, das sich in sublimierter Form auch in der Kunst äußern will. Konformismus und gesellschaftlich gesteuertes Geltungsbedürfnis überlagern und unterdrücken freilich die Entfaltung wirklicher Autonomie. Die Folgen sind mehr oder minder schwere seelische Störungen. Neurosen schlagen in Hass und Unterdrückungsbedürfnis um. Sie richten sich vornehmlich gegen Dissidenten, Minderheiten und nichtkonforme Lebens- und Kunstformen – aber nicht gegen die Eltern und Erzieher, d.h. die Verursacher der aufgestauten Aggression. Rentner und Arbeitslose revoltieren nicht gegen das kapitalistische System, das sie als Konsumenten marginalisiert hat. Vielmehr unterstützen sie die Ideen und Handlungen, die das System stabilisieren, unter dem sie leiden.

> „Die Entfaltung des Charakters hängt entscheidend vom Verlauf der Erziehung des Kindes und von seiner häuslichen Umgebung ab, die zutiefst von ökonomischen und sozialen Faktoren geprägt sind. Nicht nur folgt jede Familie hier den Gewohnheiten der eigenen sozialen, ethnischen und religiösen Gruppe, auch ökonomische Faktoren beeinflussen das Verhalten der Eltern gegenüber dem Kind. Umfassende Veränderungen wirken sich daher unmittelbar auf die innerhalb einer Gesellschaft entstehenden Arten von Charakterstrukturen aus. [...]

> Faschismus muß, um als politische Bewegung erfolgreich zu sein, eine Massenbasis haben. Er muß sich nicht nur die angstvolle Unterwerfung, sondern auch die aktive Kooperation der großen Mehrheit des Volkes sichern. Da er durch seine bloße Natur Wenige auf Kosten der Mehrheit begünstigt, kann er nicht gut verkünden, die Situation der Mehrheit ihren wirklichen Interessen entsprechend verbessern zu wollen. Er muß deshalb in erster Linie an emotionale Bedürfnisse – oft die primitivsten und irrationalsten Wünsche und Ängste – appellieren und nicht an das rationale Selbstinteresse. Das Argument, faschistische Propaganda täusche den Menschen vor, ihr Los zum Besseren wenden zu wollen, zieht die Frage nach sich: Warum lassen sich so viele so leicht täuschen? Weil es, so ist anzunehmen, ihrer Charakterstruktur entspricht; weil lange bestehende Sehnsüchte und Erwartungen, Ängste und Unruhen die Menschen für bestimmte Überzeugungen empfänglich und anderen gegenüber resistent machen. Je größer das in der Masse des Volkes bereits vorhandene antidemokratische Potential, um so leichteres Spiel hat faschistische Propaganda."

Theodor W. Adorno, Else Frenkel-Brunswik, Daniel J. Levinson und R. Nevitt Sanford: Einleitung, in: Theodor W. Adorno, Studien zum autoritären Charakter, Frankfurt/M.: Suhrkamp 1995, S. 7, 13. [Erstveröffentlichung, The Authoritarian Personality, 1950]

Die Unterdrückten verbinden sich im schlimmsten Fall mit den Unterdrückern, indem sie faschistische Parolen brüllen. Der Zwang zu neuen Erfindungen und Produkten, zum Verkaufen und zum Finden neuer Käufer begräbt den Impuls der Aufklärung. Die Unterdrückten, die sich darauf einlassen, werden ihre ärgsten eigenen Feinde.

> „In schroffem Gegensatz zum üblichen Wissenschaftsideal bedarf die Objektivität dialektischer Erkenntnis nicht eines Weniger sondern eines Mehr an Subjekt. Aber der positivistische Zeitgeist ist allergisch dagegen. Zu solcher Erfahrung seien nicht alle fähig. Sie bilde das Vorrecht von Individuen, determiniert durch ihre Anlage und Lebensgeschichte; sie als Bedingung von Erkenntnis zu verlangen, sei elitär und undemokratisch. [...] Während das Argument demokratisch sich gebärdet, ignoriert es, was die verwaltete Welt aus ihren Zwangsmitgliedern macht. Geistig können nur die dagegen an, die sie nicht ganz gemodelt hat. Kritik am Privileg wird zum Privileg: so

dialektisch ist der Weltlauf. Fiktiv wäre es, zu unterstellen, unter gesellschaftlichen Bedingungen, zumal solchen der Bildung, welche die geistigen Produktivkräfte gängeln, zurechtstutzen, vielfach verkrüppeln; unter der vorwaltenden Bilderarmut und den von der Psychoanalyse diagnostizierten, keineswegs indessen real veränderten pathogenen Prozessen der frühen Kindheit könnten alle alles verstehen oder auch nur bemerken. Würde das erwartet, so richtete man die Erkenntnis nach den psychopathischen Zügen einer Menschheit ein, der die Möglichkeit, Erfahrungen zu machen, durchs Gesetz der Immergleichheit ausgetrieben wird, sofern sie sie überhaupt besaß. Die Konstruktion der Wahrheit nach Analogie einer volonté de tous – äußerste Konsequenz des subjektiven Vernunftbegriffs – betröge im Namen aller diese um das, dessen sie bedürfen. An denen, die das unverdiente Glück hatten, in ihrer geistigen Zusammensetzung nicht durchaus den geltenden Normen sich anzupassen – ein Glück, das sie im Verhältnis zur Umwelt oft genug zu büßen haben –, ist es, mit moralischem Effort, stellvertretend gleichsam, auszusprechen, was die meisten, für welche sie es sagen, nicht zu sehen vermögen oder sich aus Realitätsgerechtigkeit zu sehen verbieten. Kriterium des Wahren ist nicht seine unmittelbare Kommunizierbarkeit an jedermann. Zu widerstehen ist der fast universalen Nötigung, die Kommunikation des Erkannten mit diesem zu verwechseln und womöglich höher zu stellen, während gegenwärtig jeder Schritt zur Kommunikation hin die Wahrheit ausverkauft und verfälscht. An dieser Paradoxie laboriert mittlerweile alles Sprachliche. Wahrheit ist objektiv und nicht plausibel."

Theodor L. W. Adorno: Negative Dialektik. Gesammelte Schriften Bd. 6, Frankfurt/M.: Suhrkamp 2003, S. 50ff. [Erstveröffentlichung 1966]

Gegen den Status quo setzt Adorno die negative Dialektik, d.h. die konsequente Infragestellung der Früchte der historischen Aufklärung und der Naturbeherrschung. Damit wendet er sich nicht gegen die Aufklärung als solche; er will sie nicht ungeschehen machen. Aber er will sie neu justieren. Vor allem muss die Aufklärung die Erkenntnis des Leides und die Erfahrung des Leidens wecken, die sich der Fabrikation durch die Medien, die Werbung und die Warenwelt entziehen. Um bei der von Adorno geschätzten Welt der Kultur zu bleiben: Es gilt der verflachenden Kulturindustrie mit Kunst zu begegnen, die nur die autonome Persönlichkeit empfinden kann.

Marxistische Begegnungen: Die Frankfurter Schule

Horkheimers und Adornos Ideen bieten Anregungen für die Theorie. Selbst bilden sie freilich keine Theorie. Beide entsenden Botschaften, wobei eine vage Richtung, aber keine Adressaten und schon gar keine Handlungsanweisungen erkennbar werden. Das Besondere ihres Argumentierens ist die Verknüpfung der Kapitalismuskritik mit der Psychologie, der Wechsel des kritischen Augenmerks von den kapitalistischen Makrostrukturen zu den Mikrostrukturen in Gestalt deformierter, kranker Persönlichkeiten. Beider Basiswahrnehmung ist gleich. Nicht nur die vom Abstieg bedrohten deutschen Mittelschichten, sondern auch Teile der Arbeiterschaft hatten sich Hitler in die Arme geworfen. Sie waren begeistert Figuren gefolgt, die aus ihrem Hass und Vernichtungswillen keinen Hehl machten.

In ihrer neuen Heimat Amerika stand die breite gesellschaftliche Verankerung der Demokratie außer Frage. Aber die Menschen dort liebten flache Kinounterhaltung, störten sich nicht an der allgegenwärtigen Werbeberieselung, liebten jazzige Musik und hassten Kommunisten, ohne das Geringste von ihnen zu wissen bzw. jemals einem begegnet zu sein. Sie lasen Comics in den Massenblättern und ließen es ungern geschehen, dass ihr Nachbar ein neues Auto kaufte, ohne gleich zu zeigen, dass man sich selbst auch ein neues leisten konnte. Amerika war Europa allemal voraus. Es nahm verfolgte Juden auf, während sie in Deutschland erst drangsaliert und dann ermordet wurden. Die beiden Hauptvertreter der Frankfurter Schule konnten gar nicht anders, als an der Welt zu leiden, in der sie lebten.

„Nicht umsonst stammt das System der Kulturindustrie aus den liberaleren Industrieländern, wie denn alle ihre charakteristischen Medien, zumal Kino, Jazz und Magazin, dort triumphieren. Ihr Fortschritt freilich entsprang den allgemeinen Gesetzen des Kapitals. Gaumont und Pathé, Ullstein und Hugenberg waren nicht ohne Glück dem internationalen Zug gefolgt; die wirtschaftliche Abhängigkeit des Kontinents von den USA nach Krieg und Inflation tat dabei das ihrige. Der Glaube, die Barbarei der Kulturindustrie sei eine Folge des 'cultural lag', der Zurückgebliebenheit des amerikanischen Bewußtseins hinter dem Stand der Technik, ist ganz illusionär. Zurückgeblieben hinter der Tendenz zum Kulturmonopol war das vorfaschistische Europa. Gerade solcher Zurückgebliebenheit aber hatte der Geist einen Rest von Selbständigkeit, seine letzten Träger ihre wie immer auch

> gedrückte Existenz zu verdanken. In Deutschland hatte die mangelnde Durchdringung des Lebens mit demokratischer Kontrolle paradox gewirkt. Vieles blieb von den Marktmechanismen ausgenommen, der in den westlichen Ländern entfesselt wurde. Das deutsche Erziehungswesen samt den Universitäten, die künstlerisch maßgebenden Theater, die großen Orchester, die Museen standen unter Protektion. [...]"
>
> *Max Horkheimer u. Theodor W. Adorno*: Dialektik der Aufklärung. Philosophische Fragmente, 14. Aufl., Frankfurt/M.: Suhrkamp, S.140f. [Erstveröffentlichung 1947]

Aus den gehobenen bürgerlichen Schichten kommend, hoch begabt, hoch gebildet, sehr belesen, offen für Kunst und Wissenschaft, dazu – was im Bürgertum des zeitgenössischen Deutschland alles andere als selbstverständlich war – politisch links engagiert, waren die Frankfurter Sozialforscher von einem plebejisch gewordenen Deutschland, das alles Intellektuelle verachtete, aufgrund ihrer Herkunft ausgestoßen worden. Bei aller Dankbarkeit für die Aufnahme in Amerika blieben sie heimatlos: Ihre Bildung galt dort wenig, Kunst- und Musikverstand wurden dort gesellschaftlich nicht sonderlich geachtet, die Sozialwissenschaften hatten für marxistische Ideen wenig übrig. Selbst die Ärmeren arrangierten sich mit einem Wertesystem, in dem vor allem Geld und Erfolg zählten. Getroffen vom Verlust des deutschen Gelehrtenmilieus und desillusioniert von der politischen Wirklichkeit der USA, in der sie sich nie heimisch gefühlt hatten, verliert sich Adornos und Horkheimers Werk in einer negativen Kritik, die zuviel persönliche Enttäuschung und Hoffnungslosigkeit atmet, um noch Vorschläge für eine Alternative hervorbringen zu können.

📖 Literatur:

Alfred Adler: Praxis und Theorie der Individualpsychologie. Vorträge zur Einführung in die Psychotherapie für Ärzte, Psychologen und Lehrer, 5. Aufl., Darmstadt: Wissenschaftliche Buchgesellschaft 1969. [Erstveröffentlichung 1920]

Theodor W. Adorno: Negative Dialektik. Gesammelte Schriften, Bd. 6, Frankfurt/M.: Suhrkamp 2003.

Theodor W. Adorno: Studien zum autoritären Charakter, Frankfurt/M.: Suhrkamp 1995. [Erstveröffentlichung, The Authoritarian Personality, 1950]
Theodor W. Adorno, Else Frenkel-Brunswik, Daniel J. Levinson und R. Nevitt Sanford: Einleitung, in: Theodor W. Adorno, Studien zum autoritären Charakter, Frankfurt/M.: Suhrkamp 1995, S. 1-36.
Karl Graf Ballestrem u. Henning Ottmann (Hrsg.): Politische Philosophie des 20. Jahrhunderts, München: Oldenbourg 1990.
Iring Fetscher u. Herfried Münkler (Hrsg.): Pipers Handbuch der politischen Ideen, 5 Bde., München: Piper 1987.
Erich Fromm: Gesamtausgabe, Bd. 1: Analytische Sozialpsychologie, hrsg. von Rainer Funk, Stuttgart: Deutsche Verlagsanstalt 1999.
Rainer Funk: Erich Fromm, Reinbek: Rowohlt 1983.
Antonio Gramsci: Die Herausbildung der Intellektuellen [erschienen zwischen 1930 u. 1932], in: Antonio Gramsci: Zur Politik, Geschichte und Kultur. Ausgewählte Schriften, 2. Aufl., Frankfurt/M.: Röderberg 1986, S. 222-230.
Helmut Gumnior u Rudolf Ringguth: Horkheimer, 6. Aufl., Reinbek: Rowohlt 1997.
Axel Honneth: Kritische Theorie, in: Iring Fetscher und Herfried Münkler (Hrsg.), Pipers Handbuch der politischen Ideen. Bd. 5: Neuzeit: Vom Zeitalter des Imperialismus bis zu den neuen sozialen Bewegungen, München: Piper 1987, S. 601-610.
Max Horkheimer: Traditionelle und kritische Theorie. Fünf Aufsätze, 6. Aufl., Frankfurt/M.: Fischer-Taschenbuch-Verlag 2005.
Max Horkheimer: Traditionelle und kritische Theorie, in: Traditionelle und kritische Theorie. Fünf Aufsätze, 6. Aufl., Frankfurt/M.: Fischer-Taschenbuch-Verlag 2005, S. 205-269. [Erstveröffentlichung 1937]
Max Horkheimer u. Theodor W. Adorno: Dialektik der Aufklärung. Philosophische Fragmente, 14. Aufl., Frankfurt/M.: Suhrkamp 2003. [Erstveröffentlichung 1947]
Dirk Kaesler (Hrsg.): Klassiker der Soziologie, 2 Bde., 4. Aufl., München: C.H. Beck 2003.
Stefan Müller-Dohm: Theodor W. Adorno, in: Dirk Kaesler (Hrsg.), Klassiker der Soziologie, Bd. 2: Von Talcott Parsons bis Pierre Bourdieu, 4. Aufl., München: C.H. Beck 2003, S. 51-71.
Herfried Münkler: Die kritische Theorie der Frankfurter Schule, in: Karl Graf Ballestrem u. Henning Ottmann (Hrsg.), Politische Philosophie des 20. Jahrhunderts, München: Oldenbourg 1990, S. 179-210.
Hartmut Scheible: Theodor W. Adorno, 7. Aufl., Reinbek: Rowohlt 2003.
Christoph Türcke u. Gerhard Bolte: Einführung in die Kritische Theorie, Darmstadt: Wissenschaftliche Buchgesellschaft 1994.

3.4 Staatstheoretische Begegnungen: Ernst Fraenkel und die pluralistische Demokratie

3.4.1 Biografische Skizze

Ernst Fraenkel (1898-1975) hat im Demokratieverständnis der Bundesrepublik tiefe Spuren hinterlassen. Fraenkel wuchs als Vollwaise in einer Familie des jüdischen Bürgertums in Frankfurt auf. Als Frontsoldat im Ersten Weltkrieg und als Zeuge der sozialen und politischen Verwerfungen im Gefolge des Krieges verstetigte und vertiefte sich sein bereits familiär vermitteltes politisches Interesse. Sein Jurastudium nahm er an der Frankfurter Universität auf, die erst kurz vor dem Ersten Weltkrieg als Stiftung der Stadt Frankfurt gegründet worden war und die in dieser Zeit als deutsche Reformuniversität schlechthin galt. In seinem Jurastudium wandte sich Fraenkel dem neuen Gebiet des Arbeitsrechts zu. Das Arbeitsrecht war eine der grundlegenden Innovationen der Weimarer Republik. Es zog vor allem junge, demokratisch gesinnte Rechtslehrer und Studenten an. Nach dem Studium ließ sich Fraenkel als Rechtsanwalt in Berlin nieder, dort arbeitete er auch als Syndikus für die Metallarbeitergewerkschaft des Allgemeinen Deutschen Gewerkschaftsbundes, d.h. der sozialdemokratischen Gewerkschaften. Daneben entfaltete er eine publizistische Tätigkeit.

Bis 1938 konnte Fraenkel in Berlin noch als Rechtsanwalt wirken. Er war seinen jüdischen Landsleuten als Rechtsbeistand und bei der Auswanderung behilflich. Dann emigrierte er selbst. Für einen deutschen Anwalt bot sich in den USA keine gleichwertige Beschäftigung. In den USA studierte Fraenkel deshalb amerikanisches Recht. Er fand im damaligen Amerika eine Gesellschaft vor, die im New Deal dem Laisser-faire-Kapitalismus den Rücken gekehrt hatte. Roosevelts Reformpolitik war in der Substanz, obgleich nicht dem Namen nach ein sozialdemokratisches Programm. Der Staat produzierte Reformgesetze, die den Schwachen eine gewisse soziale Sicherheit gaben; er gab viel Geld aus, um mit öffentlichen Aufträgen die Arbeitslosigkeit zu bekämpfen. Die Gegnerschaft zu dieser Politik wurde in Wahlkämpfen, Zeitungen und parlamentarischen Debatten ausgetragen und respektierte die Mehrheitsentscheidung. Der Kontrast zum Zusammenbruch der deutschen Politik unter den

Folgen der weltweiten Wirtschaftskrise hätte nicht drastischer sein können.

Im Unterschied zu vielen seiner deutschen Schicksalsgenossen in der Emigration erfuhr Fraenkel die USA durchweg positiv. Mit der sprachlichen und philosophischen Hochgestochenheit der Wissenschaftler in der Tradition der Frankfurter Schule, die den American way of life eher unbehaglich erlebten, konnte er wenig anfangen. Er war zu lange und zu überzeugt Gewerkschafter gewesen, um über eine vom Massengeschmack bestimmte Unterhaltungskultur die Nase zu rümpfen. Fraenkel schlug sich in den USA als Anwalt durch, blieb aber seinem Interesse an der Politik treu. Er nahm in dieser Zeit die rasant wachsende Politikwissenschaft und ihre wichtigsten Veröffentlichungen wahr. Beeinflusst wurde er unter anderem von den Arbeiten David Trumans, V.O. Keys, Robert A. Dahls, E.E. Schattschneiders und Charles Lindbloms. Truman hatte geschildert, wie sich die gesellschaftlichen Interessen politisch organisieren und wie sie die Wahlen, den Gesetzgebungsprozess und die Verwaltungsentscheidungen beeinflussten. Key hatte in historisch-statistischen Analysen nachgewiesen, wie sich die Wähler in großen historischen Zäsuren neu orientieren und die Parteien sich bemühen, bisher vernachlässigte, jedoch erstarkende Interessen und Einstellungen zum Ausdruck zu bringen. Truman wiederum hatte betont, die Interessen der Schwachen bzw. der Nicht-Organisierten dürften im Getriebe der Verbändepluralität und der Konkurrenz um politischen Einfluss nicht untergehen. Ihre Vertretung obliege besonders den Parteien und der Regierung.

Für die Tatsache, dass diese Art politikwissenschaftlicher Thesen und Untersuchungen einen Fraenkel faszinierten, wo ein Adorno, ein Marcuse oder ein Horkheimer, wie oben gezeigt wurde, Unbehagen an der amerikanischen Demokratie empfanden, gibt es einen biografischen Grund. Die als kleinlich empfundene Wertschätzung des Geldes und die Ferne der Gesellschaft zur hochbürgerlichen europäischen Kultur verursachten den Frankfurtern Schmerz. Als Anwalt kleiner Leute und Arbeiter, als Gewerkschafter wusste Fraenkel, dass es der Masse der Menschen in der Politik um greifbare materielle Verbesserungen, dass es um soziale Sicherheit, um das kleine Glück eines Auskommens ohne Luxus, um die Miete, den Arbeitsplatz und den sonntäglichen Familienausflug ins Grüne geht. Dieser Welt waren die amerikanischen Politikwissenschaftler, die Fraenkel studierte, nahe. Sie beobachteten das Alltagsleben als Quelle der

Politik. Die philosophisch geprägten deutschen Sozialforscher wollten von Marx, Hegel, Kant, Aristoteles und Platon auch in der Neuen Welt nicht loslassen. Erst nach langem Zögern entschloss sich Fraenkel, der inzwischen im amerikanischen Staatsdienst tätig war, nach Deutschland zurückzukehren. Er nahm eine Professur für Politikwissenschaft am Otto-Suhr-Institut der Freien Universität Berlin an, das die Tradition der früheren Hochschule für Politik fortsetzte.

3.4.2 Regeltreue als Gemeinwohl

Fraenkels Werk konnte und wollte seine Prägung durch die staatstheoretische Tradition Europas nicht verleugnen. Die idealistische Vorstellung eines materiellen Gemeinwohls, das es zu erkennen und zu realisieren gilt, lehnte er allerdings entschieden ab.

„Unter Gemeinwohl soll im folgenden eine in *ihrem Kern* auf einem als allgemein gültig postulierten Wertkodex basierende, in ihren *Einzelheiten* den sich ständig wandelnden ökonomisch-sozialen Zweckmäßigkeitserwägungen Rechnung tragende regulative Idee verstanden werden, die berufen und geeignet ist, bei der Gestaltung politisch nicht kontroverser Angelegenheiten als Modell und bei der ausgleichenden Regelung politisch kontroverser Angelegenheiten als bindende Richtschnur zu dienen.

Ich wiederhole, daß mit der für den demokratischen Staat kennzeichnenden Vorstellung der Autonomie politischer Willensbildung der Gedanke eines a priori-Gemeinwohls in Form eines politischen Aktionsprogramms nicht in Einklang zu bringen ist. Schließt dies aber [...] die Möglichkeit eines a posteriori-Gemeinwohls aus – eines Gemeinwohls, das nicht vorgegeben ist, sondern das als Resultante aus dem Parallelogramm der divergierenden ökonomischen, sozialen und ideellen Kräfte entsteht und den optimalen Ausgleich der antagonistischen Gruppeninteressen darstellt? Diese Frage ist nur dann sinnvoll, wenn man es für möglich erachtet, in den mit der kollektiven Wahrnehmung von Gruppeninteressen betrauten Verbänden die geeigneten Instrumente zwecks Überwindung der zentrifugalen Kräfte zu sehen, die in der heterogenen Gesellschaft in Erscheinung treten. Die Frage ist nur dann nicht paradox, wenn man von der Arbeitshypothese ausgeht, es sei möglich, aus der heterogenen Not eine pluralistische Tugend zu machen."

Ernst Fraenkel: Deutschland und die westlichen Demokratien, 2. Aufl., erw. Neuausg. hrsg. v. Alexander v. Brünneck, Frankfurt/M.: Suhrkamp 1991, S. 272f. [Erstveröffentlichung 1964]

An die Stelle eines vorgegebenen substanziellen Gemeinwohls tritt bei Fraenkel ein prozedural definiertes Verständnis des politisch Legitimen und Richtigen. Die deutsche Rechtsstaatsmetapher der wilhelminischen Ära und selbst noch die Weimarer Staatsrechtslehre war die verbilligte Formel, dass alles Rechtens sei, was nur auf dem Gesetz fuße. (→ Kapitel 2.2: Georg Jellinek: Die Elemente der Staatlichkeit, → Kapitel 2.3: Hans Kelsen: Der Staat als Identifikationsphänomen.) Die Perversion dieser Vorstellung im Nationalsozialismus zeigte Fraenkel in seinem Buch vom Doppelstaat.

„Da die Kompetenz der Behörden des Maßnahmenstaates rechtlich nicht festgelegt ist, gibt es keinen rechtlich garantierten Zuständigkeitsbereich der Organe des Normenstaates. Existenz und Funktionen des Normenstaates sind nicht vom Recht gewährleistet, sondern beruhen – so paradox dies auch klingen mag – auf der Durchdringung des Staatsgefüges mit nationalsozialistischem Gedankengut. [...]
Von einem Normenstaat kann schwerlich gesprochen werden, wenn in politisch relevanten Grenzfällen die Gerichte systematisch das in Kraft befindliche Recht zugunsten vager Prinzipien nationalsozialistischer Provenienz hintanzustellen haben. Der Normenstaat bestünde nicht, wenn die Träger der Justizhoheit unter mehr oder weniger starkem Druck das geltende Recht nur unter dem internen Vorbehalt anwenden, daß die Entscheidungen der Gerichte den Trägern der politischen Hoheitsgewalt akzeptabel sind. [...]
Die Frage, ob die Behörden sich in ‚nichtpolitischen' Fällen streng an das Gesetz zu halten haben oder ob alle Gesetze unter einem ‚internen' Vorbehalt zur Anwendung kommen sollen, hat kein Geringerer als Hermann Göring behandelt. In einem wichtigen Vortrag mit dem Titel *Die Rechtssicherheit als Grundlage der Volksgemeinschaft* wies Göring energisch letztere Möglichkeit zurück, indem er sagte:
‚Es können Umstände eintreten und vorliegen, durch die die Anwendung der ordentlichen Gesetze geradezu zu schwerem Unrecht

> führen kann. Die Anwendung des Gesetzes darf in solchen Fällen nicht willkürlich unterbleiben, denn der Richter und die Verwaltung sind an das Gesetz als den niedergeschriebenen Willen des Führers gebunden. Ein willkürliches Abweichen vom Gesetz würde daher Verletzung der Gefolgschaftspflicht und deshalb Unrecht und Rechtsunsicherheit bedeuten.'"

Ernst Fraenkel: Der Doppelstaat, in: Gesammelte Schriften. Bd. 2. Nationalsozialismus und Widerstand, hrsg. v. Alexander v. Brünneck, Baden-Baden: Nomos 1999, S. 124, 126f. [amerik. Erstveröffentlichung, The Dual State, 1941; dt. Erstveröffentlichung 1974]

Das amerikanische Recht kennt die Formel des Due process. Eine politische Willensäußerung, die sich in Gesetzen und im Verwaltungshandeln artikuliert, gilt nur dann als legitim, wenn sie den Regeln der Verfassung, der Gesetze und der Fairness folgt. Die Fairness ist für Fraenkel der entscheidende Punkt. Denn was fair ist, drückt eine gesellschaftliche Erwartung aus. Erwartungen ändern sich aber mit dem Wandel der gesellschaftlichen Anschauungen. Fairness holt auch die soziale Gerechtigkeit in den Quellenbestand wünschenswerten sozialen Handelns. Abermals ist es hier die Konsensfähigkeit von Recht und Politik, die Fraenkel fesselt. Die Generalbotschaft aus alledem lautet: Interessen und Interessenstreit sind eine Gesetzmäßigkeit der demokratischen Politik. Sie ergeben sich aus der Verschiedenheit der Menschen, der Anschauungen, der Erwerbstätigkeit, der Einkommensverhältnisse und des sozialen Status. Diese Pluralität zu koordinieren, aus ihr Mehrheiten zu bilden, ist das zentrale Anliegen der Politik. Diese Aufgabe bedarf der Bearbeitung in einem handlungsleitenden Theoriebild.

Die Basis demokratischer Politik ist demnach die Heterogenität der Gesellschaft. Mit einem Gemeinwohl, das sich mit der Gesamtheit der verschiedenen gesellschaftlichen Interessen decken könnte, lässt sich diese Tatsache nicht in Einklang bringen. In früheren Arbeiten sprach Fraenkel in diesem Zusammenhang von der dialektischen Demokratie, d.h. dem Gegensatz von Kapital und Arbeit. Den Gemeinwohlbegriff herkömmlicher Art als eine feststehende Größe, der die Politik zu folgen hätte, lehnt Fraenkel ab. Auf den Gemeinwohlbegriff mag er gleichwohl nicht verzichten. Um seine Idee des kasuistischen Gemeinwohls zu umschreiben, konstruiert Fraenkel das Bild eines sich fortlaufend wandelnden Parallelogramms der Kräfte. Die Gemeinwohlqualität eines Mehrheitsentscheids bemisst sich aber weniger nach den Inhalten der beschlossenen Politik als danach, ob der Prozess, der zur Mehrheitsbildung führt, bestimmte Regularien beachtet. Diese Regularien bilden den Kern der Fraenkelschen Staatstheorie.

„In keiner offenen Gesellschaft besteht Gewähr dafür, daß aus dem ökonomischen und sozialen Kräfteparallelogramm automatisch eine Resultante hervorgeht, die für die öffentliche Meinung tragbar und vom Gesichtspunkt der sozialen Gerechtigkeit aus erträglich ist. Sie bedarf häufig der Modifikationen und Korrekturen unter Berücksichtigung von Erwägungen, die wir herkömmlich das 'allgemeine Wohl' nennen. [...] Unter dem 'Gemeinwohl' wird im folgenden eine *in ihrem Kern* auf einem allgemein gültig postulierten Wertkodex basierende, *in ihren Einzelheiten* den sich ständig wandelnden ökonomisch-sozialen Zweckmäßigkeitserwägungen Rechnung tragende regulative Idee verstanden, die berufen und geeignet ist, bei der Gestaltung nicht kontroverser politischer Angelegenheiten als Modell und bei der ausgleichenden Regelung politisch kontroverser Angelegenheiten als Richtschnur zu dienen." [...]

Ernst Fraenkel: Die Wissenschaft von der Politik und die Gesellschaft, in: Reformismus und Pluralismus. Materialien zu einer ungeschriebenen politischen Autobiographie, zusammengestellt und hrsg. von Falk Esche u. Frank Grube, Hamburg: Hoffmann & Campe 1975, S 339. [Erstveröffentlichung 1963]

„In einer autonom legitimierten, heterogen-strukturierten Demokratie kommt der Beachtung von Verfahrensregeln eine Eigenbedeutung zu. Eine solche Demokratie vermag auf die Dauer nur zu existieren, wenn ihre Verfahrensregeln unverbrüchlich eingehalten werden, d.h. aber, wenn ihr Bestand rechtstaatlich garantiert ist. Sie dieserhalb als 'formale Demokratie' zu diskreditieren, heißt sowohl die Bedeutung zu übersehen, die der Einhaltung von Formen für die Aufrechterhaltung der Freiheit zukommt, als auch zu verkennen, daß in der Proklamierung und strikten Realisierung dieser Verfahrensvorschriften das Bekenntnis zu einer materiellen Wertordnung enthalten ist."
Ernst Fraenkel: Unitversitas litterarum und pluralistische Demokratie, in: Reformismus und Pluralismus. Materialien zu einer ungeschriebenen politischen Autobiographie, zusammengestellt und hrsg. von Falk Esche u. Frank Grube, Hamburg: Hoffmann & Campe 1975, S. 362. [Erstveröffentlichung 1967]

3.4.3 Der kontroverse und der nicht-kontroverse Sektor der Politik

Fraenkel unterscheidet einen kontroversen und einen nicht-kontroversen Bereich der Politik. Der kontroverse Sektor besteht aus der unübersehbaren Vielfalt von Problemen und Lösungswegen, die den Stoff der Alltagspolitik bilden, z.B. Sozialpolitik, Verkehrspolitik, Bildungspolitik, Arbeit und Gesundheit. Der nicht-kontroverse Sektor beinhaltet demgegenüber die Verfassung, das Wahlgesetz, die Vereinigungsfreiheit, die Pressefreiheit, die Grundrechte und die parlamentarischen Geschäftsordnungen. Darüber hinaus beinhaltet er gewisse regulative Ideen, die nur bei der Betrachtung konkreter Probleme und Strukturen näher bestimmt werden können. Dieser nicht-kontroverse Sektor der Politik kommt mit einem Minimum von Formalisierung aus. In Großbritannien umfasst er sogar den Gesamtkomplex der Verfassung, die auf ungeschriebenen Regeln, den so genannten Verfassungskonventionen, fußt, die von allen politischen Akteuren anerkannt werden. Die Beachtung der förmlichen und der informellen Regeln versieht den Mehrheitsentscheid mit einer Dignität, für die der Begriff des Gemeinwohls gebraucht werden mag.

„Im folgenden wird von der These ausgegangen, daß kein politisches Gemeinwesen lebensfähig ist, dessen Normensystem nicht auf einem generell als gültig anerkannten, mehr oder weniger abstrakten Wertkodex beruht, dessen Konkretisierung stets und von neuem durch Anpassung an die einem ständigen Wandel unterzogenen wirtschaftlichen, sozialen und politischen Gegebenheiten zu erfolgen hat. [...] Nicht das Problem der *Geltung* dieses Wertkodex steht hier zur Diskussion, vielmehr lediglich die Frage seiner *Bedeutung* für die Begründung und Aufrechterhaltung eines consensus omnium, wobei von der empirisch nachweisbaren Tatsache ausgegangen wird, daß kein Staat – und insbesondere keine pluralistische Demokratie – auf die Dauer ohne das Minimum eines solchen consensus zu bestehen vermag. [...]
In einer jeden freien und deshalb pluralistischen Demokratie gibt es [...] einen Sektor des Gemeinwesens, dessen Existenz weder durch Verwendung vager Gemeinschaftsideologien verhüllt noch durch Verwendung nicht minder vager Gemeinschaftsphraseologie wegdisputiert werden sollte. Er stellt den Schauplatz dar, auf dem im Zusammenprall und im Zusammenwirken der Partikularwillen um die bestmögliche Regelung einer künftigen Staats- und Gesellschafts-

ordnung gerungen wird. Ihre Ausgestaltung steht zur Disposition der Gruppenwillen, denen aufgegeben ist, in einem vor dem Forum der Öffentlichkeit auszutragenden kontradiktorischen Verfahren (im Einklang mit den Normen der Verfassung und den der Verfassung zugrunde liegenden Fundamentalprinzipien) politische Entscheidungen über alle diese strittigen Fragenkomplexe in der nur allzu häufig utopischen Erwartung herbeizuführen, daß diese stets den consensus omnium finden werden.

Die für jede pluralistische Demokratie kennzeichnende ausdrückliche Anerkennung der Existenz solcher, dem Streit der Parteimeinungen und Gruppeninteressen ausgelieferten und die politisch aktive Öffentlichkeit primär interessierenden Bereiche des Gemeinwesens sollte jedoch nicht darüber hinwegtäuschen, daß in jeder funktionierenden pluralistischen Demokratie der weitaus größere Teil obrigkeitlicher und gesellschaftlicher Betätigung sich in einem Bereich abspielt, in dem sowohl die staatlich als auch vor allem gesellschaftlich erzeugten und sanktionierten Normen so generell anerkannt sind, daß die breite Öffentlichkeit sich mit ihnen bestenfalls in Ausnahmefällen beschäftigt und zumeist von der Entstehung, Abänderung und Handhabung dieser Normen und ihrer Anwendungsbereiche keine Kenntnis nimmt."

Ernst Fraenkel: Deutschland und die westlichen Demokratien, 2. Aufl., erw. Neuausg. hrsg. v. Alexander v. Brünneck, Frankfurt/M.: Suhrkamp 1991, S. 246, 248. [Erstveröffentlichung 1964]

Dem Prozesscharakter des Grundkonsenses entspricht es, dass die Regeln in Abständen fortgeschrieben und angepasst werden. Ein aktuelles Beispiel wäre die in den 1980er Jahren in Großbritannien und seit einigen Jahren auch in Deutschland ausgetragene Auseinandersetzung um die Neuverlegung der Grenzen zwischen persönlicher und staatlicher Verantwortung für Risiken wie Krankheit, Erwerbslosigkeit, Alter und Gebrechlichkeit. Ob der Schutz dieses nicht-kontroversen Sektors nun einem Verfassungsgericht übertragen wird oder ob er dem Gespür der Politik und einer kritischen Öffentlichkeit überlassen wird, ist eine Frage, die nach der politischen Tradition beantwortet wird. In der Affinität des nicht-kontroversen Sektors zu einem Verfahrenskonsens, den die Arbeitsmarktparteien teilen, und einem kontroversen Beratungsgegenstand, bei dem Arbeitgeber und Gewerkschaften unterschiedliche Positionen vertreten, blickt der gelernte Arbeitsrechtler Fraenkel durch. Der Ansatz liegt nicht fern vom Politikverständnis der angelsächsischen Demokratien.

Die Fraenkelsche Staatstheorie ist minimalistisch angelegt. Sie braucht keinen großen Literaturapparat, ist in sich schlüssig, empirienah und insofern zeitgebunden, als sie die Epoche der Demokratie voraussetzt. Das theoretische Werk Fraenkels ist in einigen Schlüsselaufsätzen enthalten. An Wirkungsmacht kann seine Bedeutung im Nachkriegsdeutschland gar nicht hoch genug veranschlagt werden. Das prozedurale Demokratieverständnis hat sich in der Rechtsprechung des Bundesverfassungsgerichts durchgesetzt. Bei Staatstheoretikern konservativer Provenienz hat Fraenkel wenig Begeisterung geweckt. Die rechte Kritik mag en passant erwähnt werden: Fraenkel lässt den Parteienkampf und die Partikularinteressen in die geheiligten Räume des Staates. Der Staat sinkt zur bloßen Maschine im Dienste parlamentarischer Mehrheiten herab. Seine Beamten werden zu Rädchen im Getriebe einer Dienstleistungsagentur für die Gesellschaft.

Doch der autoritäre Hauptstrom der deutschen Staatslehre befand sich mit seinem pointiertesten Mentor Carl Schmitt nach 1949 auf der Verliererstraße. (→ Kapitel 2.5: Carl Schmitt: Der Staat als Waffe der Politik.) Herber war für Fraenkel die Kritik der Linken. Für die Neomarxisten mit ihren geistigen Stars in der Frankfurter Schule und ihrer großen Schar von Epigonen war Fraenkels Staatstheorie ein alltagsnahes Kleinklein, das sich mit der politischen Befindlichkeit der real vorhandenen Demokratie zufrieden gibt, den fundamentalen Grundwiderspruch von Kapital und Arbeit aber nicht thematisiert. (→ Kapitel 3.2: Marxistische Begegnungen: Die Frankfurter Schule.)

Literatur:

Hubertus Buchstein: Ernst Fraenkel als Klassiker, in: Leviathan, 26. Jg. (1998), S. 458-481.

Wilhelm Bleek u. Hans J. Lietzmann (Hrsg.): Klassiker der Politikwissenschaft. Von Aristoteles bis David Easton, München: C.H. Beck 2005.

Hubertus Buchstein u. Gerhard Göhler: Ernst Fraenkel, in: Wilhelm Bleek und Hans J. Lietzmann (Hrsg.), Klassiker der Politikwissenschaft. Von Aristoteles bis David Easton, München: C.H. Beck 2005, S. 151-164.

Hubertus Buchstein und Gerhard Göhler (Hrsg.): Vom Sozialismus zum Pluralismus. Beiträge zu Werk und Person Ernst Fraenkels, Baden-Baden: Nomos 2000.

Günter Doeker u. Winfried Steffani (Hrsg.): Klassenjustiz und Pluralismus. Festschrift für Ernst Fraenkel zum 75. Geburtstag, Hamburg: Hoffmann & Campe 1973.

Ernst Fraenkel: Reformismus und Pluralismus. Materialien zu einer ungeschriebenen politischen Autobiographie, zusammengestellt und hrsg. von Falk Esche u. Frank Grube, Hamburg: Hoffmann & Campe 1975.

Ernst Fraenkel: Universitatis litterarum und pluralistische Demokratie, in: Reformismus und Pluralismus. Materialien zu einer ungeschriebenen politischen Autobiographie, zusammengestellt und hrsg. von Falk Esche u. Frank Grube, Hamburg: Hoffmann & Campe 1975, S. 354-368. [Erstveröffentlichung 1967]

Ernst Fraenkel: Die Wissenschaft von der Politik und die Gesellschaft, in: Reformismus und Pluralismus. Materialien zu einer ungeschriebenen politischen Autobiographie, zusammengestellt und hrsg. von Falk Esche u. Frank Grube, Hamburg: Hoffmann & Campe 1975, S. 337-353. [Erstveröffentlichung 1963]

Ernst Fraenkel: Der Doppelstaat, in: Gesammelte Schriften. Bd. 2. Nationalsozialismus und Widerstand, hrsg. v. Alexander v. Brünneck, Baden-Baden: Nomos 1999. [amerik. Erstveröffentlichung, The Dual State, 1941; dt. Erstveröffentlichung 1974]

Ernst Fraenkel: Das amerikanische Regierungssystem, 3. Aufl., Opladen: Westdeutscher Verlag 1976.

Ernst Fraenkel: Deutschland und die westlichen Demokratien, erw. Neuausgabe, 2. Aufl., Frankfurt/M.: Suhrkamp 1991. [Erstveröffentlichung 1964]

Franz Nuscheler u. Winfried Steffani (Hrsg.): Pluralismus. Konzeptionen und Kontroversen, 3. Aufl., München: Piper 1976.

Winfried Steffani: Pluralistische Demokratie: Studien zur Theorie und Praxis, Opladen: Leske + Budrich 1980.

4 Vier Wege zur Begründung der Demokratie

4.1 Der politikwissenschaftliche Weg Dahls: Demokratie als Polyarchie

4.1.1 Biografische Skizze

Robert A. Dahl (geb. 1915) ist der bedeutendste Theoretiker der Demokratie in der Politikwissenschaft. Er studierte Politikwissenschaft an der Yale University und wirkte dort bis zu seiner Emeritierung. Dahl ist einer der produktivsten amerikanischen und internationalen Politikwissenschaftler. Das große, durchgehende Thema seiner zahlreichen Bücher ist die Demokratie. An der Demokratie hat er verschiedene Konjunkturwellen der Politikwissenschaft abgearbeitet. Bis in die 1950er Jahre hinein setzte er sich mit der politischen Ökonomie und dem Verhältnis von Planung und Demokratie auseinander. In den 1950er und 1960er Jahren beteiligte er sich an der Debatte über demokratische Eliten. Hier nahm er in einem spektakulären Disput die Gegenposition zur überaus populären Studie von C. Wright Mills ein, der behauptete, ein Elitenkartell von Politikern, Managern und Militärs höhle Wahlen und demokratisch gewählte Körperschaften aus. Mit einer Fallstudie über seine Heimat- und Universitätsstadt New Haven untermauerte er seine Gegenthese, die Eliten selbst seien pluralistisch strukturiert, interessierten sich nicht für alle Themen gleichermaßen und bauten sich ihre deutlich unterscheidbaren Wähler- und Unterstützerkoalitionen auf.

Pionierarbeit zur historisch-empirischen Demokratieforschung leistete Dahl mit einer vergleichenden Oppositionsstudie, welche die Vielfalt des Oppositionsphänomens vor dem Hintergrund des idealisierenden britischen Westminster-Modells vor Augen führte. Zur Vergleichenden Politikwissenschaft steuerte er ferner ein Schema bei, das die krude Unterscheidung von Demokratie und Diktatur zu überwinden erlaubte.

Demnach gibt es starke und schwache Demokratien, autoritäre Systeme, die sich in Richtung auf schwache Demokratien entwickeln, und Demokratien, die ihre Qualität in Richtung auf autoritäre Strukturen verändern. Damit gelangten die politischen Strukturen der Dritten Welt ins Visier der Demokratieforschung. Im Jahr 1989, dem historischen Jahr der demokratischen Revolution in Osteuropa, veröffentlichte Dahl eines der bis heute wichtigsten Werke über Demokratie und Demokratiekritik. Erst in jüngster Zeit griff er in Gestalt eines Opus magnum das Thema der US-amerikanischen Demokratie wieder auf, zu dem er nahezu 50 Jahre vorher bereits ein vielbeachtetes Werk verfasst hatte. Dahl setzt sich nicht einfach mit Theorien als gedanklichen Konstrukten auseinander. Sein Anliegen ist eine empirisch brauchbare Theorie, die sich der Alltagsbeobachtung und dem Kenntnisstand der Politikforschung stellt.

4.1.2 Demokratie als Koordinierungsaufgabe selbständiger Individuen

Demokratie als Selbstherrschaft des Volkes ist nach Auffassung Dahls näherungsweise und idealistisch überhöht vielleicht in den griechischen Stadtstaaten realisiert gewesen. Mit der Ausdehnung staatlicher Strukturen in die Fläche wurde die Demokratie als unmittelbare Selbstregierung unmöglich. Aber nicht einmal in der griechischen Polis war der Einzelne tatsächlich in der Lage, sich selbst zu regieren. In diesem einen Punkt mit Aristoteles übereinstimmend geht auch Dahl davon aus, dass die Existenz des Menschen nur in Gemeinschaft mit anderen möglich ist. Sein Menschenbild entspricht allerdings dem des rational denkenden Individualisten, der darauf sinnt, seine eigenen Ziele im Zusammenleben mit Anderen zu verwirklichen.

> „Ich kann meine eigenen Ziele nur dann auf befriedigende Weise erreichen, wenn ich den anderen die Möglichkeit einräume, ihre Ziele auf derselben Grundlage zu verfolgen. Deshalb stimmen wir alle überein, daß Entscheidungen über bestimmte Fragen derart erfolgen, daß man den persönlichen Interessen jedes anderen das gleiche Gewicht beimißt."

> *Robert A. Dahl*: Und nach der Revolution? Herrschaft in einer Gesellschaft freier Menschen, Frankfurt/New York: Campus 1975: S. 14. [amerik. Erstveröffentlichung, After the Revolution? Authority in a Good Society, 1970]
>
> „Sich selbst zu regieren, Gesetzen zu gehorchen, die man sich selbst gegeben hat, ist ein erstrebenswertes Ziel. Menschen können dieses Ziel aber nicht isoliert von Anderen erreichen. Um ein zufriedenstellendes Leben zu führen, müssen sie in Gemeinschaft mit anderen leben. Um aber in Gemeinschaft mit anderen leben zu können, ist es notwendig, dass sie sich gelegentlich kollektiven Entscheidungen unterwerfen müssen, die für alle Glieder der Gemeinschaft verbindlich sind. Dabei stellt sich das Problem, eine Methode zu finden, mit der die Glieder der Gemeinschaft verbindliche Entscheidungen treffen und sich gleichzeitig selbst regieren. Weil die Demokratie die Chancen zur Selbstbestimmung unter den Gliedern einer Gemeinschaft maximiert, stellt sie die beste Lösung dieses Problems dar."
>
> *Robert A. Dahl*: Democracy and Its Critics, New Haven/London: Yale University Press 1989, S. 89.

Die Idee der Repräsentation wurde im europäischen Mittelalter geboren, und zwar als die virtuelle Vergegenwärtigung des Volkes in Gestalt ständischer Versammlungen, mit denen sich die Herrscher zu arrangieren hatten. Sie verband sich später mit der demokratischen Idee. Demokratie tritt seither in der charakteristischen Gestalt der repräsentativen Demokratie auf. Die Selbstregierung wird zur Regierung durch Beauftragte. Das grundlegende Merkmal dieser Demokratieform ist die Wahl. Die Wahl wiederum impliziert das Mandat auf Zeit.

Die Wahl ist gemessen an der Idee einer direkten, identitären Demokratie lediglich eine zweitbeste Lösung. Selbst dieses Substitut setzt aber den politisch mündigen Bürger voraus, keinen durchweg passiven Politikkonsumenten. Dahl grenzt sich hier klar von den Demokratievorstellungen ab, wie sie *Anthony Downs* (geb. 1930) mit großer Wirkungsmacht mit seiner „Ökonomischen Theorie der Demokratie" in die amerikanische Politikwissenschaft hineingetragen hat. Downs betrachtete den Bürger als Objekt des von Parteien betriebenen Konkurrenzkampfes. Dies kam der mit immer raffinierteren Methoden arbeitenden Wählerverhaltensforschung entgegen, die Parteien und Kandidaten als Anbieter politischer Produkte ansieht, die Bürger jedoch für Konsumenten hält, die mit dem Zahlungsmittel ihrer Stimme die Chance auf die Lieferung einer von ihnen präferierten Politik erwerben.

> „In diesem Kapitel versuchen wir, folgende Sätze zu beweisen:
> 1) In einer Zweiparteiendemokratie kann es nur dann eine stabile und wirksame Regierung geben, wenn unter ihren Bürgern ein hoher Grad an ideologischer Übereinstimmung besteht.
> 2) In einem Zweiparteiensystem ändern die Parteien ihre Programme absichtlich so, dass sie einander ähnlich werden; hingegen bemühen sich in einem Mehrparteiensystem die Parteien, ideologisch möglichst eigenständig zu bleiben.
> 3) Wenn die Verteilung der Ideologien unter den Bürgern einer Gesellschaft gleich bleibt, wird sich das politische System auf eine Gleichgewichtslage hinbewegen, in der die Anzahl der Parteien und deren ideologische Standpunkte über längere Zeit hin stabil sein werden.
> 4) Die Gründung neuer Parteien ist dann am aussichtsreichsten, wenn unmittelbar vorher in der Verteilung der ideologischen Einstellungen der Wahlberechtigten eine bedeutsame Änderung eingetreten ist.
> 5) In einem Zweiparteiensystem ist es für jede Partei rational, bei den Wählern ein irrationales Verhalten zu fördern, und zwar dadurch, dass sie ihr Programm verschwommen und doppeldeutig gestalten."

Anthony Downs: Ökonomische Theorie der Demokratie, Tübingen: Mohr & Siebeck 1968, S. 111. [amerik. Erstveröffentlichung, An Economic Theory of Democracy, 1957]

Auch die politiksoziologische Forschung operierte zu der Zeit, als Dahl seine eigene Demokratietheorie entwickelte, mit dem Ideal einer moderaten Bürgerpartizipation. Dem einflussreichen Politikwissenschaftler *Seymour M. Lipset* (geb. 1922) erschien damals jede außergewöhnliche Mobilisierung der Wählerschaft als problematisch. Indirekt blickt darin die Anschauung durch, die Demokratie sei am besten in den Händen einer politischen Elite in Parteien und Organisationen aufgehoben. Vom passivischen Demokratieideal Schumpeters sind diese Vorstellungen nicht weit entfernt.

> „Viele stabile demokratische Nationen – Australien, Neuseeland, Großbritannien und die skandinavischen Länder – weisen viel höhere politische Beteiligungsquoten auf als die Vereinigten Staaten. In dem Ausmaß, wie die unteren Schichten *allmählich* (durch steigende Organisationsfähigkeit, Verbesserung des Bildungssystems und ein wachsendes Verständnis für die Bedeutung des Regierungshandelns für ihre Interessen) in den Wahlprozess eingebracht worden sind, stellt eine höhere Partizipation zweifelsohne eine gute Sache für die Demokratie dar. Wenn eine große Krise oder eine effektive autoritäre Bewegung aber die habituellen, unzufriedenen Nichtwähler in den politischen Bereich hineinzieht, dann gerät das System in Gefahr. Deshalb sind hohe Partizipations- oder Wahlbeteiligungsquoten als solche weder gut noch schlecht für die Demokratie. [...] Aber das Ausmaß der Apathie und schwankende Beteiligungsquoten verschiedener Bevölkerungssegmente zeigen den unterschwelligen Konsens oder Konflikt im politischen Prozess an."
>
> *Seymour M. Lipset:* Political Man: The Social Bases of Politics, New York: Doubleday 1960, S. 239.

Dahl definiert die Demokratie nicht von den politischen Anbietern her. Sein Ausgangspunkt ist der Bürger, der seine politischen Interessen auch zwischen den Wahlen, unter Umständen sogar mit Druck auf seine politischen Vertreter, mit Demonstrationen und mit der Mitarbeit in Vereinen und Verbänden verfolgt. Politik ist zwar nicht die Hauptsorge des Bürgers. Dieser lebt davon, dass er arbeitet. Er wird die Früchte seiner Arbeit, die Freizeit, im Regelfall auch nicht auf die Politik verwenden. Deshalb ist der durchschnittliche Bürger kein Politikspezialist. Er ist aber „good enough", um sich von den meisten Fragen, um die es in der Politik geht, ein zutreffendes Bild zu machen. Dahl unterstellt als Grundlage der repräsentativen Demokratie mithin einen Bürger, der hinreichend qualifiziert ist, informierte Entscheidungen über Kandidaten für politische Ämter und über politische Programme zu treffen. Der Bürger versteht die Grundlinien des politischen Prozesses, und dieser Prozess ist durch folgende Merkmale charakterisiert.

> „In dem Prozess, in dem verbindliche Entscheidungen getroffen werden, sollten die Bürger eine angemessene und gleiche Gelegenheit erhalten, ihre Präferenz für die zu treffende Entscheidung zum Aus-

druck zu bringen. Die Bürger müssen die angemessene und gleiche Gelegenheit erhalten, Probleme zur Entscheidung vorzuschlagen und ihre Gründe vorzutragen, warum sie einer bestimmten Problemlösung den Vorzug vor einer anderen geben. [...]

Im letzten Stadium gemeinsamer Entscheidungen muss jeder Bürger Gelegenheit haben, eine Entscheidung zu treffen, die genauso viel wiegt wie die Wahl eines anderen Bürgers. Bei der Feststellung des Ergebnisses der gemeinsamen Entscheidung müssen diese Entscheidungen, und ausschließlich diese, beachtet werden. [...]

Jeder Bürger muss die angemessene und gleiche Gelegenheit haben, bei der zur Entscheidung anstehenden Sache (im zulässigen Zeitrahmen für eine Entscheidung) eine Auffassung zu entwickeln und diese als Entscheidung verbindlich kundzutun, die nach seiner Auffassung im besten Interesse aller Bürger liegt. [...]

Ausschließlich der Demos hat das Recht zur Entscheidung, wie Fragen in die Agenda derjenigen Angelegenheiten aufgenommen werden, die mit den Mitteln des demokratischen Prozesses entschieden werden."

Robert A. Dahl: Democracy and Its Critics, New Haven/London: Yale University Press 1989, S. 109, 112, 113.

4.1.3 Pluralismus und Polyarchie

Der Bürger besitzt eine Basiskompetenz zur Beurteilung politischer Fragen. Aber er kann nicht jedes Problem in seiner Tragweite und Komplexität beurteilen. Diese Tatsache schwächt für Dahl die Demokratie keineswegs. Denn nicht alle Bürger nehmen an jedem politischen Problem Anteil. Der einzelne Bürger und seine Vereine und Verbände werden in der Regel erst dann aktiv, wenn es um Fragen geht, die ihn direkt und wahrnehmbar betreffen – und zwar keinesfalls ausschließlich am Geldbeutel, sondern auch als Elternteil, als engagiertes Kirchenmitglied, als Angehörigen ethnischer oder sprachlicher Minderheiten u.ä.m. In diesen Fragen haben die direkt betroffenen Bürger eine größere politische Kompetenz als nicht-betroffene Bürger, die deshalb passiv bleiben. Der demokratische Prozess aktiviert stets eine mehr oder minder große Zahl von Menschen. Mit Blick auf die Gesamtheit handelt es sich aber im Regelfall um Minderheiten. Der politische Erfolg ist jedoch keine Sache des Auszählens größerer oder kleinerer Minderheiten. Maßgeblich ist häufig die Intensität, mit der sich Gruppen in den politischen Prozess einschalten.

„Angenommen, eine Gruppe von Bürgern in einer Stadt möchte mehr Schulen, selbst wenn das höhere Vermögensteuer für sie bedeutet, und eine andere Minderheit möchte eine niedrige Vermögensteuer, selbst wenn das überfüllte Schulen bedeutet. Die Mitglieder beider Gruppen glauben, dass sie etwa eine Chance von 50:50 haben, sich im Stadtrat durchzusetzen, wenn sie vor der Versammlung gar nichts unternehmen. Nehmen wir an, dass die Befürworter von mehr Schulen Zeit, Energie, Freizeit und Bequemlichkeit opfern, um ihr Argument bekannt zu machen; ihre Rhetorik und ihr Verhalten sind von Spannung, Frustration, Gereiztheit, Ärger und Sorge gekennzeichnet. Die Befürworter von niedrigen Steuern sind jedoch nicht aufgeregt und sogar träge, und sie lassen privat verlauten, dass eine Steuererhöhung ihnen nicht weh tun würde, doch dass sie auf alle Fälle protestieren wollen, damit die Eltern-Lehrer-Verbände mit der Stadt nicht tun und lassen können, was sie wollen. Die meisten von uns werden wohl zu dem Schluss kommen, dass – obwohl sich eine Reihe von anderen Erklärungen anbieten (wie die Möglichkeit, dass die Befürworter der Schulen wirklich gern organisieren und agitieren) – es nicht ungerechtfertigt ist, wenn man sagt, dass die Gruppe der Lehrer-Eltern-Verbände neue Schulen gegenüber niedrigen Steuern stärker bevorzugt als ihre Gegner die niedrigen Steuern gegenüber dem Neubau von Schulen bevorzugen."

Robert A. Dahl: Vorstufen zur Demokratietheorie, Tübingen: Mohr 1976, S. 95f. [amerik. Erstveröffentlichung, A Preface to Democratic Theory, 1956]

Die Qualität des politischen Prozesses bemisst sich danach, ob dieser die Maßgabe der Inklusion erfüllt, ob er – im Prinzip – niemanden ausschließt. Demokratie fußt auf dem Demos, d.h. einem Volk, das aus rechtsgleichen Bürgern besteht. Der Ethnos, das durch Rasse, Religion oder Herkunft definierte Volk, wirkt demgegenüber diskriminierend. Ethnos ist in aller Welt dafür verantwortlich, dass politische Systeme den demokratischen Maßstab verfehlen. Es gibt auch Kulturen, in denen es die Demokratie schwer hat, sich durchzusetzen. Ein Argument gegen die Demokratie ist diese Tatsache aber nicht.

> „Alles in allem bilden Glauben, Einstellungen und Voreingenommenheiten eine politische Kultur oder vielleicht sogar verschiedene politische Subkulturen, die Bürger und politisch Aktive in unterschiedlicher Intensität sozialisieren. Ein Land mit einer politischen Kultur, die der Polyarchie stark entgegenkommt, wird ohne Weiteres Krisen überstehen, die in einem anderen Land mit weniger günstigen Voraussetzungen für die Polyarchie zum Zusammenbruch derselben führen würden. In vielen, ja in den meisten Ländern existiert keine politische Kultur, die demokratische Ideen und Praktiken begünstigen. Das bedeutet nicht, dass sich in einem Land dieser Art keine Polyarchie entwickeln kann, aber nach aller Wahrscheinlichkeit wird diese dann instabil sein. Es steht auch keineswegs fest, dass sich in einem Land keine Polyarchie entwickeln kann, wo es diese bislang noch nicht gibt."
>
> *Robert A. Dahl*: Democracy and Its Critics, New Haven/London: Yale University Press 1989, S. 262f.

Alle Bürger in der Demokratie haben das Recht und die Chance, sich am politischen Prozess zu beteiligen. Doch bei weitem nicht alle machen regelmäßig Gebrauch davon. Damit jeder weiß, wann und wo er von der Politik betroffen ist und damit er darauf reagieren kann, ist es unverzichtbar, dass die kommunikativen Kanäle zwischen den Bürgern und den Regierenden offen bleiben. Von diesen Voraussetzungen leitet Dahl das institutionelle Gerüst der Demokratie her.

Die Wahl muss allgemein sein, niemand darf vom aktiven und passiven Wahlrecht ausgeschlossen werden. Die Organisation der Wahl muss den Grundsätzen der Fairness genügen. Die Meinungs- und Pressefreiheit und das Recht auf Opposition müssen gewährleistet sein, um dem Wähler die freie Meinungsbildung und die Artikulation seiner Unzufriedenheit mit der Regierung zu ermöglichen. Schließlich darf die Gründung von Parteien und Verbänden keinerlei Einschränkung unterliegen. So wird den Individuen und gesellschaftlichen Gruppen die Möglichkeit geboten, sich mit neuen politischen Organisationen in den Wahlprozess einzubringen und mit Berufsverbänden oder Gesinnungsvereinen Gehör für ihre Interessen zu suchen. Dahl zeichnet hier das bekannte prozedurale Minimum der historisch gewachsenen westlichen Demokratie nach. Mit dem Gemeinwohlbegriff kann Dahl ebenso wenig anfangen wie etwa Fraenkel. Dahl empfahl in seinen früheren Werken, das Phänomen der Demokratie besser als Polyarchie zu bezeichnen, als die Herrschaft der Vielen bzw. der vielen Minderheiten. In der Sache ist er bei diesem Demokratieverständnis geblieben, obgleich die Politikwissenschaft den Begriff nicht angenommen hat und Dahl später selbst wieder auf den herkömmlichen Demokratiebegriff zurückgekommen ist.

> „Polyarchien können als relativ (aber unvollständig) demokratisierte Regime verstanden werden, oder, um es anders auszudrücken, Polyarchien sind hochgradig popularisierte und liberalisierte Regime, die niemanden ausschließen und offen für gesellschaftlichen Wettbewerb sind."
>
> *Robert A. Dahl*: Polyarchy. Participation and Opposition, New Haven/London: Yale University Press 1971, S. 8.

Es ist eine Tatsache, dass es Demokratien gibt, in denen der Staat etwa die Verbände nur schwach an der Vorbereitung seiner Entscheidungen beteiligt, wo die Informationsfreiheit der Bürger durch Gesetze und wirtschaftliche Konzentrationsvorgänge im Medienbereich eingeschränkt wird oder in denen das Parlament als Resonanzboden politischer Stimmungen keine starke Rolle spielt. Diese Tatsache zeigt nach Dahl aber nicht mehr, als dass es starke und schwache Polyarchien gibt. Wo sich solche Schwachpunkte gleich mehrfach finden, geht die demokratische Qualität des politischen Prozesses verloren. Hier handelt es sich dann um ein autoritäres System. Es gibt polyarchische Systeme, die ins Autoritäre umschlagen, wobei dann wieder genau zu beobachten ist, wie weit dieser Rückschritt geht. Umgekehrt können sich ursprünglich harte Diktaturen zu schwachen autoritären Systeme wandeln, aus denen im weiteren Verlauf dann sogar eine schwache Polyarchie entstehen mag.

> „Nichtsdestoweniger gibt es gute Gründe für die Annahme, dass die Transformation von einem hegemonialen Regime hin zu einem stärker wettbewerbsorientierten Regime oder von einer wettbewerbsfähigen Oligarchie hin zur Polyarchie bestimmte Ergebnisse mit sich bringt.
> 1) Zunächst wären da die klassischen liberalen Freiheiten, die einen Teil der Definition von gesellschaftlichem Wettbewerb und Parti-

zipation ausmachen: die Möglichkeit, der Regierung zu widersprechen, politische Organisationen zu gründen, seine Meinung zu politischen Fragen ohne Angst vor Repressalien zu äußern, alternative Standpunkte zu veröffentlichen, in geheimer Wahl, bei der sich Kandidaten verschiedener Parteien beteiligen und bei der die unterlegenen Kandidaten das Ergebnis anstandslos akzeptieren, abzustimmen. [...]

2) Die breitere Partizipation kombiniert mit politischem Wettbewerb bringt eine Veränderung in der Zusammensetzung der politischen Führung hervor [...], in erster Linie bei den Mitgliedern des Parlaments. [...]

Das heißt aber nicht, dass die politische Führung und das Parlament jemals ein repräsentatives Abbild der sozio-ökonomischen Schichten, Berufsgruppen oder anderer gesellschaftlicher Gruppierungen sein werden. [...]

3) Wenn das System stärker wettbewerbsorientiert oder weniger ausgrenzend wird, suchen die Politiker die Unterstützung von Gruppen, die jetzt einfacher am politischen Leben teilnehmen können. [...]

4) Für jedes Land gilt, dass, je besser die Möglichkeiten sind, um politische Präferenzen zu äußern, zu organisieren und zu repräsentieren, desto größer ist die Vielfalt und die Anzahl der Präferenzen und Interessen, die in der Politik Berücksichtigung finden. [...]

Robert A. Dahl: Polyarchy. Participation and Opposition, New Haven/London: Yale University Press 1971, S. 20f, 23, 26.

An der Bestellung der Repräsentanten beteiligt sich idealiter das gesamte Volk. Die Repräsentation selbst, das stellvertretende Handeln für die Bürger, kann aus der Natur der Sache heraus aber nur die Angelegenheit Weniger sein. Die gewählten Vertreter in Parlament und Regierung, hier führt Dahl wieder auf den ursprünglichen Demokratiegedanken zurück, haben aber keine Lizenz, im Namen des Ganzen nach Gutdünken Entscheidungen zu treffen. Es wird von ihnen erwartet, dass sie responsiv handeln, d.h. dass sie auf die Stimmungen, Bedürfnisse und Nöte der von ihnen Repräsentierten eingehen. Dies bedeutet auch, dass sie die Auffassungen von Vereinen, Verbänden und Interessenvertretern erfragen und berücksichtigen. Die polyarchische Demokratie ist also keine geschlossene Veranstaltung der Mandatsträger im Parlament und in der Regierung, sondern ein offener Interessenbetrieb, an dem die mehr oder minder gut organisierten Vertreter der Gesellschaft teilhaben. Auch die Organe der öffentlichen Meinung gehören dazu. Je nach dem Problem, das es zu beraten und zu entscheiden gilt, verändert sich der Kreis der Teilnehmer. In der Gesundheitspolitik beteiligen sich andere Akteure als in der Bildungspolitik. Aber stets handelt es sich um ein Spektrum staatlicher und nicht-staatlicher Teilnehmer.

Nun gibt es immer wieder Fragen und Themen, bei denen es heikel erscheint, wenn die Gewählten tatsächlich den Wünschen des Elektorats und der öffentlichen Stimmung folgen – sei es, dass die Sache inhaltlich zu komplex ist, als dass sie dem Laien verständlich gemacht werden könnten, sei es, dass die Konsequenzen der Entscheidung nicht mehr korrigiert werden können, wenn die Entscheidung unerwünschte Folgen erwarten lässt. Hier plädiert Dahl dafür, gegebenenfalls einen Entscheidungsmodus zu wählen, der mehrheitliche Meinungen und Stimmungen ignoriert. Dahl sieht dabei das Problem, dass in der Zukunft viele solcher Probleme zu entscheiden sein mögen und dass der demokratische Prozess darunter leiden könnte.

„In einem fortgeschritten demokratischen Land steht die [herausgehobene; Erg. der Autoren] Rolle der politischen Eliten im politischen Entscheidungsprozess nicht im Widerspruch zu einer fundierten Beteiligung der Bürger, da die öffentlichen Politiken eine deutlich zunehmende Komplexität aufweisen. Diese Komplexität birgt die Gefahr, dass die politischen Eliten von der effektiven Kontrolle durch das Volk getrennt werden. Das Ergebnis könnte – und zu einem gewissen Maße ist das bereits der Fall – eine Art von Quasi-Vormundschaft durch die politischen Eliten sein. [...] Dies ist keine Rollenverteilung, die die Mitglieder der politischen Eliten zwingend einfordern. Aber selbst, wenn sie die Rolle des Vormundes nicht selbst aktiv anstreben, werden sie durch die Komplexität der modernen Politiken und der modernen politischen Prozesse in diese Rolle gedrängt. [...]
Das Problem entsteht, weil eine Lücke zwischen dem Wissen der politischen Eliten und dem Wissen des Durchschnittsbürgers existiert. [...]
Die Effektivität des Prozesses der sukzessiven Annäherung erfordert es nicht, dass jeder Bürger über jedes Thema [detailliert; Erg. der Autoren] informiert sein und aktiv daran mitarbeiten muss. [...] Aber statt dessen ist es erforderlich, dass die kritische Masse an

Der politikwissenschaftliche Weg Dahls: Demokratie als Polyarchie

> sehr gut informierten Bürgern groß genug und aktiv genug ist, um den Prozess zu überwachen, dass es eine ‚wachsame Öffentlichkeit' gibt, wie es Gabriel Almond schon vor vielen Jahren ausgeführt hat. Kein Zweifel, die Anwälte der partizipatorischen Demokratie werden meinen Ansatz als unangemessen verwerfen. Zwar bin ich davon überzeugt, dass ein informiertes und in weiten Teilen politisch aktives Volk wünschenswert wäre, allerdings glaube ich, dass unter den Umständen der extremen Komplexität der öffentlichen Entscheidungen [...] solch ein Ziel die menschlichen Möglichkeiten übersteigt. Das Gute dabei ist, dass für den Fall, dass ich falsch liege, die wachsame Öffentlichkeit das gesamte Volk mit einschließt."

Robert A. Dahl: Democracy and Its Critics, New Haven/London: Yale University Press 1989, S. 335, 338, 339f.

4.1.4 Wissenschaftliche Wirkung und Wahrnehmung

Dahl gehört zu den Pionieren der amerikanischen Politikwissenschaft. Seine Argumentation fußt vorrangig auf der Anschauung der US-amerikanischen Politik. Seine Schaffenszeit erstreckt sich vom Beginn des stürmischen Wachstums der empirischen Politikforschung in den USA bis in die Gegenwart. Von daher fließen sukzessive die Erkenntnisse der Verbände-, der Parteien- und der Regierungsforschung in sein Werk ein.

Aus diesem Erfahrungs- und Anschauungsreservoir erklärt sich, warum Dahl in Europa weniger deutlich wahrgenommen wird als in den USA selbst. Seine Erkenntnisse bewegen sich dicht an der pluralistischen Demokratietheorie Ernst Fraenkels. Fraenkel indes wurde und wird mit dem gleichen Anliegen in der deutschen Politikwissenschaft besser verstanden. Der Hauptgrund dafür liegt darin, dass Fraenkel Phänomene wie den Konflikt zwischen Kapital und Arbeit und den sozial ausgleichenden Charakter des Wohlfahrtsstaates thematisiert. (→ Kapitel 3.3: Staatstheoretische Begegnungen: Ernst Fraenkel und die pluralistische Demokratie.) Im Parteien- und Verbändesystem der USA finden diese Themen lediglich schwachen Ausdruck, strukturierende Wirkung entfalten sie daher kaum. Die politische Grundstimmung der amerikanischen Gesellschaft ist so durchdringend liberal über alle politisch maßgeblichen Richtungen hinweg, dass Dahl diese Fragen bei der Charakterisierung der polyarchischen Demokratie weitgehend außer Acht ließ.

📖 Literatur:

André Brodocz u. Gary S. Schaal (Hrsg): Politische Theorien der Gegenwart, 2 Bde., Opladen: Leske + Budrich 2001.
Robert A. Dahl u. Charles E. Lindblom: Politics, Economics, and Welfare: Planning and Politico-Economic Systems Resolved into Basic Social Processes Nachdruck, New Brunswick: Transaction Publications 1992.
Robert A.Dahl: Vorstufen zur Demokratietheorie, Tübingen: Mohr 1976. [amerik. Erstveröffentlichung, A Preface to Democratic Theory, 1956]
Robert A. Dahl. (Hrsg.): Political Oppositions in Western Democracies, 8. Ausgabe, New Haven/London: Yale University Press 1978.
Robert A. Dahl: Who Governs? Democracy and Power in an American City, 40 Ausgabe, New Haven/London: Yale University Press 1989.
Robert A. Dahl: Polyarchy, Participation, and Opposition, New Haven/London Yale University Press 1971.
Robert A. Dahl: Und nach der Revolution? Herrschaft in einer Gesellschaft freier Menschen, Frankfurt/M.: Campus 1975. [amerik. Erstveröffentlichung, After the Revolution? Authority in a Good Society, 1970]
Robert A. Dahl: Democracy and Its Critics, New Haven/London: Yale University Press 1989.
Anthony Downs: Eine ökonomische Theorie der Demokratie, Tübingen: Mohr & Siebeck 1968. [amerik. Erstveröffentlichung, An Economic Theory of Democracy, 1957]
Seymour M. Lipset: Political Man: The Social Bases of Politics, New York: Doubleday 1960.
Gary S. Schaal: Die politische Theorie der liberal-prozeduralistischen Demokratie: Robert A. Dahl, in: André Brodocz u. Gary S. Schaal (Hrsg), Politische Theorien der Gegenwart, Bd. 1, Opladen: Leske + Budrich 2001, S. 253-280.

4.2 Der verantwortungsethische Weg: Karl R. Poppers Kritischer Rationalismus

4.2.1 Biografische Skizze

Karl R. Popper (1902-1994) wurde als Sohn eines jüdischen Anwalts geboren. Er wuchs in Wien auf. Sein Elternhaus war während des Ersten Weltkriegs verarmt. Unter dem Eindruck der Wohn- und Lebensverhältnisse der Wiener Arbeiterschaft wurde Popper zum Sozialdemokraten. Popper erlernte zunächst das Tischlerhandwerk, ging daneben aber nach wie vor seinem Interesse an wissenschaftlicher Literatur nach. Anfang der 1920er Jahre studierte er in Wien an der Pädagogischen Hochschule, die eine Ausbildung im Geiste der von der österreichischen Sozialdemokratie getragenen Reformschulbewegung betrieb. Neben diesem Studium für den Broterwerb belegte Popper Kurse an der Wiener Universität. 1928 promovierte er mit einer psychologischen Arbeit. Danach wurde er Lehrer an einer Wiener Hauptschule. An eine wissenschaftliche Karriere dachte er noch nicht, aber er interessierte sich für Fragen der Philosophie und der theoretischen Physik.

Das intellektuelle Klima Wiens übte auf den jungen Popper einen starken Einfluss aus. Vor allem der Wiener Kreis weckte sein Interesse. Hier handelte es sich um Wissenschaftler, die sich gegen die in Deutschland vorherrschende spekulative Philosophie wandten. Den Teilnehmern des Wiener Kreises ging es darum, einen gemeinsamen Erkenntnisweg für sämtliche Wissenschaften zu finden. Der Kreis vereinigte Philosophen, Psychologen, Mathematiker und Physiker sowie Vertreter verschiedener politischer Haltungen, die in sozialdemokratischer Überzeugung allerdings einen gemeinsamen Nenner hatten. Das Anliegen des Wiener Kreises war aber nicht politisch, sondern wissenschaftlich motiviert. In heutiger Terminologie handelte es sich um wissenschaftstheoretisch interessierte Intellektuelle. Wissenschaft, so der Konsens des Kreises, zeichnet sich durch die Beweisfähigkeit ihrer Aussagen aus. Beweise können freilich nur mit beobachtbaren oder messbaren Tatsachen erbracht werden. Die Beweisführung ist aufgefordert, die Wiederholung eines Ereignisses unter Beobachtung der genauen Umstände aufzuzeichnen. Die regelmäßige Wiederholung über einen längeren Zeitraum erlaubt Rückschlüsse auf Ursache und Wirkung. Die Wissenschaftstheorie prägte für diese Art der Beweisführung das Schlagwort des induktiven Verfahrens. In Deutschland entfaltete der Wiener Kreis keine Wirkung, eine um so größere jedoch in den angelsächsischen Ländern, wohin die Mitglieder des Kreises emigrierten, als zunächst der Austrofaschismus und dann das Dritte Reich mit Verfolgung drohten.

Der junge Popper war mit dieser Definition von Wissenschaft nicht einverstanden. Wahrheit als Ziel jeglicher Wissenschaft lässt sich nicht aus vergangenen Ereignissen erklären. Eine Erkenntnis aus der Beobachtung von x-tausend Fällen kann im x-tausend-und-ersten Fall versagen. In seiner 1934 veröffentlichten Schrift über die Logik der Forschung plädierte er für eine andere Art der Beweisführung. Nicht auf die Verifikation kommt es an, auf Ereignisse, die eine induktiv gewonnene Erkenntnis bestätigen. Vielmehr muss jede Prüfung einer als wahr geltenden wissenschaftlichen Aussage so angeordnet werden, dass sie möglichst gute Voraussetzungen für die Widerlegung schafft. Nur die Bestätigung unter den schwierigsten Testbedingungen rechtfertigt es, weiterhin von der Gültigkeit einer Aussage oder einer angenommenen Gesetzmäßigkeit auszugehen.

Popper machte mit seiner „Logik der Forschung" in den Wiener Wissenschaftlerkreisen Furore. Er hatte zwar nicht ihre Strategie in Frage gestellt, Wissenschaft durch die Suche nach Kausalitäten und Verknüpfungen zu definieren. Wohl aber hatte er ihre Methode abgelehnt, wissenschaftliche Ergebnisse dem Wahrheitstest zu unterziehen. Immer noch war Popper Volksschullehrer und wollte es auch bleiben. Sein Buch indes machte ihn bekannt. Er wurde in Österreich und nach Großbritannien zu Vorträgen und Kongressen eingeladen. Jetzt erst orientierte er sich auf eine wissenschaftliche Karriere hin.

Im Jahr 1936 wurde Popper angeboten, in Neuseeland eine Professur für Philosophie zu übernehmen. Er folgte diesem Ruf. In dieser Zeit stand Österreich bereits unter dem austrofaschistischen Dollfuß-Regime. Der in Österreich latente Antisemitismus erhielt kräftige Nahrung vom benachbarten nationalsozialistischen Deutschland. 1946 folgte Popper einem Ruf an die London School of Economics. Dort lehrte er bis zu seiner Pensionierung. In dieser Zeit festigte er mit zahlreichen Schriften seinen Ruf als Wissenschaftstheoretiker.

4.2.2 Die fallibilistische Methode

Poppers Werk ist ganz der Wissenschaftstheorie gewidmet. Zwar hat er bekannte Bücher zu politischen Themen verfasst, unter anderem über das „Elend des Historizismus" und die „Offene Gesellschaft". Diese Schriften sind zu Standardtiteln auch in der Politikwissenschaft avanciert. Ambitionen auf dem Felde der Staatstheorie oder der Politikwissenschaft hatte Popper nicht. Seine faktische Bedeutung als Politiktheoretiker resultiert daraus, dass er die Verantwortung des Wissenschaftlers bei der Suche nach Erkenntnis auf die Verantwortung des Politikers bei der Bewältigung gesellschaftlicher Herausforderungen übertragen hat.

In der Wissenschaft plädiert Popper für die Methode des Fallibilismus: jede wissenschaftliche These muss allen dem Denken möglichen Tests unterzogen werden, um sie zu widerlegen. Er grenzt sich damit, wie oben kurz dargelegt, vom Induktivismus ab. Beim induktiven Denken steuert der Blick in die Vergangenheit die Erkenntnis: Bewähren sich wissenschaftliche Aussagen häufig, so darf von ihrer Richtigkeit ausgegangen werden. Das ist Popper zu wenig. Wissenschaftliche Erkenntnis verlangt die präzise und nachvollziehbare Verortung des eigenen Standpunktes und die Umschreibung und Vermessung des zu untersuchenden Problems.

> „[...] es ist richtig, daß jede wissenschaftliche Beschreibung von Tatsachen in höchstem Ausmaß selektiv ist, daß sie stets von Theorien abhängt. Die Situation kann am besten durch den Vergleich mit einem Scheinwerfer verdeutlicht werden [...]. Was der Scheinwerfer sichtbar macht, das hängt von seiner Lage ab, von der Weise, in der wir ihn einstellen, von seiner Intensität, Farbe und so fort; es hängt natürlich auch weitgehend von den Dingen ab, die von ihm beleuchtet werden. In ähnlicher Weise hängt eine wissenschaftliche Beschreibung in starkem Maß von unserem Standpunkt, von unseren Interessen ab, und diese sind in der Regel mit der Theorie oder der Hypothese verbunden, die wir überprüfen wollen – aber sie hängt auch von den zu beschreibenden Tatsachen ab. [...]
> Diesen Scheinwerfer lassen wir über unsere Vergangenheit streichen, und wir hoffen durch seinen Widerschein die Gegenwart zu erhellen. Im Gegensatz dazu gleicht die historizistische Interpretation einem Scheinwerfer, den wir auf uns selbst richten. Sie macht es uns

> schwierig, wenn nicht unmöglich, unsere Umgebung zu sehen, und sie paralysiert unsere Handlungen. Um diese Metapher zu übersetzen: der Historizist erkennt nicht, daß wir es sind, die die Tatsachen der Geschichte auswählen und ordnen, sondern er glaubt, daß ‚die Geschichte selbst' oder ‚die Geschichte der Menschheit' durch ihre inhärenten Gesetze uns, unsere Probleme, unsere Zukunft und sogar unseren Gesichtspunkt bestimmt."
>
> *Karl R. Popper*: Die offene Gesellschaft und ihre Feinde. Bd. 2. Falsche Propheten: Hegel, Marx und die Folgen, 8. Aufl., Tübingen: Mohr Siebeck 2003, S. 305f, 315f. [engl. Erstveröffentlichung, The Open Society and Its Enemies, 1945]

Popper verlangt das gezielte Bemühen, auch als richtig geltende Theorien immer wieder auf die Probe der denkbar ungünstigsten Bedingungen für die Bestätigung ihrer Richtigkeit zu stellen. Wenn sie sich trotz allem bewähren, dürfen sie bis zum späteren Beweis des Gegenteils als wahr gelten. In der Naturwissenschaft ist diese Verfahrensweise der experimentellen Prüfung durchaus üblich.

> „Das entscheidend Neue der wissenschaftlichen Methode und der wissenschaftlichen Einstellung liegt nun darin, daß wir in der Wissenschaft aktiv an der Elimination interessiert und beteiligt sind. [...] Ob wir uns des dreistufigen Schemas mehr oder weniger bewußt sind oder auch gar nicht, das Neue in der wissenschaftlichen Einstellung besteht darin, daß wir aktiv versuchen, unsere Lösungsversuche zu eliminieren. Wir unterwerfen unsere Lösungsversuche der Kritik, und diese Kritik arbeitet mit allen Mitteln, die wir zur Verfügung haben und die wir herstellen können. Zum Beispiel: Anstatt zu warten, bis unsere Umwelt einen Lösungsversuch, eine Theorie, widerlegt, versuchen wir, die Umwelt so zu ändern, daß sie für unseren Lösungsversuch *möglichst ungünstig* wird. In dieser Weise stellen wir unsere Theorien auf die Probe; und zwar versuchen wir sie auf die schwerste Probe zu stellen. Wir tun alles, um unsere Theorie zu eliminieren, denn wir wollen selbst die Theorien herausfinden, die *falsch* sind."
>
> *Karl R. Popper*: Wissenschaftslehre in entwicklungstheoretischer und in logischer Sicht, in: Karl R. Popper, Alles Leben ist Problemlösen. Über Erkenntnis, Geschichte und Politik, Sonderausgabe, München: Piper 2003, S. 25. [Erstveröffentlichung 1972]

4.2.3 Reformismus als Stückwerk-Technologie

In der Politik geht es darum, verantwortlich zu handeln. Das bedeutet, bei jedem Plan und jeder Entscheidung zu prüfen, ob das eigentlich Gewollte nicht von absehbaren Nebenfolgen überlagert und verwässert wird. Handelt die Politik nach einem großen Design, um mit einem einzigen gewaltigen Schritt die vorgegebenen Verhältnisse zum vermeintlich Besseren zu wenden, dann läuft sie Gefahr, Entscheidungen zu treffen, die sich später nicht mehr korrigieren lassen. Sie löst womöglich eine Kettenreaktion aus, die immer weiter in die falsche Richtung führt. Popper plädiert deshalb für den Inkrementalismus bzw. die Stückwerk-Technologie. Das heißt: kleine Schritte unternehmen, Folgen bewerten, Abwägen, unter Umständen ein neuer Versuch! Die Politik muss in die Zukunft handeln und darf künftige Handlungen nicht mehr als unbedingt erforderlich präjudizieren. Dann nämlich behält sie die Fähigkeit, wirksam zu korrigieren oder abzubrechen, sobald sich abzeichnet, dass die Dinge doch anders laufen, als mit den besten Absichten gemeint.

„Der typische Stückwerk-Ingenieur [...] mag zwar einige Vorstellungen von der idealen Gesellschaften 'als Ganzem' haben – sein Ideal wird vielleicht die allgemeine Wohlfahrt sein –, aber er ist nicht dafür, daß die Gesellschaft als Ganzes neu geplant wird. Was immer seine Ziele sein mögen, er sucht sie schrittweise durch kleine Eingriffe zu erreichen, die sich dauernd verbessern lassen. [...] Wie Sokrates weiß der Stückwerk-Ingenieur, wie wenig er weiß. Er weiß, daß wir aus unseren Fehlern lernen können. Deshalb wird er nur Schritt für Schritt vorgehen und die erwarteten Resultate stets sorgfältig mit den tatsächlich erreichten vergleichen, immer auf der Hut vor den bei jeder Reform auftretenden unerwünschten Nebenwirkungen. Er wird sich auch davor hüten, Reformen von solcher Komplexität und Tragweite zu unternehmen, daß es ihm unmöglich wird, Ursachen und Wirkungen zu entwirren und zu wissen, was er eigentlich tut. [...] Einer der Unterschiede zwischen der utopischen oder holistischen Haltung und der Stückwerk-Technologie läßt sich so formulieren: Während der Stückwerk-Ingenieur sein Problem angehen kann, ohne sich bezüglich der Reichweite seiner Reform festzulegen, kann der Holist dies nicht tun, denn er hat von vornherein entschieden, daß eine vollständige Umgestaltung der Gesellschaft möglich und notwendig ist."

Karl R. Popper: Das Elend des Historizismus, 8. Aufl., Tübingen: Mohr Siebeck 2003, S. 59, 61. [engl. Erstveröffentlichung, The Poverty of Historicism, 1957]

Diese Vorgehensweise impliziert eine offene Gesellschaft mit den folgenden Eigenschaften: Diskussion der Vor- und Nachteile einer Politik, Macht auf Zeit, fachliche und wissenschaftliche Beratung, Einbindung der Adressaten in die Entscheidung und Vorrang des Problemlösens vor der Bedienung populärer Anschauungen und utopischer Entwürfe, schließlich die Aufforderung zur maßvollen, schrittweisen Reform, zu gutem politisch-administrativem Handwerk und zu Politik mit Augenmaß.

4.2.4 Die Demokratie als ein System des Trial and Error

Die übergreifende Botschaft Poppers an die Politik lautet, Distanz zu jeglicher Art von Ideologie und Utopie zu halten. Popper steht für den Primat der Verantwortungsethik. Das demokratische System bietet die beste Gewähr dafür, die Regierenden abzulösen, wenn diese nicht mehr überzeugen, wenn sie versagen oder wenn ihnen einfach die Fortune abhanden kommt. Ein funktionierendes demokratisches System kann verhindern, dass die Gesellschaft auf eine politische Reise geschickt wird, die in einer Katastrophe enden mag.

„Gibt es Regierungsformen, die aus moralischen Gründen verwerflich sind? Und umgekehrt: Gibt es Regierungsformen, die uns erlauben, eine verwerfliche oder auch nur inkompetente Regierung, die Schaden anrichtet, loszuwerden? Ich behaupte, daß diese Fragen unbewußt in der Tat unseren sogenannten Demokratien zugrunde liegen; sie sind ganz anders als die Platonische Frage, ob das Volk regieren soll. Sie liegen sogar der Athenischen Demokratie zugrunde, ebenso wie unseren modernen westlichen Demokratien. [...]

Eine Diktatur zwingt uns eine Situation auf, die wir nicht verantworten, aber im allgemeinen auch nicht ändern können. Es ist eine menschlich untragbare Situation. Es ist daher einfach unsere Pflicht, alles zu tun, um zu verhindern, daß eine solche Situation eintritt.

Das versuchen wir durch die sogenannten demokratischen Staatsformen, und das ist ihre einzig mögliche moralische Begründung.

> Demokratien sind also nicht Volksherrschaften, sondern sie sind in erster Linie gegen eine Diktatur gerüstete Institutionen. Sie erlauben keine diktaturähnliche Herrschaft, keine Akkumulation von Macht, sondern sie versuchen, die Staatsgewalt zu beschränken. Entscheidend ist, daß eine Demokratie in diesem Sinne die Möglichkeit offen hält, die Regierung ohne Blutvergießen loswerden zu können, wenn sie ihre Rechte und Pflichten verletzt; aber auch sonst, wenn wir ihre Politik als schlecht oder verfehlt beurteilen."
>
> *Karl R. Popper*: Zur Theorie der Demokratie, in: Karl Popper, Alles Leben ist Problemlösen. Über Erkenntnis, Geschichte und Politik, Sonderausgabe, München: Piper 2003, S. 222f. [Erstveröffentlichung 1987]

Die Gewaltenteilung und das Mandat auf Zeit sperren sich gegen den Einstieg in später nicht mehr einholbare große Entwürfe. Jede Regierung ist ein Experiment, wie es Popper für die Falsifizierung von Behauptungen in der Wissenschaft schätzt. Es liegt beim Volk, dieses Experiment jederzeit abzubrechen. Daraus gewinnt die Demokratie als Herrschaftsmethode ihren Eigenwert. Mit dieser Haltung liegt Popper dicht am Mainstream des prozedural verstandenen Demokratieverständnisses eines Dahl oder Fraenkel.

Politisch war Popper vom Milieu seiner britischen Wahlheimat mit ihrem Pragmatismus und mit dem informellen Konsens über die Grenzen des Erlaubten beeindruckt. Das mit dem Wert des Self-government geladene, an eine säkulare Religion erinnernde US-amerikanische Demokratieideal war ihm fremd. Die britische Politik fasst die Demokratie nüchterner. Die Untertanen der britischen Krone wählen bis dato eine Regierung, und bei der nächsten Wahl entscheiden sie, ob diese Regierung weitermachen darf. Die britische Politik hält nichts von der Politik aus „einem Guss". Sie gleicht eher einem Mosaik verschiedener Ansätze und Maßnahmen, bei denen nicht das Design, sondern allein der Effekt zählt.

Popper ist sonst wie so viele der hier referierten Theoretiker vom Kolorit des 20. Jahrhundert, d.h. der Epoche der großen Weltveränderungsideologien geprägt. Die Essenz seines politischen Denkens ist die verantwortungsethische Begründung einer demokratischen Politik, mit der die Zukunft für die politische Gestaltung offen gehalten wird. Diese Gedanken sind mit Blick auf die Mitverantwortung der lebenden Generation für künftige Generationen höchst aktuell. Ihre Relevanz ist in der

Umwelt-, Ressourcen- und Klimapolitik mit Händen zu greifen. Nicht von ungefähr wurde Popper zum Lieblingsphilosophen jenes Teils der Sozialwissenschaften, der sich der Erforschung der Wirklichkeit verschrieben hatte.

📖 **Literatur:**

Jürgen August Alt: Karl R. Popper, 3. Aufl., Frankfurt/M./New York: Campus 2001.
Manfred Geier: Karl Popper, 4. Aufl., Reinbek: Rowohlt 2003.
Manfred Geier: Der Wiener Kreis, 4. Aufl., Reinbek: Rowohlt 2004.
Jochem Hennigfeld u. Heinz Jansohn (Hrsg.): Philosophen der Gegenwart, Darmstadt: Wissenschaftliche Buchgesellschaft 2005.
Karl R. Popper: Logik der Forschung. Zur Erkenntnistheorie der modernen Naturwissenschaft, 11. Aufl., Tübingen: Mohr Siebeck 2005.
Karl R. Popper: Das Elend des Historizismus, 8. Aufl., Tübingen: Mohr Siebeck 2003. [engl. Erstveröffentlichung, The Poverty of Historicism, 1957]
Karl R. Popper: Objektive Erkenntnis. Ein evolutionärer Entwurf, Hamburg: Hoffman & Campe 1974.
Karl R. Popper: Die offene Gesellschaft und ihre Feinde, 2 Bde., 8. Aufl., Tübingen: Mohr Siebeck 2003. [engl. Erstveröffentlichung, The Open Society and Its Enemies, 1945]
Karl R. Popper: Alles Leben ist Problemlösen. Über Erkenntnis, Geschichte und Politik, Sonderausgabe, München: Piper 2003.
Kurt Salamun: Karl R. Popper. Aufklärungsethos und kritische Rationalität, in: Jochem Hennigfeld u. Heinz Jansohn (Hrsg.), Philosophen der Gegenwart, Darmstadt: Wissenschaftliche Buchgesellschaft 2005, S. 49-67.

4.3 Der philosophische Weg: Johns Rawls' Theorie der Gerechtigkeit

4.3.1 Biografische Skizze

John Rawls (1921-2002) war einer der bedeutendsten Fachphilosophen der Moderne. Nach einem Philosophiestudium in Princeton und in Oxford lehrte er später ebenfalls in Princeton, an der Cornell University, am

Massachusetts Institute of Technology und in Harvard. Damit durchlief er nahezu sämtliche Vorzeigeuniversitäten der amerikanischen Ostküste. Seine letzte Professur in Harvard übte er nahezu dreißig Jahre aus. Im Staat Baltimore geboren, verbrachte er sein Leben in der liberalen Kernregion der Vereinigten Staaten, die seit den Tagen des Rooseveltschen New Deal links vom Mainstream der amerikanischen Politik steht. Diskriminierungsverbote, die Distanz des Staates zu den Kirchen und die Erwartung an sozialpolitisches Handeln stehen dort höher im Kurs als im übrigen Amerika.

Rawls' Zeit in Harvard fiel mit der Hoch- und Endzeit der Bürgerrechtsproteste gegen die Diskrimierung der schwarzen Bürger in den Südstaaten der USA, mit dem vom universitären Campus ausgehenden Protest gegen den Vietnam-Krieg und mit den in den 1960er Jahren begonnenen und versandenden Versuchen zur Bekämpfung der Armut zusammen. Vor diesem Zeithintergrund erschien 1971 mit seiner „Theorie der Gerechtigkeit" jenes Buch, das ihn in kürzester Zeit weit über die USA hinaus und auch weit jenseits der philosophischen Fachkreise bekannt machen sollte.

Als sensationell wurde dieses Buch empfunden, weil es die längst zum Thema der Philosophiegeschichte gewordene kontraktualistische Staatstheorie neu entdeckte und neu bearbeitete. Das Echo war gewaltig. Doch warum dieses Aufsehen? Der wichtigste Grund neben der souveränen Missachtung des philosophischen State of the art dürfte darin gelegen haben, dass Rawls die Vertragsidee auf die Gegenwart demokratischer und sozialpolitisch geforderter Staaten projiziert hat. Ein kurzer Blick auf die wirkungsmächtigen älteren Vertragstheoretiker mag diese Innovation illustrieren.

4.3.2 Offene Fragen der älteren Vertragstheorien

Thomas Hobbes dachte als Erster den Staat logisch konsistent von der Annahme eines regellosen, vorstaatlichen Zustandes, des so genannten Naturzustandes, her. Dieser Naturzustand, in dem das Recht des Stärkeren und Heimtückischen herrscht, endet mit der freiwilligen, vertragsförmigen Unterwerfung der Menschen unter einen Herrscher bzw. den Staat.

"Deshalb trifft alles, was Kriegszeiten mit sich bringen, in denen jeder eines jeden Feind ist, auch für die Zeit zu, während der die Menschen keine andere Sicherheit haben, die ihnen ihre eigene Stärke und Erfindungskraft bieten. In einer solchen Lage ist für Fleiß kein Raum, da man sich seiner Früchte nicht sicher sein kann; [...] und es herrscht, was das Schlimmste von allem ist, beständige Furcht und Gefahr eines gewaltsamen Todes – das menschliche Leben ist einsam, armselig, ekelhaft, tierisch und kurz. [...]

Vielleicht kann man die Ansicht vertreten, daß es eine solche Zeit und einen Kriegszustand wie den beschriebenen niemals gab, und ich glaube, daß er so niemals allgemein auf der ganzen Welt bestand. Aber es gibt viele Gebiete, wo man jetzt noch so lebt. [...]

Der alleinige Weg zur Errichtung einer solchen allgemeinen Gewalt, die in der Lage ist, die Menschen vor dem Angriff fremder und vor gegenseitigen Übergriffen zu schützen und ihnen dadurch eine solche Sicherheit zu verschaffen, daß sie sich durch eigenen Fleiß und von den Früchten der Erde ernähren und zufrieden leben können, liegt in der Übertragung ihrer gesamten Macht und Stärke auf einen Menschen oder eine Versammlung von Menschen, die ihre Einzelwillen durch Stimmenmehrheit auf einen Willen reduzieren können. Das heißt soviel wie einen Menschen oder eine Versammlung von Menschen bestimmen, die deren Person verkörpern sollen, und bedeutet, daß jedermann alles als eigen anerkennt, was derjenige, der auf diese Weise seine Person verkörpert in Dingen des allgemeinen Friedens und der allgemeinen Sicherheit tun oder veranlassen wird, und sich selbst als Autor alles dessen bekennt und dabei den eigenen Willen und das eigene Urteil seinem Willen und Urteil unterwirft. Dies ist mehr als Zustimmung oder Übereinstimmung: Es ist eine wirkliche Einheit aller in ein und derselben Person, die durch Vertrag eines jeden mit jedem zustande kam, als hätte jeder zu jedem gesagt: *Ich autorisiere diesen Menschen oder diese Versammlung von Menschen und übertrage ihnen mein Recht, mich zu regieren, unter der Bedingung, daß du ihnen ebenso dein Recht übertragst und alle ihre Handlungen autorisierst.* Ist dies geschehen, so nennt man diese zu einer Person vereinigte Menge *Staat* [...]. Dies ist die Erzeugung jenes großen *Leviathan* [...]."

Thomas Hobbes: Leviathan oder Stoff, Form und Gewalt eines kirchlichen und bürgerlichen Staates, 10. Aufl., Frankfurt/M.: Suhrkamp 2000, S. 96, 134. [engl. Erstveröffentlichung, Leviathan, or, the matter, forme, and power of a commonwealth ecclesiasticall and civill, 1651]

Die Entscheidung für die Preisgabe des eigenen Willens denkt Hobbes von der Vorstellung her, dass jede Form der staatlich garantierten Rechtssicherheit dem staatsfreien Neben- und Gegeneinander vorzuziehen sei. Gemessen am natürlichen, rechtlosen Zustand ist das Leben unter dem Gesetz ein Fortschritt, zumal Hobbes ausdrücklich feststellt, dass der Gehorsam gegenüber dem Staat dort endet, wo dieser einen Untertanen mit der Todesstrafe bedroht oder wo er ihn lebensgefährlichen Risiken, zum Beispiel als Soldat, aussetzt – wo ihm also genau jene Gefahr droht, die ihn einst bewogen hat, seine vollständige vorvertragliche Freiheit um der persönlichen Sicherheit willen aufzugeben. Im Staat der Gegenwart erinnert die Sanktionsdrohung der Strafgesetze am stärksten an die Überlegungen Hobbes'. Mit Persönlichkeitsrechten, Mehrheitsherrschaft, Wahlen und Sozialpolitik lässt sich Hobbes, ein Zeitgenosse des 17. Jahrhunderts, selbst bei kühnster Interpretation nicht zusammenreimen.

Kants Beitrag zum politischen Denken war die Freiheit als Voraussetzung und auch als Schranke für das Zusammenleben aufgeklärter, ihre individuellen Lebenspläne verfolgender Einzelner. Auch hier erwächst die vertragliche Vereinbarung aus der Unmöglichkeit, den eigenen Willen auszuleben, ohne Unfrieden zu stiften. Der Freiheitsraum des Einen findet seine Grenzen am Freiheitsanspruch des Anderen. Kraft der Vernunft gelangt der Einzelne zur Erkenntnis, dass er seine Freiheit nur dann genießen kann, wenn sie nicht die Rechte des Nachbarn beschneidet. Was man selbst vom Anderen nicht toleriert, darf man ihm selbst auch nicht antun. Wo diese Grenze der Freiheit verläuft, ob die Freiheitsräume großzügig oder eng ausgestaltet sind, das hängt von vielen Faktoren ab: von der Geschichte, den Mentalitäten, von der Geografie und vom Klima. Im theoretischen Sinne ist allein das Prinzip wichtig. Wie der Verständigungsprozess über die Grenzen der Freiheit vonstatten geht, führte Kant nicht näher aus. Er lebte in einer Epoche, die öffentliche Meinung, Wahlen und Parlament noch nicht kannte.

Kant konzedierte, dass nicht alle Menschen vernünftig handeln. Deshalb bedarf es der Freiheitssicherung durch das Gesetz und die Strafmacht des Staates.

„Der Pflichtbegriff steht unmittelbar in Beziehung auf ein *Gesetz* [...]; wie denn das formale Prinzip der Pflicht im kategorischen Imperativ: ‚handle so, daß die Maxime deiner Handlung ein allgemeines *Gesetz*

> werden könne', es schon anzeigt; nur daß in der Ethik dieses als das Gesetz *deines* eigenen *Willens* gedacht wird, nicht des Willens überhaupt, der auch der Wille anderer sein könnte: wo es alsdenn eine Rechtspflicht abgeben würde, die nicht in das Feld der Ethik gehört.
> – Die Maximen werden hier als solche subjektive Grundsätze angesehen, die sich zu einer allgemeinen Gesetzgebung bloß *qualifizieren*; welches nur ein negatives Prinzip (einem Gesetz überhaupt nicht zu widerstreiten) ist."
>
> *Immanuel Kant*: Die Metaphysik der Sitten, in: Werkausgabe Bd. VIII, 10. Aufl., Frankfurt/M.: Suhrkamp 1993, S. 519. [Erstveröffentlichung 1797]

Doch der Gesetzesgehorsam im Zeichen der drohenden Sanktion ist eine andere Sache als der Gebrauch der eigenen Urteilskraft. Letztere stattet den Menschen mit der Fähigkeit aus, den Anderen unabhängig von Stand, Bekenntnis und Vermögen als Gleichen zu erkennen.

Der Kantsche Staat muss einiges mehr leisten als der des Hobbes. Für die staatliche Verhinderung von Mord und Totschlag im Hobbesschen Naturzustand mag ein Autokrat, ein Diktator taugen. Es ist aber schwer vorstellbar, wie ein Staat, der im Dienste seiner Bürger steht, persönliche Freiheitsräume garantieren kann, ohne dass sich diese Bürger repressionsfrei darauf verständigen. Schließlich lässt die Kantsche Idee auch die Frage offen, wie die Bürger ihre Vereinbarung über die Grenzen der persönlichen Freiheit dem Staat mitteilen. Diese Mitteilung ist unabdingbar, weil der Staat ja wissen muss, wo und wann er einzuschreiten hat, um jene in die Schranken zu weisen, die sich nicht an diese Vereinbarung halten. Als politische Theorie wirkt die Kantsche Ethik deshalb – im Unterschied zu der auf Sicherheitsfragen reduzierten von Hobbes – schwach.

4.3.3 Die Original position und die Verfassungsberatung

Von Hobbes entlehnt Rawls die Idee einer Original position, eines vorvertraglichen Zustandes. Darin sind die Menschen so, wie sie nun einmal sind: verschieden und ungleich. Mit einem kontrafaktischen Denkschritt blendet Rawls die Biografien, den Status und die persönlichen Eigenschaften der Menschen aus. Sie machen sich gleich, indem sie aus dem realen Leben austreten.

„Der Gedanke des Urzustands soll ja zu einem fairen Verfahren führen, demgemäß eine Übereinkunft über Grundsätze nur zu gerechten Grundsätzen führen kann. Dabei soll der Begriff der reinen Verfahrensgerechtigkeit als eine Grundlage der Theorie genommen werden. Irgendwie muß man die Wirkung von Zufälligkeiten beseitigen, die die Menschen in ungleiche Situationen bringen und zu dem Versuch verführen, gesellschaftliche und natürliche Umstände zu ihrem Vorteil auszunutzen. Zu diesem Zweck setze ich voraus, daß sich die Parteien hinter einem Schleier des Nichtwissens befinden. Sie wissen nicht, wie sich die verschiedenen Möglichkeiten auf ihre Interessen auswirken würden, und müssen Grundsätze allein unter allgemeinen Gesichtspunkten beurteilen.

Es wird also angenommen, daß den Parteien bestimmte Arten von Einzeltatsachen unbekannt sind. Vor allem kennt niemand seinen Platz in der Gesellschaft, seine Klasse oder seinen Status; ebensowenig seine natürlichen Gaben, seine Intelligenz, Körperkraft usw. Ferner kennt niemand seine Vorstellung vom Guten, die Einzelheiten seines vernünftigen Lebensplanes, ja nicht einmal die Besonderheiten seiner Psyche wie seine Einstellung zum Risiko oder seine Neigung zu Optimismus oder Pessimismus. Darüber hinaus setze ich noch voraus, daß die Parteien die besonderen Verhältnisse in ihrer eigenen Gesellschaft nicht kennen, d.h. ihre wirtschaftliche und politische Lage, den Entwicklungsstand ihrer Zivilisation und Kultur. Die Menschen im Urzustand wissen auch nicht, zu welcher Generation sie gehören. Diese ziemlich umfangreichen Beschränkungen der Kenntnisse sind teilweise deshalb angemessen, weil Fragen der sozialen Gerechtigkeit auch zwischen den Generationen entstehen, zum Beispiel die Frage der richtigen Investitionsrate oder der Erhaltung natürlicher Hilfsquellen und der Umwelt. Auch in diesen Fällen dürfen die Beteiligten die zufälligen Umstände nicht kennen, die zu Interessengegensätzen zwischen ihnen führen würden. Sie müssen Grundsätze wählen, deren Folgerungen sie hinzunehmen bereit sind, welcher Generation sie auch angehören mögen.

Die Parteien kennen also nach Möglichkeit an Einzeltatsachen nur dies, daß ihre Gesellschaft die Anwendungsverhältnisse der Gerechtigkeit aufweist und alles, was damit zusammenhängt."

John Rawls: Eine Theorie der Gerechtigkeit, Frankfurt/M.: Suhrkamp 1979, S. 159f.
[amerik. Erstveröffentlichung, A Theory of Justice, 1971]

Hinter dem von Rawls so genannten Schleier des Nicht-Wissens beraten die Beteiligten, welche Rechte sie wollen und welche Pflichten sie voneinander erwarten. Wenig überraschend finden sie dann zu der Kantschen Formel, dass sie sich als Rechtsgleiche ansehen und einander die gleichen Freiheiten zubilligen. Durch die Beratung, also durch Kommunikation, löst Rawls hier das in der Luft hängende Problem Kants, den konsensfähigen Freiheitsraum für jeden Einzelnen zu ermitteln. Damit fällt die Entscheidung für die Art des politischen Systems: der demokratische Rechtsstaat.

In einer zweiten Verhandlungsrunde geht es dann darum, welche Politik der Staat betreiben muss, um auch die Zustimmung des letzten an der Beratung Beteiligten zu erhalten. Hier erkennt jeder Beteiligte, dass ihm der Eintritt in den Staat einen Vorteil gegenüber dem Status quo bringt.

„Nehmen wir nun die Lage eines beliebigen Menschen im Urzustand. Er kann sich auf keine Weise besondere Vorteile verschaffen. Ebensowenig gibt es für ihn Gründe, sich mit besonderen Nachteilen zufrieden zu geben. Da er vernünftigerweise für sich nicht mehr als einen gleichen Anteil an den gesellschaftlichen Grundgütern erwarten kann und nicht weniger hinnehmen wird, ist es das Vernünftigste, als ersten Schritt einen Gerechtigkeitsgrundsatz anzuerkennen, der eine Gleichverteilung fordert. Die Parteien beginnen also mit einem Grundsatz, der gleiche Grundfreiheiten für alle sowie faire Chancengleichheit und Gleichverteilung von Einkommen und Vermögen fordert."

John Rawls: Eine Theorie der Gerechtigkeit, Frankfurt/M.: Suhrkamp 1979, S. 175.
[amerik. Erstveröffentlichung, A Theory of Justice, 1971]

Die Beratung dreht sich in dieser zweiten Runde unter anderem um Verteilungsfragen. Selbst der kaltherzige Milliardär, der vorübergehend nicht weiß, dass er nach dem Ende der Beratung wieder im prallen Luxus leben wird, wird dem Umverteilungsprinzip zustimmen, weil es ja sein könnte, dass er sich anschließend als Straßenmusiker wiederfindet. Nachdem die Regeln für das Zusammenleben festgelegt sind, nachdem also eine materielle Verfassung steht, innerhalb derer alles Weitere mit Mehrheit entschieden werden soll, hebt sich der Schleier des Nicht-Wissens. Alle Teilnehmer am Verfassungsakt sind wieder so ungleich, wie sie es vor dem Eintreten in die Verfassungsberatung gewesen sind. Nur bewegen sie sich jetzt nach Regeln, die sie zuvor Kraft ihrer Vernunft, aber nicht in ihrer Eigenschaft als Arme, Reiche, Genies oder Durchschnittsmenschen beschlossen haben. Sie leben fortan in einer Ordnung, die sie als gerecht befunden haben.

4.3.4 Die Innovation der Vertragstheorie durch die Kommunikationsidee

Der von Rawls entwickelte Vorgang der Verfassungsgebung ist so fiktiv und ahistorisch, wie der Ausweg aus dem Chaos des Naturzustandes bei Hobbes. Rawls arbeitet mit dem philosophischen Stilmittel der kontrafaktischen Annahme. Das macht seine Gedanken als politikwissenschaftliche Theorie unbrauchbar. Als philosophische Staatstheorie stellen sie jedoch ein faszinierendes Unterfangen dar. Indem Menschen gegen alle Erfahrung ausschließlich vernünftig argumentieren, sich leidenschafts- und vorurteilsfrei austauschen und zu einer Verständigung gelangen, nehmen sie nach der Rückkehr ins wirkliche Leben die Gesellschaft, ihre Nachbarn und die Welt wieder durch die Brille ihrer Interessen wahr. Sie sind jetzt aber durch das Ergebnis ihrer vorangegangenen vernünftigen und leidenschaftsfreien Beratung gebunden. Die Vernunft, so Rawls wieder kontrafaktisch, verflüchtigt sich nicht: Sie bleibt, sie behauptet sich, sie weicht auch zurück, sie arrangiert sich. Sie wirkt aber auch als konkurrierendes Moment neben dem Interesse an Macht, Geld, Geltung und Zerstreuung. Doch dieser Punkt, der Funke der Vernunft in der realen Welt, ist nicht mehr Rawls' Thema. Er bleibt den empirischen Wissenschaften zur Analyse überlassen.

Projizieren wir Rawls' Entwurf einer gerechten Ordnung auf Hobbes' und Kants Theorien, so erschließt sich seine Innovationsleistung. Die Verfassungsberatung, die kontrafaktische Stunde Null, in der sich die Individuen gleichberechtigt auf die Umrisse des künftigen Staates verständigen, gleicht dem genialen Einfall Hobbes', den Staat von einem gedachten Urzustand herzuleiten. Hobbes' Staat, der blanke Notstaat zur Sicherung des Überlebens und der Gewaltverhinderung, wird von Rawls gleichsam ethisch „geladen". Rawls' Staat entsteht in einem deliberativen

Prozess, d.h. durch das Für und Wider vernünftiger Argumente, oder anders ausgedrückt: durch das Finden eines Common ground, mit dem sich alle identifizieren. Gegenstand der Verfassungsberatung ist nicht ausschließlich und auch nicht vorrangig die polizeiliche Kapazität des Staates. Es geht auch darum, die individuellen Freiheitsräume zu bestimmen, d.h. den Staat in diesem Bereich auf Abstand zu halten. Schließlich geht es auch um die Verpflichtung des Staates, die Schwächsten nicht einfach ihrem Schicksal zu überlassen.

Kant, der die kommunikativen Prozesse ausblendet, in denen die Verständigung auf die Rechte der Persönlichkeit und die des Staates stattfinden muss, wird von Rawls politisch „geladen". Rawls füllt die Lücken, die Kant in seiner Konstruktion einer Republik freier Menschen hinterlässt. Er unterfüttert Kant mit vernünftig nachvollziehbaren Prozeduren, in denen sich die vertragschließenden Bürger einander mitteilen. Schließlich lädt Rawls selbst den Staat noch verteilungspolitisch auf. Das Ergebnis ist eine Runderneuerung und Aktualisierung der staatstheoretischen Vertragsfigur.

Es schmälert Rawls' Originalität keineswegs, wenn bei näherem Hinsehen deutlich wird, dass Rawls einiges von seiner eigenen Biografie und Epoche mitgenommen hat, wenn er die Argumente der Teilnehmer am Verfassungskonvent schildert. Jede Lösung, die nicht auf den demokratischen Staat hinausgelaufen wäre, hätte überrascht. Irritierend wirkt indes der Umstand, dass Rawls' Verfassungskonstrukteure fast unbemerkt gleich die Marktwirtschaft als Verfassungsbestand mit durchwinken. Die der Verfassung auferlegte Pflicht, für einen gewissen Ausgleich zu Gunsten der schlechter Gestellten zu sorgen, ergibt nur dann Sinn, wenn neben der von Gleichheit geprägten Ordnung des Staates und der Demokratie noch ein sozialer Bereich existiert, der von beträchtlichen Ungleichheiten bestimmt ist. Warum sonst bedürfte es in Verteilungsfragen eines Korrekturauftrags an den demokratischen Staat? Nicht genug damit, bestimmt Rawls' Verfassung auch noch gleich die Verteilungsrichtung, nämlich, wie gering auch immer: von oben nach unten. Man kann in europäischer Politiksprache darin einen sozialdemokratisch gepolten Staat erkennen, in der politischen Terminologie der USA einen liberalen, also einen sozialpolitisch aktiven Staat.

Das alles ist für historienfreie Vernunftkalküle allerhand Realbefindlichkeit auf einmal. Rawls bringt sehr viel Zeitkolorit in seine Theorie.

Das entwertet sie nicht, zeigt aber, dass es Rawls nicht anders als Hobbes ergeht: Dessen Epoche kannte noch nichts Besseres an aufgeklärter Regierung als die absolute Monarchie. Im weniger vordergründigen Sinne ist Rawls' Theorie hochmodern. Die Essenz des gerechten Staates sind Prozessregeln, die von den politischen Akteuren eingehalten werden müssen: Mitwirkungsgarantien, Einsprüche, Fristen, Quoren und die Revisionsmöglichkeit des richterlichen Vetos gegen politische Entscheidungen. Wo eine politische Maßnahme daran scheitert, bleibt die Verteilung staatlicher Eingriffsrechte und der persönlichen Handlungsfreiheit so, wie sie ist.

Literatur:

Jochen Hennigfeld u. Heinz Jansohn (Hrsg.): Philosophen der Gegenwart, Darmstadt: Wissenschaftliche Buchgesellschaft 2005.
Thomas Hobbes: Leviathan oder Stoff, Form und Gewalt eines kirchlichen und bürgerlichen Staates, 10. Aufl., Frankfurt/M.: Suhrkamp 2000. [engl. Erstveröffentlichung, Leviathan, or, the matter, forme, and power of a common-wealth ecclesiasticall and civill, 1651]
Immanuel Kant: Die Metaphysik der Sitten, in: Werkausgabe Bd. VIII, 10. Aufl., Frankfurt/M.: Suhrkamp 1993. [Erstveröffentlichung 1797]
Wolfgang Kersting: John Rawls zur Einführung, 2. korr. Aufl., Hamburg: Junius 2004.
Wolfgang Kersting: Die politische Philosophie des Gesellschaftsvertrags, Darmstadt: Wissenschaftliche Buchgesellschaft 1994.
Wolfgang Kersting: Verteilungsgerechtigkeit und politischer Liberalismus, in: Jochen Hennigfeld und Heinz Jansohn (Hrsg.), Philosophen der Gegenwart, Darmstadt: Wissenschaftliche Buchgesellschaft 2005, S. 142-159.
John Rawls: Gerechtigkeit als Fairneß: ein Neuentwurf, Frankfurt/M.: Suhrkamp 2003.
John Rawls: Politischer Liberalismus, Frankfurt/M.: Suhrkamp 2003.
John Rawls: Die Idee des politischen Liberalismus. Aufsätze 1978-1989, Frankfurt/M.: Suhrkamp 1994.
John Rawls: Eine Theorie der Gerechtigkeit, Frankfurt/M.: Suhrkamp 1979. [amerik. Erstveröffentlichung, A Theory of Justice, 1971]

4.4 Michael Walzer: Die kommunitaristische Antwort auf John Rawls

In den 1980er Jahren fand die Denkrichtung des Kommunitarismus breite Beachtung. Diese gleichermaßen kapitalismus- wie liberalismuskritische Strömung entstand zunächst als Sammelbecken der Kritik an der liberal gewirkten Rawlsschen Theorie der Gerechtigkeit.

Bei allen Unterschieden verbindet die Protagonisten dieser Denkrichtung die kritische Haltung gegenüber dem einzig an den Rechten freier und gleicher Individuen orientierten Liberalismus. Die Kommunitaristen bilden eine allenfalls lockere Gruppierung, der neben sozialdemokratisch oder linksliberal orientierten Theoretikern selbst einige konservative Theoretiker zuzuordnen sind. Dem klassisch-liberalen Ideal des Minimalstaates, der einzig für die Rechtssicherheit sowie für die Wahrung des inneren und äußeren Friedens verantwortlich zeichnet, stellen die Kommunitaristen einen Gesellschaftsentwurf entgegen, dem die Vorstellung einer gerechten Ordnung zugrunde liegt; der Staat hat die Aufgabe, diese gerechte Ordnung aktiv zu schützen. Die Kommunitaristen begreifen die Gewährleistung des sozialen Zusammenhalts als entscheidend für das Überleben liberal-demokratischer Gesellschaften. Daher soll der Staat eben jene gemeinschaftsbildenden Aktivitäten fördern, die der Schaffung gemeinsamer Ziele und Werte dienen.

4.4.1 Moral als historisches Produkt

Michael Walzer (geb. 1935) avancierte in der Gerechtigkeitsdebatte der neunziger Jahre zum wichtigsten Antipoden von John Rawls. 1956 legte er an der unweit von Boston gelegenen Brandeis University sein Examen ab. Danach setzte er seine Studien zunächst in Cambridge fort, bevor er 1961 in Harvard promovierte. 1962 folgte er einem Ruf der Princeton University; er kehrte aber 1966 nach Harvard zurück, wo er bis 1980 eine Professur innehatte. Seither arbeitet er als Professor an der Princeton University.

Walzer wendet sich vehement gegen die von Rawls vertretene Idee einer abstrakten, allgemeingültigen Gerechtigkeit. Nach seiner Auffassung erwächst die Vorstellung der gerechten Ordnung aus der spezifischen Kultur jeder einzelnen Gesellschaft. Demnach ist Moral bei Walzer ein Produkt der Geschichte. Walzer konzediert allerdings, dass die unterschiedlichen Moralvorstellungen der Gesellschaften durchaus eine universell gültige Schnittmenge aufweisen, d.h. Werte, die unabhängig von Geschichte, Ort und Zeit gelten. Diese Schnittmenge besteht im Wesentlichen aus dem Wert der Menschenwürde, die sich recht anschaulich mit den Rooseveltschen Four Freedoms – Gedankenfreiheit, Redefreiheit, Religionsfreiheit sowie Freiheit von Mangel und Angst – umschreiben lässt. In der Vermeidung jeglicher kultureller Hegemonie sieht Walzer die wichtigste Voraussetzung für eine gerechtere Gesellschaftsordnung. Leben in einem Staat mehrere kulturelle Gemeinschaften zusammen, so müssen sie die Möglichkeit erhalten, ihre kulturelle Eigenständigkeit zu bewahren – ohne dabei allerdings die universell gültige Menschenwürde anzutasten. Nur das Beharren auf einer allgemeingültigen Moral wirft Gerechtigkeitsprobleme innerhalb der Gesellschaft, aber auch zwischen den Gesellschaften auf.

„Gerechtigkeit ist kein absoluter, sondern ein relativer Begriff, dessen je konkreter Inhalt in Relation steht zu bestimmten sozialen Zielen und Sinngehalten. Tatsächlich läßt sich die Realität des Begriffes ebensosehr aus der klassischen nichtrelativen Definition von Gerechtigkeit deduzieren, derzufolge jeder Mensch das bekommt, was ihm gebührt, wie aus meinem eigenen Konzept, wonach Güter nach 'internen' Kriterien zu verteilen sind. Beides sind formale Definitionen, die, wie ich zu zeigen versucht habe, mit historischem Inhalt gefüllt werden müssen. Wir können nicht sagen, was diesem oder jenem Menschen gebührt, solange wir nicht wissen, in welchem Verhältnis beide Personen durch die Dinge, die sie herstellen und verteilen, zueinander stehen. Eine gerechte Gesellschaft kann es erst dann geben, wenn es eine Gesellschaft gibt; und das beschreibende Adjektiv gerecht bestimmt nicht das reale Leben von Gesellschaften, sondern kennzeichnet es nur. Es gibt eine unendliche Zahl möglicher Lebensformen, die durch eine unendliche Zahl von möglichen Kulturen, Religionen, politischen Systemen, geographischen Gegebenheiten usw. geprägt sind. Eine bestehende Gesellschaft ist dann eine gerechte Gesellschaft, wenn sie ihr konkretes Leben in einer bestimmten Weise lebt – in einer Weise, die den gemeinsamen Vorstellungen ihrer Mitglieder entspricht. (Wenn sich die Mitglieder einer Gesellschaft über die Bedeutung von sozialen Gütern uneins, wenn

> ihre Vorstellungen kontrovers sind, dann muß die Gesellschaft, um gerecht zu sein, diesen Differenzen Rechnung tragen, indem sie einerseits institutionelle Kanäle für ihre Artikulation schafft und andererseits Adjudikativtechniken und alternative Verteilungsformen entwickelt.)"

Michael Walzer: Sphären der Gerechtigkeit. Ein Plädoyer für Pluralität und Gleichheit, Frankfurt/M.: Campus 1992, S. 440f. [amerik. Erstveröffentlichung, Spheres of Justice. A Defense of Pluralism and Equality, 1983]

Nach Auffassung Walzers wird ein einfaches Gerechtigkeitsprinzip einer hochkomplexen Gesellschaft nicht gerecht. Er entwickelt das Bild von der Gesellschaft als einer in unterschiedliche Sphären aufgeteilten Welt. In der Sphäre der Politik werden demnach die politischen Entscheidungen getroffen, die Sphäre der Wirtschaft umfasst den Wettbewerb sowie den Arbeits-, Kapital und Warenmarkt. Walzer spricht in diesem Zusammenhang von der „Kunst der Trennung".

Nach Walzer lässt sich in marktwirtschaftlich verfassten Gesellschaften der Zustand „simpler Gleichheit" nicht dauerhaft herstellen. Allenfalls ein allumfassender Sozialstaat wäre in der Lage, durch fortwährendes Intervenieren – also durch Zwang – immer neue Ungleichheiten einzuebnen. Dieses Vorgehen widerspräche freilich den Grundprinzipien der liberalen Demokratien. Für die Sphären der Politik, Wirtschaft und Bildung müssen nach Walzer verschiedene und spezifische Gerechtigkeitsmaximen zu Grunde gelegt werden.

In der Politik kreist die gerechte Ordnung um die Gleichheit vor Recht und Gesetz. In der Wirtschaft gilt die Zuteilung von Werten nach individueller Leistung als gerecht. Im Bildungsbereich ist die Befähigung der zentrale Maßstab; Begabungen dürfen deshalb nicht durch ungleiche Bildungschancen benachteiligt werden. Walzer will keineswegs in jeder Sphäre sämtliche Ungleichheiten beseitigen. Statt dessen plädiert er für „komplexe Gleichheit". Die Ungleichheiten in der einen Sphäre dürfen sich nicht *automatisch* auf andere Sphären ausdehnen. So sollte z.B. einem erfolgreichen militärischen Befehlshaber nicht allein aufgrund seiner soldatischen Fähigkeiten *auch* eine politische Führungsrolle zukommen.

> „Formal gesprochen bedeutet komplexe Gleicheit, daß die Position eines Bürgers in einer bestimmten Sphäre oder hinsichtlich eines

> bestimmten sozialen Gutes nicht unterhöhlt werden kann durch seine Stellung in einer anderen Sphäre oder hinsichtlich eines anderen sozialen Gutes. So kann Bürger X Bürger Y bei der Besetzung eines politischen Amtes vorgezogen werden mit dem Effekt, daß beide in der Sphäre der Politik nicht gleich sind. Doch werden sie generell solange nicht ungleich sein, wie das Amt von X diesem keine Vorteile über Y in anderen Bereichen verschafft, also etwa eine bessere medizinische Versorgung, Zugang zu besseren Schulen für seine Kinder, größere unternehmerische Chancen usw."

Michael Walzer: Sphären der Gerechtigkeit. Ein Plädoyer für Pluralität und Gleichheit, Frankfurt/M.: Campus 1992, S. 49. [amerik. Erstveröffentlichung, Spheres of Justice. A Defense of Pluralism and Equality, 1983]

Nach diesen Überlegungen ist die größtmögliche gesellschaftliche Gerechtigkeit als die Summe der sektoralen Gerechtigkeiten zu definieren.

4.4.2 Die Bedeutung des Staates

Walzer hebt die große Bedeutung des Staates für die Herstellung von Gerechtigkeit hervor. Weiterhin seinem realistischen Blick folgend stellt er fest, dass die Menschen in der Vorstellung des Staates denken. Der Staat hat für sie eine wichtige, Identität stiftende Funktion. Nach dieser Sichtweise ist der Staat keinesfalls auf weltanschauliche Neutralität verpflichtet. Er hat vielmehr die vorrangige Aufgabe, die gemeinschaftliche Schnittmenge der Gerechtigkeitsmaximen zu formulieren und sie in letzter Konsequenz auch durchzusetzen.

Walzer definiert den Staat nicht als eine deliberative Veranstaltung, sondern als eine ordnende und auf Durchsetzung gerichtete Institution. Mit Hilfe des Staates verschafft sich die Gesellschaft eine Identität; gleichzeitig definiert die Gesellschaft aber die in den einzelnen Sphären gültigen Gerechtigkeitsprinzipien, die der Staat dann seinerseits darzustellen und letztlich auch zu exekutieren hat. Die Zugehörigkeit zum Staat ist keine Sache des freien Entschlusses. Während Rawls – wenn auch in einem kontrafaktischen, philosophischen Entwurf – die rationale und freiwillige Zustimmung zur politischen Ordnung als konstitutiv für das Verhältnis des Einzelnen zum Staat hervorhebt, geht Walzer im Einklang mit dem Common sense davon aus, dass jeder Mensch in eine bestehende staatliche Gemeinschaft hineingeboren wird; er lehnt damit die wirklichkeitswidrige Prämisse als untauglich für eine politische Theorie ab. Er widerspricht so der liberalen Anschauung, nach der jeder Mensch als isoliertes, eigenständiges Individuum zu betrachten ist.

Für Walzers Sicht auf den gerechten Staat finden sich berühmte Parallelen in den älteren politischen Theorien. So hob Edmund Burke am Ende des 18. Jahrhunderts in seiner Kritik an der Französischen Revolution die Vorzüge der historisch gewachsenen Herrschaft hervor. Im Zentrum seiner Überlegungen stand die behutsame Weiterentwicklung bewährter Institutionen. Er begriff historische Kontinuität als maßgebliche Voraussetzung für legitime Herrschaft. Auch hinter Hegels Volksgeistern verbarg sich nichts anderes als die unterschiedlichen Kulturen der Völker. Noch viel früher hatte Montesquieu die Sitten und Bräuche verschiedener Völker als Gründe für die Vielgestaltigkeit politischer Ordnungen thematisiert. Walzers Kontextualisierung der guten, gerechten Politik steht also in einer langen Tradition der politischen Theorie.

Literatur:

Amitai Etzioni: Die Entdeckung des Gemeinwesens. Ansprüche, Verantwortlichkeiten und das Programm des Kommunitarismus, Stuttgart: Schäffer-Poeschel Verlag 1995. [Erstausgabe: The Spirit of Community. Rights, Responsibilities, and the Communitarian Agenda, New York 1993]

Amy Gutmann: Die kommunitaristischen Kritiker des Liberalismus, in: Axel Honneth (Hrsg.), Kommunitarismus – Eine Debatte über die moralischen Grundlagen moderner Gesellschaften, Frankfurt/M.: Campus 1995, S. 68-83.

Michael Haus: Kommunitarismus. Einführung und Analyse, Wiesbaden: VS Verlag für Sozialwissenschaften, 2003.

Axel Honneth (Hrsg.): Kommunitarismus – Eine Debatte über die moralischen Grundlagen moderner Gesellschaften, Frankfurt/M.: Campus 1995.

Angelika Krebs (Hrsg.): Gleichheit und Gerechtigkeit: Texte der neuen Egalitarismuskritik, Frankfurt/M.: Suhrkamp 2000.

Walter Reese-Schäfer: Kommunitarismus, 3. vollst. überarbeitete Aufl., Frankfurt/M.: Campus 2001.

Walter Reese-Schäfer: Was ist Kommunitarismus?, 2. Aufl., Frankfurt/M.: Campus 1995.

Michael Walzer: Komplexe Gleichheit, in: Angelika Krebs (Hrsg.), Gleichheit und Gerechtigkeit: Texte der neuen Egalitarismuskritik, Frankfurt/M.: Suhrkamp 2000, S. 172-214.

Michael Walzer: Zivile Gesellschaft und amerikanische Demokratie, Frankfurt/M.: Fischer-Taschenbuch-Verlag 1996.

Michael Walzer: Die kommunitaristische Kritik am Liberalismus, in: Axel Honneth (Hrsg.), Kommunitarismus – Eine Debatte über die moralischen Grundlagen moderner Gesellschaften, Frankfurt/M.: Campus 1995, S. 157-180.

Michael Walzer: Sphären der Gerechtigkeit. Ein Plädoyer für Pluralität und Gleichheit, Frankfurt/M.: Campus 1992. [amerik. Erstveröffentlichung, Spheres of Justice. A Defense of Pluralism and Equality, New York 1983]

5 Systemtheorie und Politik

5.1 Talcott Parsons: Politik als Ausschnitt des sozialen Systems

Talcott Parsons (1902-1979), geboren im US-Staat Colorado, studierte in Amherst, Massachusetts, dann an der London School of Economics. Im Jahr 1927 promovierte er an der Universität Heidelberg, wo er in das Wirkungsfeld der Weberschen Soziologie geriet. Seit 1931 lehrte er an der Harvard University Soziologie. Er gewann bereits zu seinen Lebzeiten den Ruf eines der bedeutendsten Soziologen.

5.1.1 Das soziale System als handlungstheoretischer Entwurf

Parsons' großes Thema ist das soziale System. Der Ausgangspunkt seiner Vorstellung des sozialen Systems ist eine klassische Frage der Gesellschaftstheorie. Was verbindet Menschen zu einer Gesellschaft? Hobbes hatte diese Frage mit dem Sicherheitsdilemma beantwortet. Weil die Menschen jeder für sich zu schwach sind, um für ihren Schutz vor Anderen zu sorgen, delegieren sie diese Aufgabe an den Staat. Parsons gelangte in seinen frühen Arbeiten zu der Schlussfolgerung, dass dieses Motiv nicht ausreicht, um eine Gesellschaft zu bilden. Die Lösung der Sicherheitsfrage lässt die Fragen offen, wie die materielle Reproduktion vonstatten geht, wie eine kollektive Identität zustande kommt und wie es gelingt, die Herausforderungen wirtschaftlicher Subsistenz, kollektiver Handlungsfähigkeit und gemeinsamer Wertvorstellungen zu bewältigen. Parsons' Gesellschaftstheorie hat einen handlungstheoretischen Ausgangspunkt, sie ist auf den einzelnen Menschen bezogen.

Mit dem Konzept des sozialen Systems beantwortet Parsons die Frage nach der Konstituierung der Gesellschaft. Das soziale System fußt nicht auf real existierenden Institutionen. Es besteht im Grunde aus Normen, die dem handelnden Individuum eine Orientierung bieten, wie es sich als Bürger, als Wirtschaftssubjekt, als Nachbar, Eltern oder gegenüber Andersdenkenden, Alten und Behinderten verhalten muss. Dieses Normengerüst, eben das soziale System, befähigt die Gesellschaft, sich in der Umwelt zu behaupten. Es gliedert sich in vier große funktionale Subsysteme: die Adaption, die Zielvorgabe, die Integration und die Latenz. Jeder dieser Funktionsbereiche dient der Erhaltungsfähigkeit des sozialen Systems als Ganzes. Die entsprechenden Funktionen müssen erfüllt werden. Wie sie erfüllt werden, ist aber eine Sache der Strukturen. Handelt es sich bei den Funktionen um Normen, um handlungsleitende und in unterschiedlichem Ausmaß sanktionierbare Werte, so ergeben sich die Strukturen des sozialen Systems aus konkreten Handlungen Einzelner. Indem der Einzelne und damit auch Kollektive den Herrschafts-, Wirtschafts- und Kulturnormen adäquat handeln, sei es als Normengestalter oder als Normenkonsumenten, konstituieren sie ein soziales System. Im Unterschied zu den (Handlungs-) Normen des sozialen Systems, bei denen es sich um keine empirischen Größen handelt, lassen sich die Strukturen, also die Ergebnisse und Folgen des Handelns, beobachten. Dabei können sehr verschiedene Strukturen derselben Funktion gerecht werden. Hier mag die Wirtschaft eher marktförmig organisiert sein, dort stärker vom Staat gesteuert; hier toleriert die Gesellschaft eine bunte Palette individueller Lebensstile, dort erwartet sie eher die Konformität mit einem kollektiv praktizierten Lebensstil.

5.1.2 Das AGIL-Schema. Strukturen und Funktionen

Das soziale System muss grundlegend die funktionalen Herausforderungen der Adaption (A), der Zielerreichung [goal attainment (G)], der Integration (I) und der Latenz (L) meistern. Sie bilden das bekannte AGIL-Schema. Die Adaptionsfunktion ist auf die Bereitstellung der wirtschaftlichen Ressourcen angelegt, die das System benötigt. Mit der Ausbeutung der Natur, mit technischen Erfindungen und mit dem Warentausch befriedigt es die materiellen Grundbedürfnisse der Menschen. Die Zielsetzungsfunktion betrifft den Funktionsbereich der Politik. Sie artikuliert sich in Handlungen, hinter denen legitime Erzwingungsmacht steht. Sie gibt unter anderem den Modus der Wirtschaftsordnung vor. Sie zweigt ferner Ressourcen aus der Wirtschaftstätigkeit Einzelner ab, um ihren eigenen Apparat und die gesellschaftliche Umverteilung zu finanzieren. Die Integrationsfunktion erfüllt mit Unterhaltung und Wissen die Bedürfnisse der Bildung, Zerstreuung und Sinngebung. Die Latenz schließlich stimmt die Funktionserfordernisse der drei Sektoren durch die Einbindung in übergreifende Kulturmuster aufeinander ab. Die vier Funktionen müssen nicht nur im gesamten sozialen System, sondern auch in jedem einzelnen Subsystem erfüllt sein.

„In Übereinstimmung mit unserem Vier-Funktionen-Schema zur Analyse von Handlungssystemen behandeln wir eine Gesellschaft als analytisch in vier *primäre* Subsysteme teilbar [...]. Demnach ist das Normenerhaltungs-Subsystem besonders für die Beziehungen der Gesellschaft zum kulturellen System und, durch dieses, für die letzte Realität zuständig, das Zielverwirklichungs-Subsystem oder das politische Gemeinwesen für die Persönlichkeit der Mitgliedsindividuen, das Anpassungs-Subsystem oder die Wirtschaft für den Verhaltensorganismus und, durch diesen, für die physische Welt. [...]

Die komplexen Beziehungen zwischen den einzelnen Handlungssubsystemen sowie zwischen den einzelnen Gesellschaftssubsystemen lassen aber eine wirklich saubere Einteilung nicht zu. Verwandtschaftssysteme müssen z.B. allen drei obengenannten Subsystemen zugeordnet werden. [...]

Innerhalb dieses Bezugsrahmens ist der Kern der Gesellschaft als einem sozialen System die vierte Komponente, ihr integratives Subsystem. Da wir allgemein das soziale System als für Handlungssysteme integrativ behandeln, müssen wir besonders beachten, auf welche Weise es die verschiedenen Arten und Ebenen interner Integration zustandebringt – oder auch nicht zustandebringt. Wir wollen das integrative Subsystem einer Gesellschaft *gesellschaftliche Gemeinschaft* nennen."

Talcott Parsons: Das System moderner Gesellschaften, 6. Aufl., Weinheim/ München: Juventa Verlag 2003, S. 20f. [amerik. Erstveröffentlichung, The System of Modern Societies, 1971]

Die Normen des sozialen Systems sind dynamisch, sie verändern sich im Laufe der Geschichte und variieren zwischen den Gesellschaften und Kulturkreisen. Parsons unterscheidet dabei in den so genannten „pattern variables" fünf Gegensatzpaare. Soziales Handeln ist zwischen a) Universalität und Partikularismus, b) zwischen Leistungsorientierung und Zuschreibung, c) Spezifik und Diffusheit, d) Affektivität und Neutralität und e) Selbstbezogenheit und Kollektivbezogenheit angesiedelt. Alle Funktionsbereiche des sozialen Systems besitzen schließlich ein spezifisches Medium, das der Verständigung über die Funktionserfordernisse dient. Für die Ökonomie handelt es sich um Geld, für die Integration um Wissen und für die Politik um Macht.

> „Macht bedeutet bei uns, Entscheidungen treffen und durchsetzen zu können, welche für die betroffene Gesamtheit und ihre Mitglieder *bindend* sind, wobei die Mitglieder nur insoweit gebunden sind, als sich aufgrund ihrer Stellung Pflichten aus diesen Entscheidungen für sie ergeben. Es muß ein Unterschied zwischen Macht und Einfluß gemacht werden, weil die Verkündung bindender Entscheidungen etwas wesentlich anderes ist als Überredungsversuche. Nach unserer Definition übt ein Bürger Macht aus, wenn er seine Wahlstimme abgibt, weil die Stimmenmehrheit das Wahlergebnis bindend festlegt. [...]
> Die Differenzierung autonomer Strukturen erfordert die Entwicklung eines verallgemeinerten Zahlungsmittels in Verbindung mit dem Marktsystem. Geld und Märkte funktionieren dort, wo Arbeitsteilung genügend komplex ausgeprägt ist und Handlungsbereiche in ausreichendem Maße von politischen, gemeinschaftlichen oder moralischen Geboten differenziert sind.
> Von allen verallgemeinerten Mechanismen gesellschaftlichen Austausches sind Geld und Märkte am wenigsten direkt mit der normativen Ordnung verknüpft, da ihr Hauptgewicht auf der gesellschaftlichen Gemeinschaft liegt. Deshalb wird die praktische Rationalität in der Hauptsache von institutionellen Normen geregelt, in erster Linie von den Institutionen des Privateigentums und des Vertrages, die andere Sanktionsgrundlagen besitzen."

Talcott Parsons: Das System moderner Gesellschaften, 6. Aufl., Weinheim/München: Juventa Verlag 2003, S. 28, 29. [amerik. Erstveröffentlichung, The System of Modern Societies, 1971]

Bei den Strukturen des sozialen Systems handelt es sich um Praktiken und Institutionen, die sich im Handeln konstituieren und reproduzieren.

Die Strukturen haben bei allen Unterschieden eine Eigenschaft gemeinsam. Im Erfolgsfall stabilisieren sie das System, im Misserfolgsfall gefährden sie es.

Die Funktionen des Systems resultieren aus der Auseinandersetzung des Systems mit seiner Umwelt. Bei dieser Umwelt mag es sich um die Natur, um die Weltwirtschaft oder um andere Staaten handeln. Das soziale System muss sich in dieser vielfältig vorhandenen Umwelt behaupten. Die Generalaufforderung an das soziale System lautet, sich in der Auseinandersetzung mit der Umwelt stabil zu halten, oder anders ausgedrückt: seine Identität zu wahren. Dies kann nur in einem Anpassungsprozess gelingen.

Die Anpassung des Systems vollzieht sich in einem fortlaufenden Prozess der strukturellen Differenzierung. Mit der wachsenden Komplexität der Wirtschaft bildeten sich in der historischen Rückschau neue Eigentumsformen heraus; der Staat reagierte auf neue Aufgaben mit der Schaffung weiterer Bürokratien; neue Technologien produzierten andere Unterhaltungsformen. Zusammenfassend stechen vier Punkte als grundlegend für das soziale System hervor:

- die Abgrenzung von System und Umwelt,
- die strukturelle Differenzierung des Systems, um bestimmte Aspekte der Auseinandersetzung mit der Umwelt zu bewältigen,
- die Unterscheidung von Funktionen und Strukturen,
- Medien, die der Verständigung in den Funktionsbereichen dienen (Macht, Geld, Wissen).

Diese Elemente der Parsonschen Theorie finden sich in allen späteren sozialwissenschaftlichen Systemtheorien.

Literatur:

Dirk Kaesler (Hrsg.): Klassiker der Soziologie, 2 Bde., 4. Aufl., München: C.H. Beck 2003.

Richard Münch: Talcott Parsons, in: Dirk Kaesler (Hrsg.), Klassiker der Soziologie, Bd. 2: Von Talcott Parsons bis Pierre Bourdieu, 4. Aufl., München: C.H. Beck 2003, S. 24-50.
Talcott Parsons: Das System moderner Gesellschaften, Weinheim/München: Juventa 2003. [amerik. Erstveröffentlichung, The System of Modern Societies, 1971]
Talcott Parsons: The Social System, New York: Glencoe 1951.

5.2 Das politische System als Kreislaufmodell: David Easton

David Easton (geb. 1917), geboren in der kanadischen Hauptstadt Toronto, promovierte 1947 an der Harvard University mit einer politikwissenschaftlichen Arbeit. Von 1947 bis 1981 lehrte er ununterbrochen an der University of Chicago. Chicago stand in der Politikwissenschaft zur Zeit des jungen Easton für die methodenstrenge und datenbasierte Politikforschung.

5.2.1 Politisches System und Umwelt

Eastons Name ist fachhistorisch mit der Theorie des politischen Systems verbunden. Diese Theorie hat er seit den 1950er Jahren in verschiedenen großen Schriften fortentwickelt. Sein Modell des politischen Systems konzentriert sich auf die politischen Aspekte des sozialen Systems. Das Politische ist die autoritative Zuweisung von Werten. Hinter dieser Formulierung verbirgt sich nichts anderes als Max Webers Herrschaftsdefinition: Die Politik darf ihren Willen in letzter Konsequenz mit der Legitimation zur Zwangsanwendung durchsetzen. Vereinfacht könnte man das politische System als Entscheidungssystem bezeichnen. Im Mittelpunkt dieses Entscheidungssystems stehen die Institutionen der Gesetzgebung, Regierung und Verwaltung. Alles, was nicht dazu gehört, bildet die Umwelt des politischen Systems.

> „[...] ein *politisches* System kann als die Interaktion bezeichnet werden, durch die der Gesellschaft autoritativ Werte zugeordnet werden; genau das unterscheidet das politische System von den anderen Systemen, die in seiner Umwelt existieren. Diese Umwelt wiederum

kann in zwei Bereiche unterteilt werden: den inner- und den außergesellschaftlichen Bereich. Der erste besteht aus den Systemen, die sich innerhalb der gleichen Gesellschaft befinden wie das politische System – aber getrennt von Letzterem durch unsere Definition politischer Interaktionen. Innergesellschaftliche Systeme bezeichnen auch solche Verhaltensweisen, Haltungen und Ideen, die wir die Wirtschaft, Kultur, Sozialstruktur oder Persönlichkeiten nennen; sie alle sind funktionale Komponenten der Gesellschaft, wie auch das politische System selbst eine Komponente der Gesellschaft ist. [...]

Der zweite Bereich der Umwelt, der außergesellschaftliche, beinhaltet alle die Systeme, die außerhalb der gegebenen Gesellschaft liegen. Sie sind funktionale Komponenten einer internationalen Gesellschaft oder einer Supragesellschaft, d.h. eines Supra-Systems, in dem jede Gesellschaft ein separater Teil ist. Die internationalen politischen Systeme, die internationale Wirtschaft oder das internationale kulturelle System gehören in die Kategorie der außergesellschaftlichen Systeme.

Diese beiden Kategorien von Systemen, die inner- und die außergesellschaftlichen Systeme, die als abseits des politischen Systems liegend angenommen werden, können als dessen gesamte Umwelt bezeichnet werden."

David Easton: A Systems Analysis of Political Life, 2. Aufl., Chicago: University of Chicago Press 1979, S. 21f. [Erstveröffentlichung 1965]

Die innere Struktur des politischen Systems besteht aus einer Apparatur, die Regeln formuliert, anwendet und überwacht, die zwingt, schlichtet oder straft, je nachdem, ob Parlamente, Regierungen, Behörden oder Kommissionen tätig werden. Das Entscheidungssystem, das in konventioneller Begrifflichkeit als Staat bezeichnet würde, bearbeitet Probleme, die sich durch außerstaatliche Einigungen und durch die Selbstregulierung der Natur und des Marktes nicht mehr lösen lassen. Das politische System befindet verbindlich über die Geltung konkurrierender Werte, worunter in konventioneller Sprache Interessen und Interessenkonflikte zu verstehen sind. So werden dem Entscheidungssystem etwa Fragen der Ökologie, des Umgangs mit Ressourcen, der Schadstoffbelastung etc. durch kontroverse Debatten über den Primat der Ökonomie oder den der Ökologie mitgeteilt. Fragen von Krieg und Frieden, von Handel und

Wohlstand teilen sich dem politischen System durch die Auseinandersetzung mit den Staaten im Umfeld des eigenen sozialen Systems mit.

Bei der Theorie des politischen Systems handelt es sich um die Theorie eines speziellen gesellschaftlichen Teilsystems. Das Nebeneinander verschiedener Gesellschaften mit jeweils eigenen politischen Systemen macht Easton zwar nicht detailliert zum Thema. Es ist aber in seiner Systemvorstellung angelegt. Die System-Umwelt-Differenz greift gleich zweimal: Die Gesellschaft des herkömmlichen Nationalstaates konstituiert die unmittelbare Umwelt des politischen Systems. Andere Staaten und internationale Organisationen bilden wiederum die Umwelt der gesellschaftlichen Umwelt des politischen Systems. Das politische System muss sich mit Herausforderungen aus beiden Umwelten auseinandersetzen.

5.2.2 Konversion – die zentrale Aufgabe des politischen Systems

Im Unterschied zu Parsons operiert Easton nicht mit den Kategorien der Funktionen und Strukturen. Sein Systemmodell ähnelt makroökonomischen Theorien, die sich mit der Interdependenz des Produzenten- und Konsumentenverhaltens und mit der Steuerungswirkung von Preisen, Zinsen, Steuern und öffentlichen Ausgaben befassen. Easton zielt auf ein genuines Modell des Teilsystems der Politik, das soziale Größen wie Interessengruppen, Parteien, Wähler und Bürokratien berücksichtigt. Er argumentiert nicht soziologisch und historisch, sondern aus dem Blickwinkel der politischen Steuerung. Die Beziehungen zwischen der Umwelt und dem politischen System gleichen den Vorgängen in einem Regelkreis. Signale und Impulse aus der Umwelt strahlen an das politische System aus. Das politische System wiederum bearbeitet diese Impulse, die Easton als Inputs bezeichnet. Das politische System trifft seine Entscheidungen, und diese Entscheidungen, die Outputs des Systems, wirken auf die gesellschaftliche oder internationale Umwelt des Systems zurück. Die Inputs entstehen in der Umwelt des politischen Systems. Das System wählt aus diesen Forderungen aus, es modifiziert sie und wandelt sie in verbindliche Entscheidungen, die Outputs, um. Den Prozess, der aus den Inputs Entscheidungen gewinnt, bezeichnet Easton als Konversion. Wie ein mit der charakteristischen Fähigkeit zur Selbstkorrektur ausgestatteter

Regelmechanismus dienen die Konversionsvorgänge dem Zweck, das System in seiner Umwelt stabil zu halten.

Die Forderungen aus der Umwelt werden von gesellschaftlichen Gruppen an das politische System herangetragen. Diese Akteure gehören im engeren Sinne nicht zum politischen System, weil sie keine Legitimation besitzen, verbindliche Entscheidungen zu treffen. Sie gehören aber auch nicht allein zur Umwelt, weil sie die Kommunikation des politischen Systems mit seiner Umwelt überhaupt erst ermöglichen.

Easton konstruiert das Verhältnis des politischen Systems zu seiner Umwelt zweistufig. Bevor die Inputs das politische System erreichen, müssen sie so weit vorgeformt werden, dass sie von den Betreibern des politischen Systems verstanden werden können. Diese Aufgabe wird von jenen Institutionen geleistet, die sich auf die Organisation der Inputs in der gesellschaftlichen Umwelt spezialisiert haben, von Verbänden, Vereinen, Parteien und Massenmedien. Im Konversionsprozess steuern sie die so genannten Withinputs bei, d.h. sie wandeln den Rohstoff der gesellschaftlichen Inputs in Vorprodukte um, die das politische System dann abschließend weiter verarbeitet. Die Gatekeeper an den Nahtstellen von Umwelt und politischem System, z.B. Regierungsmitglieder, Beamte, Parteifunktionäre und Verbandspräsidenten, last but not least auch Lobbyisten, weisen diese Withinputs ab oder sie nehmen diese auf. Sie schnüren ähnliche Forderungen zu Paketen oder sie regen bei den Absendern an, es doch mit einer außerstaatlichen Einigung zu versuchen, bevor eine staatlich sanktionierte Lösung angestrebt wird.

> „Ohne die genauere Betrachtung der Rolle der Gatekeeper, die an der Grenze des politischen Systems stehen, lässt man eine sehr wichtige Kontroll- und Machtquelle außer Acht, die für die Anzahl und die Art der in das System eindringenden Forderungen und für die Agenda der Diskussionen innerhalb des Systems maßgeblich ist. Selbst wenn viele verschiedene Bedürfnisse in der Umwelt des Systems existieren und selbst wenn die politische Kultur [...] deren Konversion zu Forderungen erlaubt – ob sie überhaupt Zugang erhalten, hängt von den Eigenschaften und dem Verhalten der Gatekeeper ab, die die Zugangswege des Systems kontrollieren. [...]
>
> Dort, wo innerhalb einer Gesellschaft zu viele Gatekeeper vorhanden sind, wird es weniger Kontrolle über die Konversion geben und die Gefahr der Input-Überlastung nimmt zu, so dass die in der politi-

schen Kultur begründete Mäßigung nicht länger gefragt ist. Gleichzeitig gilt: fällt die Konversion der Bedürfnisse in relativ wenige und spezialisierte Hände, dann steigen die Chancen, den Input der Forderungen innerhalb der kritischen Grenze zu halten."

David Easton: A Systems Analysis of Political Life, 2. Aufl., Chicago: University of Chicago Press 1979, S. 90. [Erstveröffentlichung 1965]

Die Inputs bilden die Last, die das politische System zu bewältigen hat, sie führen ihm aber auch die erforderliche Energie zu. Als negative systemische Inputs gelten Forderungen, die an das politische System erhoben werden. Positive Inputs versorgen das System mit den notwendigen Ressourcen. Für die positiven Inputs in das politische System bedarf es keiner Türsteher und auch keines Schleusenpersonals. Auf Steuern, auf Politik im kommunalen Ehrenamt, auf den Nachwuchs für die Freiwillige Feuerwehr und auf die generelle Bereitschaft zur Befolgung der Gesetze ist das politische System vital angewiesen. Hier richtet das System lediglich Kontrollpunkte ein und führt Inspektionen durch, um Pflichtverletzungen festzustellen und Sanktionen zu verhängen. Von diesen konkreten Unterstützungsleistungen an das politische System unterscheidet Easton die allgemeine diffuse Unterstützung. Hier handelt es sich um die von speziellen Vorteilskalkülen gelöste Identifikation der Bürger mit dem politischen System, so unter anderem um die Bereitschaft, sich für das System, seine Werte und Institutionen einzusetzen und dafür Opfer zu bringen. Diese diffuse Unterstützung hält Easton für die wichtigste Ressource des politischen Systems.

Die Leistungen an das politische System werden quittiert, verarbeitet und in die öffentlichen Haushalte eingespeist. Die Ansprüche an das System werden nach Eingang diskutiert, verändert und in Gesetze gegossen. Die Gesetze wiederum werden von staatlichen Behörden auf die gesellschaftlichen Adressaten angewandt. An dieser Stelle bringt Easton einen Gedanken ein, der später in der Policy-Forschung große Bedeutung gewinnen sollte. In einer systemischen „Rückkehrschleife" wirken die Outputs auf die gesellschaftliche Umwelt zurück, in der sie ursprünglich einmal als Inputs entstanden sind. Entweder befriedigen die Outputs die ursprünglich gestellten Erwartungen und Forderungen, oder aber sie erhalten die ursprünglichen Forderungen aufrecht und intensivieren sie sogar. Möglicherweise sind die Forderer von einst mit dem Ergebnis nicht zufrieden, möglicherweise rufen die Outputs aber auch ganz unbeabsichtigt und nicht vorhersehbar neue Interessenten auf den Plan, die behaupten, durch die Entscheidung Nachteile zu erleiden. Der Kreislauf von Input, Selektion, Verarbeitung, Entscheidung und Output wird dann erneut in Bewegung gesetzt.

> „Tatsächlich beinhaltet (schon, Erg. der Autoren) *A Framework for Political Analysis* die Idee, dass das politische System einem umfassenden und immer wiederkehrenden Konversionsprozess gleicht. Es nimmt die in der Umwelt entstandenen Forderungen und die existierende Unterstützung in sich auf und produziert damit etwas, das Output genannt wird. Aber unser Interesse an den Outputs endet nicht an diesem Punkt. Wir sind uns darüber im Klaren, dass die Outputs die Meinungen, die die Gesellschaft in Bezug auf das System hat, und die Forderungen, die die Gesellschaft an das System stellt, beeinflussen. Auf diese Weise wirken die Outputs immer wieder von neuem auf das System ein. [...]
>
> Es muss darauf hingewiesen werden [...], dass die Outputs des Konversionsprozesses die Eigenschaft haben, dem System ein Feedback zu geben und so das künftige Verhalten zu formen. Etwas später werde ich [...] zeigen, dass es genau diese Eigenschaft ist, kombiniert mit der Fähigkeit des Systems, konstruktive Maßnahmen einzuleiten, die ein System befähigt, sich möglichem Druck anzupassen oder diesen abzubauen."

David Easton: A Systems Analysis of Political Life, 2. Aufl., Chicago: University of Chicago Press 1979, S. 29, 31. [Erstveröffentlichung 1965]

An dieser Stelle kann die Schilderung des Eastonschen Systemmodells abbrechen. Resümieren wir die wichtigsten Punkte:

- Indem Easton das politische System als selbstkorrigierende Kreislaufbeziehung zwischen Gesellschaft und Politik beschreibt, stellt er den Prozesscharakter der Politik heraus. Politik verläuft dynamisch.
- Mit dem Gedanken der Rückkehrschleife und der nichtkontrollierbaren Effekte der Outputs des politischen Systems richtet Easton das Augenmerk auf die Resultate und Wirkungen politischer Entscheidungen.

Easton fasst in seiner Theorie Tendenzen zusammen, die zu seiner Zeit die empirische politikwissenschaftliche Forschungstätigkeit bestimmten: die Entstehung der Interessengruppen und die Entdeckung der Policy, d.h. die Inhalte politischer Entscheidungen. Seine Theorie blieb trotz aller bis heute andauernden Wirkungsmacht abstrakt. Es sollte Almond und seinen zahlreichen Ko-Autoren vorbehalten bleiben, das Modell des politischen Systems mit größerer historischer und institutioneller Plastizität auszubauen.

Literatur:

Wilhelm Bleek u. Hans J. Lietzmann (Hrsg.): Klassiker der Politikwissenschaft. Von Aristoteles bis David Easton, München: C.H. Beck 2005.
André Brodocz u. Gary S. Schaal (Hrsg.): Politische Theorien der Gegenwart, 2 Bde., Opladen: Leske + Budrich 2001.
David Easton: The Political System. An Inquiry into the State of Political Science, 2. Aufl., Chicago: University of Chicago Press 1981.
David Easton: A Systems Analysis of Political Life, 2. Aufl., Chicago: University of Chicago Press 1979. [Erstveröffentlichung 1965]
David Easton: A Framework for Political Analysis, Englewood Cliffs 1965.
Dieter Fuchs: Die politische Theorie der Systemanalyse: David Easton, in: André Brodocz u. Gary S. Schaal (Hrsg.), Politische Theorien der Gegenwart, Bd.1, Opladen 2001, S. 345-370.
Jan Fuhse: Theorien des politischen Systems: David Easton – Niklas Luhmann. Eine Einführung, Wiesbaden: VS Verlag für Sozialwissenschaften 2005.
Franz Waschkuhn: David Easton, in: Wilhelm Bleek u. Hans J. Lietzmann (Hrsg.), Klassiker der Politikwissenschaft. Von Aristoteles bis David Easton, München: C.H. Beck 2005, S. 251-262.

5.3 Das politische System als funktionelle Herausforderung: Gabriel A. Almond

Gabriel A. Almond (1911-2002) ist eine der großen Persönlichkeiten der professionalisierten Politikwissenschaft. Er lernte sein Handwerk bei Charles E. Merriam, dem wichtigsten Mentor der amerikanischen Politikwissenschaft. Der politikwissenschaftliche Systemvergleich, eines der

Hauptgebiete des Fachs, geht wesentlich auf Ideen und Begriffe zurück, die Almond geprägt hat. Almond entdeckte die Politik Asiens, Lateinamerikas und Afrikas als Forschungsgegenstand der Politikwissenschaft. Dabei genoss er den Rückenwind amerikanischer Regierungsstellen und Forschungsinstitutionen. Diese waren sich auf den asiatischen Schauplätzen des letzten Weltkrieges und im Kalten Krieg ihrer Wissenslücken über die nicht-westlichen Gesellschaften bewusst geworden. Politikwissenschaftler, die einen Schlüssel zum Verstehen dieser Gesellschaften suchten, konnten mit der Analyse von Verfassungsdokumenten und Verwaltungsstrukturen nichts anfangen. Die Methoden, die bei der Beobachtung der US-amerikanischen Innenpolitik üblich waren, trugen dazu bei, der Beschaffenheit der Politik in den europäischen Demokratien auf die Spur zu kommen. Für die Erklärung der japanischen, chinesischen, indischen, argentinischen oder ägyptischen Politik brachten sie indes nichts. Was es dort an Verfassungsdokumenten und Verwaltungsskizzen gab, hatte keine reale politische Bedeutung. Die Beobachter waren auf historisches Material und anthropologische Studien angewiesen, um sich einen Reim auf die scheinbar rätselhaften politischen Verhältnisse zu machen. Dabei halfen ihnen zunächst die Klassiker der Sozialanthropologie, Malinowski und Radcliffe-Brown, weiter. Diese hatten Anfang des 20. Jahrhunderts eine Reihe zivilisatorisch unberührter Stammesgesellschaften beobachtet und dabei festgestellt, dass jede auf ihre Weise, aber mit dem gleichen Ergebnis ihr Leben so organisiert hatte, dass sie sowohl den inneren Zusammenhalt wahren als auch die Herausforderungen der Natur und feindlicher Nachbarn bewältigen konnten.

5.3.1 Das politische System als Ausdrucksform der Gesellschaft

Mit der Rezeption der Systemkonzepte von Parsons und Easton fanden Almond und seine Mitarbeiter einen theoretischen Zugang zur Politik dieser Gesellschaften. Dem soziologischen Systemdenken steht Almond freilich näher. Von Parsons übernimmt er die Unterscheidung von Struktur und Funktion (→ Kapitel 5.1: Talcott Parsons: Politik als Ausschnitt des sozialen Systems.) Von Easton übernimmt er das Modell eines unablässigen Stroms von Konversionsprozessen zwischen Gesellschaft und Politik (→ Kapitel 5.2: Das politische System als Kreislaufmodell: David

Easton.) Seit 1956 veröffentlichte Almond eine Reihe von Schriften, in denen er versuchte, Gemeinsamkeiten zwischen reifen Demokratien und armen, autoritär regierten Ländern zu konstruieren. Die politische Organisation jeder Gesellschaft lässt sich demzufolge in den Begriffen eines politischen Systems erklären. Almond geht hier einen Schritt weiter als Easton. Für ihn ist das politische System nichts anderes als einfach die politische Dimension der Gesellschaft als Ganzes.

„Wenn vom politischen System die Rede ist, fassen wir darunter alle Interaktionsformen, die den Gebrauch von Gewalt oder die Drohung mit dem Gebrauch legitimen physischen Zwangs betreffen. Das politische System umfasst nicht nur die Institutionen des Regierungsprozesses wie gesetzgebende Körperschaften, Gerichte oder Verwaltungsbehörden, sondern *sämtliche Strukturen in ihren politischen Aspekten.* Dazu gehören traditionelle Strukturen wie verwandtschaftliche Bindungen oder Kasten; anomische Phänomene wie Attentate, Unruhen und Demonstrationen; ebenso formale Organisationen wie Parteien, Interessengruppen und die Medien."

Gabriel A. Almond u. John B. Powell: Comparative Politics: A Developmental Approach, Boston: Little Brown 1966, S. 18.

Die Ausübung legitimer Gewalt als Merkmal politischer Herrschaft ist für das von Almond geprägte Systemverständnis grundlegend. Hier erweist sich Almond – wie auch Parsons und Easton – als Anhänger der Max Weberschen Herrschaftskonzeption.

„Beim politischen System handelt es sich um das legitimierende, die Ordnung aufrecht erhaltende und den Wandel bewerkstelligende System in der Gesellschaft. [...] Wir verwenden den Begriff des physischen Zwangs, weil wir der Auffassung sind, dass sich politische Systeme von anderen sozialen Systemen nur durch diese Definition unterscheiden lassen. Das heißt jedoch nicht, dass sich Politik auf Gewalt reduzieren lässt. [...] Durch alle Inputs und Outputs des politischen Systems zieht sich der Faden der legitimen Gewaltausübung; er gibt diesem System seine besondere Qualität, seinen Zuschnitt und seine Kohärenz."

> *Gabriel A. Almond*: Introduction: A Functional Approach to Comparative Politics, in: Gabriel A. Almond u. James S. Coleman (Hrsg.), The Politics of the Developing Areas, Princeton: Princeton University Press 1960, S. 7.

Dem politischen System kommt die Aufgabe zu, die für die Gesellschaft notwendigen Entscheidungen zu treffen. Almond behält Eastons Input-Output-Schema bei, wie dieser konzentriert er sich auf die Konversion gesellschaftlicher Inputs in politische Entscheidungen. Während Easton sein Augenmerk aber ganz auf die Nahtstellen von System und Umwelt richtet, wendet Almond die Kategorien der Funktion und Struktur auf die Entscheidungsfindung an.

5.3.2 Das Funktionenschema des politischen Systems

Grundlegend für das Verstehen jeglicher Politik ist demnach deren Bindung an gesellschaftliche Bedürfnisse. Zunächst muss es die Politik irgendwie schaffen, die von ihr erwarteten Leistungen für die Gesellschaft zu erbringen. Almond interessiert sich nicht so sehr dafür, was die Politik für welchen gesellschaftlichen Funktionsbereich leistet, etwa für die Ökonomie, für den Bildungsbereich oder für die innere Sicherheit. Er konzentriert sich auf die innere Differenzierung der Funktionen, die das politische System unablässig für die Gesellschaft leistet.

Der Rohstoff des politischen Systems sind nach Almond Interessen, die in der Gesellschaft reifen. Die Artikulierung solcher Interessen ist die erste Stufe der Input-Funktion des politischen Systems. Sie findet ihren Ausdruck in Vereinen und Verbänden, die eine mehr oder minder große Anzahl von Mitgliedern vertreten. Weil nun aber eine Vielzahl von Interessen existieren, müssen diese Interessen in einer zweiten Stufe der Input-Funktion gegeneinander abgewogen werden. Politiker und politische Institutionen müssen den gemeinsamen Nenner der Interessen ausloten, die an sie herangetragen werden. Diesen Prozess bezeichnet Almond als die Aggregation politischer Interessen. In demokratischen Systemen ist die Interessenartikulation eine typische Aufgabe spezieller Verbände. Es kann aber auch vorkommen, dass eine Partei diese Aufgabe besorgt, man denke etwa an eine Bauern- oder Gewerkschaftspartei. Die Interessenaggregation ist in der Demokratie eine Kernaufgabe der Parteien. Die

Parteien werden hier als große Sammler der verschiedensten Interessen aufgefasst, weil sie darauf abheben, ein möglichst breites Wählerspektrum an sich zu binden. Es lässt sich aber ebenso gut vorstellen, dass die Aufgabe der Interessenaggregation dort, wo die Parteien schwach auftreten, von Regierungsbehörden wahrgenommen wird. Das Primäre sind die Funktionen, die erfüllt oder auch nicht erfüllt werden. Wie die Input-Funktionen erfüllt werden, ist von zweitrangiger Bedeutung. Hier handelt es sich um eine Frage der Strukturen.

> „Unter Strukturen verstehen wir die beobachtbaren Aktivitäten, die das politische System ausmachen. Die Bezeichnung dieser Aktivitäten als Struktur will lediglich ausdrücken, dass sie mit einer bestimmten Regelhaftigkeit vonstatten gehen. [...]
> In einem bestimmten politischen System gibt es in einer gewissen Zeitspanne die Wahrscheinlichkeit, dass die Funktion A von der Struktur X erfüllt wird (z.B. dass politische Forderungen von vereinsmäßig organisierten Interessengruppen erhoben werden). Diese Annahme geht davon aus, dass alle politischen Funktionen *in einem gewissen Sinne* in allen politischen Systemen anzutreffen sind, und dass alle politischen Systeme, darunter die allereinfachsten, eine politische Struktur besitzen."

Gabriel A. Almond u. John B. Powell: Comparative Politics: A Developmental Approach, Boston: Little Brown 1966, S. 21, 31.

Die gleiche politische Funktion kann im Laufe der Geschichte von verschiedenen Strukturen erfüllt werden. In einem Prozess der strukturellen Differenzierung entwickeln sich spezielle Strukturen, die eine Funktion und auch nur bestimmte Aspekte einer Funktion erfüllen. Gesetzgebung und Verwaltung lagen in den absolutistischen Staaten Europas im 18. Jahrhundert gleichermaßen bei der Struktur eines absoluten Monarchen. Im 19. Jahrhundert trat mit dem Erfolg der Verfassungsbewegungen die Struktur gewählter Parlamente hinzu, die eine Mitwirkung an der Gesetzgebung beanspruchten. Noch später entstand eine neue Struktur in Gestalt parlamentarisch verantwortlicher Regierungen, die sich auf den Rückhalt demokratisch gewählter Parlamente stützen mussten. Im Vergleich politischer Systeme lassen sich die unterschiedlichsten Strukturen vorstellen, die jede auf ihre Weise eine systemnotwendige Input-Funktion erfüllen.

In autoritären Systemen mag es sich um eine Einheitspartei, in demokratischen Systemen um ein pluralistisches Parteiensystem handeln.

Verbände, Parteien, Regierungsbehörden und Bürger müssen sich irgendwie miteinander austauschen. Die Input-Funktion der politischen Kommunikation begleitet die Artikulations- und Aggregationsprozesse. Freilich kann diese Kommunikation sehr verschieden vonstatten gehen. Sie vollzieht sich entweder in einem politisch garantierten Raum der Presse- und Medienfreiheit. Dies entspräche der Situation im demokratischen System. Die Kommunikation in einem autoritären System dürfte staatlich reguliert sein und bestimmte Interessen mundtot machen.

Der Output-Bereich ist dreistufig in die Funktionen der Regelgebung, der Regelanwendung und der Regelauslegung gegliedert. Im demokratischen, verfassungsbasierten politischen System sind diese Funktionen jeweils eigenen, voneinander unabhängigen Strukturen anvertraut, dem Parlament, der Regierung und Verwaltung und schließlich der unabhängigen Gerichtsbarkeit. In autoritären Systemen, die von einem einzelnen Herrscher oder von einer Monopolpartei kontrolliert werden, müssen diese Output-Funktionen ebenfalls erfüllt werden. Sie sind aber nicht verschiedenen Strukturen anvertraut, sondern werden von ein und derselben Struktur wahrgenommen. Der Präsident in einer neopatrimonialen Diktatur Afrikas oder des Nahen Ostens ist mit seiner Entourage gleichzeitig der faktische Gesetzgeber, der höchste Militär und Verwaltungsbeamte und der Stichwortgeber für Staatsanwälte und Richter.

5.3.3 Politische Kultur – die historisch-kulturelle Ladung des politischen Sytems

Politische Systeme agieren in geschichts- und wertgebundenen gesellschaftlichen Räumen. Hier liegt der Hauptunterschied zwischen Systemen, die sich ansonsten durch sehr ähnliche Strukturen auszeichnen, etwa zwischen demokratischen Systemen. Zwischen der amerikanischen Demokratie und den europäischen Demokratien treten nicht so sehr die unterschiedlichen Institutionen der Gesetzgebung und Regierung hervor, hier eine präsidiale Demokratie, dort parlamentarische Demokratien. Bedeutender erscheint der Umstand, dass es in der amerikanischen Politik einen breiten liberalen Konsens in der Sozial- und Wirtschaftspolitik gibt, während die Mehrzahl der europäischen Gesellschaften das Gut der Sozialstaatlichkeit besonders schätzen. Westliche Demokratien sind mit der offenen Art des Konfliktaustrags vertraut. Das Harmoniebedürfnis asiatischer Gesellschaften hat andere, weichere Formen der Auseinandersetzung ausgebildet. Almond umschreibt dieses Phänomen mit dem Begriff der politischen Kultur. Die politische Kultur erschließt sich dem Blick auf Menschenbilder, Religionen, Traditionen und Geschichte. Sie ist keine Funktion des politischen Systems, aber sie kanalisiert die Erfüllung der politischen Funktionen und beeinflusst die Art der politischen Strukturen, die dafür gewählt werden.

> „Wir verwenden den Begriff der ‚politischen Kultur' aus zweierlei Gründen. Wenn wir uns über die Beziehungen zwischen politischen und nicht-politischen Einstellungen und Entwicklungsmustern klar werden wollen, müssen wir die Ersteren von den Letzteren unterscheiden, obgleich die Grenze zwischen beiden nicht so scharf verläuft, wie der Begriff vermuten lässt. Der Terminus ‚politische Kultur' bezieht sich auf die spezifisch politischen Orientierungen – auf Einstellungen zum politischen System und seinen verschiedenen Teilen sowie auf die Rolle des Selbst im System. Wir sprechen von einer politischen Kultur, wie auch die Rede von einer wirtschaftlichen oder religiösen Kultur sein kann. Es handelt sich um einen Komplex von Einstellungen zu einem Komplex gesellschaftlicher Sachverhalte und Vorgänge."

Gabriel A. Almond u. Sidney Verba: The Civic Culture. Political Attitudes and Democracy in Five Nations, Boston: Little Brown 1963, S. 12.

Die Systemtheorien Eastons und Almonds haben keine philosophischen Ansprüche. Sie zeichnen Landkarten und Wegeskizzen für eine Politikwissenschaft, die mit allgemeinen Begriffen eine spezifische Realität erklären möchte. Anders verhält es sich mit den politischen Großtheorien von Habermas und Luhman, die beide – wenn auch in unterschiedlicher Intensität – von der funktionalistischen Gesellschaftstheorie Parsons' beeinflusst worden sind.

📖 Literatur:

Gabriel A. Almond u. James S. Coleman (Hrsg.): The Politics of the Developing Areas, Princeton: Princeton University Press 1960.
Gabriel A. Almond u. John B. Powell: Comparative Politics: A Developmental Approach, Boston: Little Brown 1966.
Gabriel A. Almond u. Sidney Verba: The Civic Culture. Political Attitudes and Democracy in Five Nations, Princeton: Princeton University Press 1963.
Dirk Berg-Schlosser: Gabriel A. Almond, in: Wilhelm Bleek und Hans J. Lietzmann (Hrsg.), Klassiker der Politikwissenschaft. Von Aristoteles bis David Easton, München: C.H. Beck 2005, S. 223-236.
Wilhelm Bleek u. Hans J. Lietzmann (Hrsg.): Klassiker der Politikwissenschaft. Von Aristoteles bis David Easton, München: C.H. Beck 2005.

6 Freiheit, Staat und Ökonomie

6.1 Die Wechselbeziehung von Staat und Wirtschaft

Die wichtigsten politikleitenden Theorien der letzten 60 Jahre waren nicht vorrangig auf die Politik, sondern auf die Ökonomie gemünzt. John Maynard Keynes, August von Hayek und Milton Friedman sind zu den wichtigsten Referenzautoren sowohl der Wirtschaftswissenschaft als auch der aktuell betriebenen Wirtschaftspolitik aufgestiegen. Es gibt einen simplen Grund, warum sie zu diesem Status gelangt sind. Spätestens seit der Weltwirtschaftskrise der 1930er Jahre wird eine Mitverantwortung des Staates für die Wirtschaftslage vorausgesetzt. Seit der Rezeption von Keynes' gehen die Wirtschaftswissenschaft und die Politik von der Beeinflussbarkeit der Eckdaten für Wachstum, Investitionen und Konsum aus. Keynes, Hayek und Friedman thematisieren die Legitimität des demokratischen Staates als Wirtschaftsfaktor.

6.2 Die Mitverantwortung des Staates für die Beschäftigung: John Maynard Keynes

6.2.1 Der Staat als dritter wirtschaftspolitischer Akteur

Das epochale Ereignis einer unkontrollierbar erscheinenden Massenarbeitslosigkeit in der Weltwirtschaftskrise war der Auslöser für die Berühmtheit von *John Maynard Keynes* (1883-1946). Keynes, der als junger Mensch klassische Ausbildungsstätten des britischen Establishments, Eton und Cambridge, besucht hatte, entwickelte in seinem Studium Interesse an ökonomischen Fragen. Bereits in jungen Jahren machte er mit einschlägigen Publikationen auf sich aufmerksam. Keynes' Schaffenszeit zeichnet sich durch eine vielfältige Aktivität als Wissenschaftler und

Regierungsberater aus. 1915 trat er in die Dienste des Londoner Schatzamtes ein. In dieser Funktion nahm er auch an der Versailler Friedenskonferenz teil. Er warnte vor den negativen Auswirkungen der über Deutschland verhängten Reparationszahlungen. Aus Protest dagegen schied er 1919 aus dem Staatsdienst aus. Im Zweiten Weltkrieg war er mit Plänen zur Finanzierung der britischen Kriegsproduktion befasst, ebenso mit dem Pacht-Leih-Abkommen mit den USA, das Großbritannien Teile der amerikanischen Kriegsflotte überließ. Schließlich hatte er maßgeblichen Anteil an der Projektierung einer neuen Weltwirtschaftsordnung. Die heutige Welthandelsorganisation, früher unter dem Namen GATT (General Agreement on Tariffs and Trade) bekannt, fußt auf einer Architektur, die Keynes in den letzten Kriegsjahren entworfen hat. Neben allen diesen Aktivitäten lehrte Keynes seit 1920 Ökonomie in Cambridge, er gab wirtschaftswissenschaftliche Fachjournale heraus und war zwischen 1921 und 1938 Vorsitzender einer Lebensversicherungsgesellschaft.

In seinem 1936 erschienenen Hauptwerk, der „Allgemeinen Theorie der Beschäftigung, des Zinses und des Geldes", behandelte Keynes den Zusammenhang der wichtigsten makroökonomischen Größen. Beachtung fand vor allem die konstruktive Rolle, die Keynes dem Staat im Wirtschaftsgeschehen zusprach. Dass Keynes die richtige Antwort auf das Problem schwacher Kaufkraft und überbordender Arbeitslosigkeit zu wissen schien, wurde in den 1930er Jahren in den USA deutlich. Präsident Roosevelt handelte, wenn auch eher aus Instinkt, im Großen und Ganzen nach den Empfehlungen des britischen Wirtschaftsprofessors, den er sogar einmal empfangen, dessen Ausführungen er nach Auffassung von Beobachtern aber nicht verstanden hatte. Keynes, der 1946 verstarb, hatte beträchtlichen Einfluss auf die Wirtschaftspolitik der britischen Regierung nach dem Kriege. In der Wirtschaftswissenschaft wurde er erst nach seinem Tode zu einem lange unbestrittenen Referenzdenker. Bis in die 1970er Jahre bezogen sich Wirtschaftsexperten und Wirtschaftspolitiker auf Keynes.

Die Wirtschaftswissenschaft stand der Weltwirtschaftskrise der 1930er Jahre genauso ratlos gegenüber wie die Regierungen. Sie hing der klassischen Vorstellung an, die Wirtschaftstätigkeit sei allein Ausdruck der Produktionskosten. Mit Entlassungen und Lohnkürzungen wird in Zeiten schwacher Nachfrage irgendwann der Punkt erreicht, an dem sich die Produktion so stark verbilligt, dass sie von den Nachfragern wieder gekauft werden kann. An diesem Niedrigpunkt der Schnittstelle von Angebot und Nachfrage lohnt es für die Unternehmen dann, zu investieren, mit größerem Kapitaleinsatz (Maschinen, Verfahren, Vertrieb) ihre Produktion weiter zu verbilligen und so weiteren Absatz zu stimulieren. Durch das steigende Produktionsvolumen und wachsende Gewinne lohnt es letztlich wieder, mehr Arbeiter und Angestellte zu beschäftigen.

Der Preis für Kapital und Arbeit ist nach dieser Auffassung der Angelpunkt des Wirtschaftsgeschehens. Dieses verläuft zyklisch. Am Ende einer Wachstumsphase steigt der Preis für die Produkte so stark an, dass diese keinen Absatz mehr finden. Es beginnt eine Phase des Abschwungs. Diese endet wiederum, wenn die Produktion erschwinglich wird. Sei es vom Ausgangspunkt einer überhitzten Konjunktur mit angespannter Nachfrage, sei es vom Ausgangspunkt einer unterkühlten Konjunktur mit erlahmter Nachfrage: Angebot und Nachfrage streben stets zu einem Gleichgewichtszustand. Dieser lässt sich allerdings nur vorübergehend erreichen. Diese Sicht auf die Ökonomie drückt die These des französischen Ökonomen Jean-Baptiste Say (1767-1832) aus, jedes Angebot finde seine Nachfrage. Den Preis für die unvermeidlichen Konjunkturschwankungen zahlen Beschäftigte, die ihren Job verlieren, und Unternehmer, die ihren Betrieb schließen müssen. Arbeitslosigkeit ist eine Funktion des Marktgeschehens.

Nun trat mit Ende der 1920er Jahre Massenarbeitslosigkeit so massiv, dauerhaft und flächendeckend auf, wie man es seit dem Beginn des Industriezeitalters nicht gekannt hatte. Die Regierungen der damals noch auf Europa und Nordamerika konzentrierten Industrieländer waren hilflos. Lediglich die USA fanden den Weg aus der Krise: Unter Präsident Roosevelt trat der Staat auf den Plan, um mit einer massiven Ausweitung der Staatsausgaben Geld in die Wirtschaft zu pumpen. Öffentliche Bauprojekte und Infrastrukturmaßnahmen füllten leere Auftragsbücher, zahlreiche Menschen fanden wieder Arbeit. Dies entsprach im Prinzip genau dem, was der britische Ökonom Keynes empfohlen hatte, um den negativen Verlauf des Konjunkturzyklus zu verkürzen. Auf Feinheiten der Keynesschen Theorie soll hier nicht weiter eingegangen werden. Für die politische Dimension seiner Gedanken mag die folgende Skizze genügen: Keynes wandte sich in zweifacher Hinsicht von der klassischen Ökonomie ab: Er führte erstens die Psychologie in das Verhalten der Marktteilnehmer ein, zweitens brachte er neben Kapital und Arbeit den Staat als dritten wirtschaftspolitischen Akteur ins Spiel. Nicht mehr ausschließlich der Preis steht im Mittelpunkt des ökonomischen Geschehens, sondern die Erwartung der künftigen Nachfrage.

Die Unternehmen und die Beschäftigten sind Keynes zufolge außerstande, Absatzerwartungen zu generieren. Die Unternehmen reagieren auf kurzfristige Entwicklungen, z.B. Preissteigerungen, Quartalsbilanzen etc. Allein der Staat besitzt die Mittel, um die langfristigen Absatz- und Gewinnerwartungen zu beeinflussen. Er kann die Steuern erhöhen oder senken, öffentliche Aufträge vergeben und Kredite aufnehmen. Lassen die private Nachfrage und die privaten Investitionen nach, so kann und muss der Staat nach Keynes den Nachfragerückgang kompensieren. Zu diesem Zweck fragt er ersatzweise selbst Güter und Dienstleistungen nach. Er senkt ferner den Preis des Geldes, also den staatlich fixierten Leitzins der Notenbank. Im Idealfall fängt die öffentliche Nachfrage den privaten Nachfrageausfall auf, und billige Kredite erleichtern den Unternehmern die Entscheidung, ihre Produktionsanlagen zu modernisieren und die Produkte zu verbessern. Springt die Konjunktur dank dieser Maßnahmen wieder an, fährt der Staat seine Intervention in das Marktgeschehen zurück. Er tilgt seine in der Krise aufgenommenen Kredite und reduziert das Auftragsvolumen der öffentlichen Haushalte. In der Beschleunigungsphase expansiver Staatstätigkeit geht es darum, die private Nachfrage zu flankieren und Arbeitslosigkeit zu verhindern. In der Bremsphase geht es darum, die wiederbelebte private Nachfrage sich selbst zu überlassen. Der Staat soll sich als Nachfrager zurückziehen. Unterlässt er dies, so fördert er die Geldentwertung.

„Aus dem Obigen ist auch offensichtlich, daß die Beschäftigung einer gegebenen Zahl von Menschen für öffentliche Arbeiten [...] in Zeiten großer Arbeitslosigkeit eine viel größere Wirkung auf die Gesamtbeschäftigung haben wird als später, wenn die Vollbeschäftigung näher liegt. [...] Öffentliche Arbeiten von selbst zweifelhaftem Nutzen mögen sich daher in Zeiten großer Arbeitslosigkeit um ein Vielfaches bezahlt machen, sei es auch nur durch die Verminderung der Kosten für Arbeitslosenunterstützung, vorausgesetzt, daß wir annehmen können, daß ein kleinerer Teil des Einkommens gespart wird, wenn die Arbeitslosigkeit größer ist; in einem Zustand nahe der Vollbeschäftigung mag ihr Wert aber zweifelhaft werden. Ferner folgt [...], daß der Grenzhang zum Verbrauch im Maß, in dem wir uns Vollbeschäftigung nähern, stetig fällt, daß die Beschaffung einer weiteren Zunahme der Beschäftigung durch eine weitere Vermehrung der Investition immer schwieriger werden wird. [...]

Es ist merkwürdig, wie der gesunde Menschenverstand in seinem Ringen nach einem Ausweg aus widersinnigen Folgerungen geneigt gewesen ist, *völlig* ‚verlusthafte' Formen von Anleiheausgaben *teilweise* verlusthaften Formen vorzuziehen, die, weil sie nicht völlig verloren sind, die Neigung nach sich zogen, nach streng ‚geschäftlichen' Grundsätzen beurteilt zu werden. So wird zum Beispiel einer durch Anleihen finanzierten Arbeitslosenunterstützung williger zugestimmt als der Finanzierung von Landverbesserungen zu einem Preis unter dem laufenden Zinsfuß, während die unter Goldbergbau bekannte Form des Grabens von Löchern in den Erdboden, die dem wahren Reichtum der Welt nicht nur schlechthin nichts zufügt, sondern den Nachteil der Arbeit einschließt, die annehmbarste aller Lösungen ist.

Wenn das Schatzamt alte Flaschen mit Banknoten füllen und sie in geeignete Tiefen in verlassenen Kohlenbergwerken vergraben würde, sie dann bis zur Oberfläche mit städtischem Kehricht füllen würde und es dem privaten Unternehmungsgeist nach den erprobten Grundsätzen des *laissez-faire* überlassen würde, die Noten wieder auszugraben [...], brauchte es keine Arbeitslosigkeit mehr zu geben, und mit Hilfe der Rückwirkungen würde das Realeinkommen des Gemeinwesens wie auch sein Kapitalreichtum wahrscheinlich viel größer als jetzt werden. Es wäre zwar vernünftiger, Häuser und dergleichen zu bauen, aber wenn dem politische und praktische Schwierigkeiten im Wege stehen, wäre das obige besser als gar nichts."

John Maynard Keynes: Allgemeine Theorie der Beschäftigung, des Zinses und des Geldes, 8. Aufl., unveränd. Nachdr. der 1. Aufl. von 1936, Berlin: Duncker & Humblot 2000, S. 108, 110. [engl. Erstveröffentlichung, The General Theory of Employment, Interest and Money, 1936]

Keynes ging es nicht nur darum, die Konjunkturausschläge zu mäßigen. Er hatte auch das Ziel politischer Stabilität vor Augen. Bereits nach der Versailler Friedenskonferenz hatte er vor den maßlosen Reparationsforderungen an Deutschland gewarnt. Das nachfolgende Chaos in der Hochinflationsphase der frühen 1920er Jahre gab ihm Recht. Welche Wirkungen die Massenarbeitslosigkeit hatte, ließ sich extrem im Abgleiten der deutschen Politik in die nationalsozialistische Diktatur beobachten. Seine Theorie verstand Keynes als Heuristik, wie sich die Regierungen in einer Epoche verhalten müssen, in der die Existenz der Menschen vom Marktgeschehen und von abhängiger Arbeit bestimmt ist. Keynes war durchaus klar, dass die Feinsteuerung komplexer Volkswirtschaften schwierig ist. Öffentliche Aufträge, Leitzinsentscheidungen, die Innovation des Maschinenparks und die Stimulierung der Nachfrage – dies alles wird erst mit schwer kalkulierbaren Verzögerungseffekten wirksam, vielleicht erst so spät, dass sie schon gar nicht mehr nötig sind und das Gegenteil des Erhofften bewirken. Doch alles in allem war Keynes von der positiven Wirkung makroökonomischer Weichenstellungen der Politik überzeugt.

6.2.2 Makrosteuerung in Abgrenzung zu staatlicher Umverteilung

Eines war Keynes nicht – er war kein Apologet des Sozialstaates! Wird nur die Konjunktur vernünftig gesteuert, dann gibt es auch genügend Arbeit für alle. Dass die öffentlichen Haushalte in die Rolle gigantischer Umverteilungsmaschinen hineinwachsen würden, konnte Keynes nicht absehen. Dass es so kam, hatte mit seiner Theorie nichts zu tun. Die Umverteilungspolitik entwickelte sich aus den Erwartungen des Elektorats. Die Bürger und Wähler begrüßten es aus nachvollziehbaren Gründen, Risiken wie Alter, Krankheit, Unfall und Erwerbslosigkeit zu minimieren. Zur selben Zeit, als Keynes' Empfehlungen als Handlungsmaximen für die Wirtschaftspolitik akzeptiert wurden, nahm unabhängig davon der Ausbau der europäischen Wohlfahrtstaaten Gestalt an. Diese Gleichzeitigkeit hatte Jahre später zur Folge, dass Keynes' konjunkturpolitische Rezepturen in Frage gestellt wurden.

Die staatliche Umverteilung im Dauerbetrieb des Sozialstaates belastete die privaten Einkommen so stark mit Steuern und Abgaben, dass im Konjunkturabschwung für zusätzliche Ausgaben und in einem überhitzten Aufschwung für Steuererhöhungen kaum noch Spielraum blieb. Öffentliche Aufträge wurden in besseren Zeiten nicht zurückgenommen, weil sie inzwischen von Interessengruppen verteidigt wurden. Ein wirtschaftspolitisch vernünftiges Handeln im Sinne von Keynes hätte Wählerstimmen kosten können. Keynes wollte den Markt keineswegs außer

Kraft setzen, ja nicht einmal überlisten. Er wollte ihn durch eine antizyklische Haushalts- und Geldpolitik bloß so konditionieren, dass möglichst wenige Menschen ihren Arbeitsplatz verloren. Im Übrigen wurde Keynes auch gar nicht so alt, dass er den massiven Ausbau des Wohlfahrtstaates hätte erleben, geschweige denn in seinem Werk verarbeiten können.

Der Blick auf den Wohlfahrtstaat der Nachkriegszeit ist für die Bewertung von Keynes wichtig. Er zeigt ein Problem des demokratischen Staates auf, das Keynes nicht ahnen konnte. Die als Einmal-Maßnahmen gedachten Konjunkturbelebungsmaßnahmen, d.h. Investitionszuschüsse, Steuernachlässe, Förderprogramme, Beschaffungs- und Bauprojekte verstetigten sich. Sie wurden nicht mehr zurückgeholt, als es dafür an der Zeit war. Inzwischen gab es Empfänger, die gut davon lebten, ferner Bürokratien, die eine Aufgabe nicht gern preisgaben und Lobbyisten, die daran arbeiteten, dass der warme Regen staatlicher Zuwendungen für die Nutznießer nicht nachließ. Für diese Probleme, die ihre Ursache im politischen Wettbewerb haben, bot Keynes keine Lösung. Gerade dort setzten aber seine Kritiker an.

Literatur:

Milton Friedman: John Maynard Keynes, in: Economic Quarterly, Jg. 83 (1997), Bd. 2, S. 1-23.
Marie-Antoinette Gall: John Maynard Keynes: Leben – Werk – Epoche, Stuttgart: Ibidem-Verlag 2002.
Charles H. Hession: John Maynard Keynes, Stuttgart: Klett-Cotta 1986.
John Maynard Keynes: Allgemeine Theorie der Beschäftigung, des Zinses und des Geldes, 9. Aufl., Berlin: Duncker & Humblot 2002. [engl. Erstveröffentlichung, The General Theory of Employment, Interest and Money, 1936]
Gerhard Willke: John Maynard Keynes, Frankfurt/M.: Campus 2002.

6.3 Der Markt und die Bedrohung durch den Sozialismus: Friedrich v. Hayek

6.3.1 Die Folgen staatlicher Interventionen in das Wirtschaftsgeschehen

Zu Beginn seiner Forschertätigkeit zeigte sich *Friedrich August von Hayek* (1899-1992) noch offen für planwirtschaftliche Vorstellungen. Erst später wandelte er sich zu einem glühenden Anti-Sozialisten.

Nach seiner Promotion im Jahre 1923 leitete er ab 1927 das Österreichische Institut für Konjunkturforschung. Sein wissenschaftliches Hauptinteresse galt der Erklärung von Konjunkturschwankungen. 1931 erhielt er einen Ruf an die renommierte London School of Economics. Nach 1950 setzte Hayek seine wissenschaftliche Karriere an der University of Chicago fort. Dort lehrte auch Milton Friedman, dessen wirtschaftsliberale Annahmen sich an der Konjunkturtheorie Hayeks orientieren sollten. 1962 wurde Hayek an die Universität Freiburg berufen. Hier arbeitete er, unterbrochen von einer Gastprofessur in Salzburg, bis zu seinem Tode im Jahre 1992.

Unmittelbar nach dem Zweiten Weltkrieg, der allenthalben von kriegswirtschaftlicher Planung gekennzeichnet war, kehrten die westlichen Industrienationen zur liberalen Wirtschaftsordnung zurück. Dessen ungeachtet erlebte der Keynesianismus, den Hayek bereits in den 1930er Jahren vergeblich bekämpft hatte, in den 1950er und 1960er Jahren seine Blütezeit. Unter dem Eindruck der Weltwirtschaftskrise hatten weite Teile der traditionell liberalen Volkswirtschaftslehre die Keynesschen Ideen übernommen und weiter entwickelt. Hayek hatte der Keynesschen These, dass es sich bei der Depression der dreißiger Jahre um eine Nachfragekrise gehandelt habe, schon früh widersprochen. Als Hauptursache für die weltweite Wirtschaftskrise behauptete er statt dessen das staatliche Eingreifen in das freie Spiel des Marktes. Eine falsche Wirtschaftspolitik und insbesondere eine fehlgeleitete Geldpolitik habe die Unternehmen und Banken zu Fehlinvestitionen veranlasst, die dann letztlich den Zusammenbruch der internationalen Märkte nach sich gezogen hätten.

Unter dem Eindruck der mit der Weltwirtschaftskrise einhergehenden sozialen Verwerfungen blieben Hayeks Überlegungen zunächst ohne größeren Widerhall. Die Erfahrungen der planungsbasierten Kriegswirtschaft trugen dazu bei, dass in nahezu allen westlichen Industriestaaten staatliche Interventionen in die Wirtschaftstätigkeit stärker als vor dem Kriege als selbstverständlich empfunden wurden. Zwar erkannte Hayek jetzt, dass seine frühere Befürchtung, die westlichen Staaten könnten an einer sozialistischen Gesellschaftsordnung Gefallen finden, gegenstandslos geworden war – nicht zuletzt durch die Anschauung des real existierenden Sozialismus in den von der Sowjetunion kontrollierten osteuropäischen Staaten. In den vermeintlichen Auswüchsen des modernen Leistungsstaates – im Wohlfahrtsstaat – sah er nunmehr die Gefahr einer „‚kalten' Sozialisierung". Die im Grundsatz gut gemeinten sozialstaatlichen Maßnahmen verlangen nach Planungssicherheit, sie veranlassen entsprechende weitere administrative Eingriffe in das Wirtschaftsgeschehen und höhlen das marktwirtschaftliche System auf diese Weise aus. In letzter Konsequenz führen diese Reglementierungen zu einem nicht intendierten Systemwechsel – zur schleichend vonstatten gehenden Beseitigung der freiheitlichen Gesellschaftsordnung.

„Die Neuerer, die sich auf die Methoden beschränken, die ihnen jeweils für ihre besonderen Zwecke am wirksamsten scheinen, und nicht auf das achten, was zur Erhaltung eines wirksamen Marktmechanismus notwendig ist, werden leicht dazu geführt, immer mehr zentrale Lenkung der wirtschaftlichen Entscheidungen auszuüben (auch wenn Privateigentum dem Namen nach erhalten bleiben mag), bis wir gerade das System zentraler Planung bekommen, dessen Errichtung heute wenige bewußt wünschen."

Friedrich August von Hayek: Die Verfassung der Freiheit, 3. Aufl., Tübingen: Mohr Siebeck 1991, S. 327. [Erstveröffentlichung 1960]

6.3.2 Der Sozialismus als Wurzel allen Übels

In „Verfassung der Freiheit" stellte Hayek zu Beginn der 1960er Jahre rechtsphilosophische Überlegungen zur Herrschaftsform der Demokratie an. Die Demokratie gewinnt dabei deutlich die Züge einer Nomokratie. Im Mittelpunkt steht die Verfassung, die dem staatlichen Handeln genau definierte Grenzen setzt. Mit Blick auf die Rechte des Einzelnen ist für die politische Ordnung allein die Frage maßgeblich, welches Maß an Herrschaft den Regierenden zugebilligt wird. Wer die Herrschaft ausübt, ist von nachgeordneter Bedeutung. Die Hauptaufgabe des Staates ist es, das Eigentum zu schützen und die Einhaltung privatrechtlicher Verträge zu gewährleisten. Das Wirtschaftssystem bedarf bloß eines institutionellen Rahmens. Die Organisation der alltäglichen Wirtschaftsabläufe besorgt der Markt selbst. Trotzdem will Hayek das staatliche Handeln nicht auf den Kernbereich des Law and order beschränkt wissen.

Der moderne Leistungsstaat darf durchaus öffentliche Güter und Dienstleistungen bereitstellen. Hierzu zählt Hayek ausdrücklich die Leistungen in den Bereichen Bildung, Gesundheitswesen, Infrastruktur und allgemeine Verwaltung. Für die politische Qualität dieser Leistungen gibt die Unterscheidung zwischen der Bereitstellung und der Produktion den Ausschlag. Während der Staat für die Bereitstellung verantwortlich zeichnet, soll die Produktion den privaten Anbietern vorbehalten bleiben. Ergeben regelmäßig durchgeführte Überprüfungen, dass die privaten Anbieter in der Lage sind, die komplette Bereitstellung eigenständig zu gewährleisten, dann soll der Staat seine diesbezüglichen Aktivitäten zurückfahren. In einer freiheitlichen Gesellschaftsordnung lässt sich dann ein leistungsstaatliches Handeln nicht länger rechtfertigen.

Im Zentrum des Hayekschen Werkes steht die Auseinandersetzung mit allen Spielarten des Sozialismus. So entwickelte Hayek in seinem 1944 erschienenen Hauptwerk „The Road to Serfdom" die These, dass es sich beim deutschen Nationalsozialismus und beim italienischen Faschismus um eine Weiterentwicklung des Sozialismus handele. Damit trat er der von sozialistisch geprägten Intellektuellen vertetenen Auffassung entgegen, diese totalitären Regime seien eine Reaktion auf die Auswüchse des Kapitalismus gewesen.

„Zur Rechtfertigung eines besonderen Planes bedarf es nicht vernünftiger Überlegung, sondern des Bekenntnisses zu einem Glauben. Und tatsächlich erkannten überall die Sozialisten sehr bald, daß die Aufgabe, die sie sich gestellt hatten, die allgemeine Annahme einer gemeinsamen Weltanschauung, eines bestimmten Systems von Werten erfordert. In diesem Bestreben, eine auf einer solchen alleinigen Weltanschauung beruhende Massenbewegung ins Leben zu rufen, schufen die Sozialisten als erste die meisten Instrumente, von denen dann die Nationalsozialisten und Faschisten so wirksam Gebrauch gemacht haben.

In Deutschland und Italien brauchten die Nationalsozialisten und Faschisten in der Tat nicht viel hinzu zu erfinden. Die Methoden dieser neuen politischen Bewegungen, die alle Bereiche des Lebens erfaßten, waren in beiden Ländern bereits von den Sozialisten eingeführt worden. Der Gedanke einer politischen Partei, die alle Tätigkeiten des Individuums von der Wiege bis zur Bahre umspannt, die den Anspruch erhebt, die Ansichten des einzelnen über alles und jedes zu bestimmen, und die darin schweigt, alle Probleme zu Fragen der Weltanschauung der Partei zu machen, wurde zuerst von den Sozialisten in die Praxis umgesetzt. [...]

Wie kam es dann, daß diese Anschauungen einer reaktionären Minderheit schließlich die Unterstützung der großen Mehrheit des deutschen Volkes und fast der gesamten deutschen Jugend fanden? Es waren nicht nur die Niederlage, die Leiden und die Welle des Nationalismus, die sie zum Erfolg trugen. Noch weniger war der Grund, wie so viele gern glauben möchten, in einer kapitalistischen Reaktion gegen das Fortschreiten des Sozialismus zu suchen. Im Gegenteil, die Kraft, die diese Gedanken zur Macht brachte, kam vielmehr gerade aus dem sozialistischen Lager. Sicherlich verhalf ihnen nicht die Bourgeoisie, sondern gerade das Fehlen einer starken Bourgeoisie zur Macht."

Friedrich August von Hayek: Der Weg zur Knechtschaft, Sonderausgabe, München: Olzog 2003, S. 149, 211. [amerik. Erstveröffentlichung, The Road to Serfdom, 1944]

6.3.3 Die „naturgegebene" Überlegenheit des marktwirtschaftlichen Systems

Bereits in seiner Wiener Zeit hatte Hayek die Auffassung vertreten, die zentrale Planwirtschaft sei nicht funktionsfähig. Weit eher entspreche die Marktwirtschaft den Anforderungen der arbeitsteiligen Gesellschaft. Ausgehend von der Idee, dass in einer so beschaffenen Gesellschaft auch das Wissen spezialisiert sei, verwarf Hayek den Gedanken, Planungsbürokraten könnten die nationalen Wirtschaftssysteme und die internationalen Wirtschaftsverflechtungen bis in alle Einzelheiten überschauen.

> „Nun ist aber das Volkseinkommen eines Landes immer genau so groß wie der Tauschwert des gesamten Jahresertrags oder, besser, es ist genau dasselbe [...]. Wenn daher jeder einzelne soviel wie nur möglich danach trachtet, sein Kapital zur Unterstützung der einheimischen Erwerbstätigkeit einzusetzen und dadurch diese so lenkt, daß ihr Ertrag den höchsten Wertzuwachs erwarten läßt, dann bemüht sich auch jeder einzelne ganz zwangsläufig, daß das Volkseinkommen im Jahr so groß wie möglich werden wird. Tatsächlich fördert er in der Regel nicht bewußt das Allgemeinwohl, noch weiß er, wie hoch der eigene Beitrag ist. Wenn er es vorzieht, die nationale Wirtschaft anstatt die ausländische zu unterstützen, denkt er eigentlich nur an die eigene Sicherheit und wenn er dadurch die Erwerbstätigkeit so fördert, daß ihr Ertrag den höchsten Wert erzielen kann, strebt er lediglich nach eigenem Gewinn. Und er wird in diesem wie auch in vielen anderen Fällen von einer unsichtbaren Hand geleitet, um einen Zweck zu fördern, den zu erfüllen er in keiner Weise beabsichtigt hat. Auch für das Land selbst ist es keineswegs immer das schlechteste, daß der einzelne ein solches Ziel nicht bewußt anstrebt, ja, gerade dadurch, daß er das eigene Interesse verfolgt, fördert er häufig das der Gesellschaft nachhaltiger, als wenn er wirklich beabsichtigt, es zu tun. Alle, die jemals vorgaben, ihre Geschäfte dienten dem Wohl der Allgemeinheit, haben meines Wissens niemals etwas Gutes getan."

Adam Smith: Der Wohlstand der Nationen. Eine Untersuchung seiner Natur und seiner Ursachen, 8. Aufl., übersetzt und hrsg. von Horst Claus Recktenwald, München: dtv 1999, S. 370f. [engl. Erstveröffentlichung, An Inquiry into the Nature and Causes of the Wealth of Nations, 1776]

In der Tradition von Adam Smith interpretiert Hayek die wirtschaftliche Ordnung als das ungeplante Ergebnis menschlichen Handelns. Die Planwirtschaft muss nach Hayek an der Unfähigkeit scheitern, alle Anlagen und Bedürfnisse der Individuen zentral erfassen zu können. Allein die Marktwirtschaft vermag die für eine optimale Ressourcenallokation erforderlichen Informationen zu liefern.

> „Was sind nun die wesentlichen Züge des echten Individualismus? Was zu allererst gesagt werden muß: Der Individualismus ist in erster Linie eine *Theorie* der Gesellschaft, das Bemühen, die Kräfte zu verstehen, die das soziale Leben der Menschen bestimmen und erst

in zweiter Linie eine politische Maxime, die sich aus dieser Vorstellung der Gesellschaft ableitet. Das sollte allein schon genügen, um den albernsten der verbreiteten Irrtümer zu widerlegen: den Glauben, daß der Individualismus die Voraussetzung macht [...], daß isolierte [...] Individuen existieren, anstatt von Menschen auszugehen, deren ganze Natur und ganzes Wesen durch ihr Leben in der Gesellschaft bestimmt ist. [...] Seine grundlegende Behauptung ist aber eine ganz andere; sie lautet, daß es keinen anderen Weg zum Verständnis der sozialen Erscheinungen gibt als über das Verständnis des Handelns des Einzelnen, das sich nach den Nebenmenschen richtet und von deren zu erwartendem Verhalten bestimmt wird. Dieses Argument richtet sich vor allem gegen die eigentlichen kollektivistischen Gesellschaftstheorien, die vorgeben, soziale Ganzheiten [...] unmittelbar verstehen zu können als Wesenheiten sui generis, die unabhängig von den sie zusammensetzenden Individuen existieren. Der nächste Schritt in der individualistischen Betrachtungsweise der Gesellschaft richtet sich gegen den rationalistischen Pseudo-Individualismus, der in der Praxis auch zum Kollektivismus führt. Er besteht in der Behauptung, daß wir in der Verfolgung des Zusammenwirkens der individuellen Handlungen entdecken, daß viele Institutionen, auf denen die menschlichen Errungenschaften beruhen, ohne einen planenden und lenkenden Geist entstanden sind und funktionieren, daß [...] ‚Völker sich unerwartet im Besitze von Einrichtungen finden, die wohl das Ergebnis menschlichen Handelns sind, aber nicht das Ergebnis menschlicher Absicht' und daß die spontane Zusammenarbeit freier Menschen Dinge hervorbringt, die größer sind, als der einzelne Verstand je erfassen kann."

Friedrich August von Hayek: Wahrer und falscher Individualismus, in: Friedrich A. von Hayek, Grundsätze einer liberalen Gesellschaftsordnung. Aufsätze zur Politischen Philosophie und Theorie, Gesammelte Schriften in deutscher Sprache, Bd. 5, hrsg. von Viktor Vanberg, Tübingen: Mohr Siebeck 2002, S. 7ff. [amerik. Erstveröffentlichung, Individualism: True and False, 1946]

Mit der Gründung der Mont Pélerin Society im Jahre 1947 gedachte Hayek seinen wirtschafts- und ordnungspolitischen Vorstellungen ein öffentlichkeitswirksames Forum zu verschaffen. Zwar schlossen sich namhafte Wissenschaftler und Politiker – unter ihnen Karl R. Popper, Walter Eucken und Ludwig Erhard – der Vereinigung an. Die erhoffte Breitenwirkung blieb zunächst allerdings aus. Wider Erwarten traten schon nach kurzer Zeit unterschiedliche Schulen hervor. So hielten die Anhänger der ordoliberalen Schule an den Theorien Hayeks fest und entwickelten sie weiter. Sie erweiterten das Bekenntnis zum Markt zum Bekenntnis zur Sozialen Marktwirtschaft. Zwar brachte Hayek trotz seiner Abneigung gegen Mischformen aus Markt- und Planwirtschaft der Sozialen Marktwirtschaft anfänglich durchaus Sympathien entgegen. Ab den 1960er Jahren überwog allerdings seine Skepsis. Nach seiner Auffassung war die Praxis der Sozialen Marktwirtschaft zu stark mit staatlichen Eingriffen durchsetzt.

„Sowohl das Wettbewerbsprinzip wie das der zentralen Steuerung werden zu schlechten und stumpfen Werkzeugen, wenn sie unvollständig sind. Sie sind einander ausschließende Prinzipien zur Lösung desselben Problems, und eine Mischung aus beiden bedeutet, daß keines von beiden wirklich funktionieren und das Ergebnis schlechter sein wird, als wenn man sich konsequent auf eines von beiden verlassen hätte. Um es anders zu formulieren: Planwirtschafts- und Wettbewerbsprinzip können nur in einer Planung zum Zwecke des Wettbewerbs, nicht aber in einer Planung gegen den Wettbewerb miteinander kombiniert werden."

Friedrich August von Hayek: Der Weg zur Knechtschaft, Sonderausgabe, München: Olzog 2003, S. 65f. [amerik. Erstveröffentlichung, The Road to Serfdom, 1944]

Erst mit der in den 1970er Jahren einsetzenden, politisch kaum traktierbaren Verbindung von Inflation und Wachstumsschwäche – der so genannten Stagflation – erlebte Hayeks neoliberales Denken eine wirkungsmächtige Renaissance. Trotz vermehrter staatlicher Ausgaben zur Ankurbelung der Nachfrage blieben die erhofften Wachstumsimpulse für die Volkswirtschaften hinter den Erwartungen zurück. Statt dessen stiegen die Haushaltsdefizite und wuchs die öffentliche Verschuldung. Insbesondere die britische Premierministerin Margaret Thatcher (Thatcherism) und der amerikanische Präsident Ronald Reagan (Reaganomics) beriefen sich bei der Abkehr von einer keynesianisch geprägten Wirtschaftspolitik in den 1980er Jahren auf die Grundgedanken der Hayekschen Theorie. So drängte Thatcher den Einfluss der britischen Gewerkschaften massiv zurück. Sie folgte damit der ein Vierteljahrhundert zuvor von Hayek formulierten Forderung nach einer Streichung gewerkschaftlicher Sonderrechte.

📖 Literatur:

Werner Goldschmidt: »Freier Markt« oder »Soziale Gerechtigkeit«? – Kritische Anmerkungen zu F.A. v. Hayeks »evolutionärer« Gerechtigkeitstheorie, in: Werner Goldschmidt, Dieter Klein und Klaus Steinitz (Hrsg.), Neoliberalismus – Hegemonie ohne Perspektive, Heilbronn: Distel Verlag 2000, S. 177-193.

Werner Goldschmidt, Dieter Klein u. Klaus Steinitz (Hrsg.): Neoliberalismus – Hegemonie ohne Perspektive, Heilbronn: Distel Verlag 2000.

Friedrich August von Hayek: Der Weg zur Knechtschaft, Sonderausgabe, München: Olzog 2003. [amerik. Erstveröffentlichung, The Road to Serfdom, 1944]

Friedrich August von Hayek: Grundsätze einer liberalen Gesellschaftsordnung. Aufsätze zur Politischen Philosophie und Theorie, Gesammelte Schriften in deutscher Sprache, Bd. 5, hrsg. von Viktor Vanberg, Tübingen: Mohr Siebeck 2002.

Friedrich August von Hayek: Wahrer und falscher Individualismus, in: Friedrich A. von Hayek, Grundsätze einer liberalen Gesellschaftsordnung. Aufsätze zur Politischen Philosophie und Theorie, Gesammelte Schriften in deutscher Sprache, Bd. 5, hrsg. von Viktor Vanberg, Tübingen: Mohr Siebeck 2002. [amerik. Erstveröffentlichung, Individualism: True and False, 1946]

Friedrich August von Hayek: Die Verfassung der Freiheit, 3. Aufl., Tübingen: Mohr Siebeck 1991. [Erstveröffentlichung 1960]

Martin Leschke: F. A. von Hayek und die Verfassung der Freiheit, in: Ingo Pies u. Martin Leschke (Hrsg.), F.A. von Hayeks konstitutioneller Liberalismus, Tübingen: Mohr Siebeck 2003, S. 167-189.

Ingo Pies u. Martin Leschke (Hrsg.): F.A. von Hayeks konstitutioneller Liberalismus, Tübingen: Mohr Siebeck 2003.

Dirk Sauerland: Die Rolle des Leistungsstaates bei F.A. von Hayek, in: Ingo Pies u. Martin Leschke (Hrsg.), F.A. von Hayeks konstitutioneller Liberalismus, Tübingen: Mohr Siebeck 2003, S. 123-148.

Adam Smith: Der Wohlstand der Nationen. Eine Untersuchung seiner Natur und seiner Ursachen, 8. Aufl., übersetzt und hrsg. von Horst Claus Recktenwald, München: dtv 1999. [engl. Erstveröffentlichung, An Inquiry into the Nature and Causes of the Wealth of Nations, 1776]

6.4 Freiheit und Minimalstaat: Milton Friedman

Referenzfigur und Bannerträger der Kritik an Keynes ist neben Hayek der US-amerikanische Wirtschaftswissenschaftler *Milton Friedman* (geb. 1912). Nach einem Studium der Wirtschaftswissenschaften an verschiedenen Universitäten war Friedman bis 1943 in diversen Funktionen als Ökonom im Regierungsdienst tätig. Danach begann er eine Universitätskarriere, die ihn 1946 an die Universität Chicago führte. Dort trat er 1948 eine Professur an, die er bis zu seiner Emeritierung im Jahr 1977 innehatte. 1976 erhielt er den Nobelpreis für Wirtschaftswissenschaft.

Bis in die 1970er Jahre war Friedman im Wesentlichen in Fachkreisen bekannt. Seine politische Bekanntheit verdankte er einer regen publizistischen Tätigkeit, nicht zuletzt aber auch der Tatsache, dass er als Kritiker der unter dem Begriff des Keynesianismus bekannt gewordenen Wirtschaftspolitik auftrat. Seine Arbeiten trafen den politischen Zeitgeist, der nach neuen wirtschaftspolitischen Rezepturen verlangte. Friedman wurde daraufhin von verschiedenen Regierungen als Berater engagiert. Mehr noch als er selbst wirkten seine Schüler in aller Welt als Regierungsberater. Einer der treuesten Friedman-Gläubigen war der konservative britische Politiker Keith Joseph. Er bewerkstelligte mit seiner Premierministerin Thatcher die neoliberale Wende in der britischen Politik, unter anderem durch das Treibenlassen der Arbeitslosigkeit, die Entmachtung der Gewerkschaften und den Abbau sozialstaatlicher Leistungen. In den USA wurde in den acht Jahren der Reagan-Administration die gleiche Politik betrieben. Der Einfluss Friedmans blieb jedoch nicht auf Großbritannien und die USA beschränkt. Friedmans so genannte Chicago boys krempelten mit beachtlichem ökonomischen Erfolg, aber im Rahmen der damals härtesten Militärdiktatur Lateinamerikas die chilenische Wirtschaft um. Friedmans Ideen leiteten auch den Umbau so mancher sozialistischer Planwirtschaft einschließlich der russischen ein. Die Rezepte lauteten überall gleich: Abbau staatlicher Leistungen, Privatisierung öffentlichen Eigentums, Übertragung vormals staatlicher Tätigkeit an Private.

Die steigende politische Beachtung Friedmans seit Ende der 1970er Jahre hing zum Teil damit zusammen, dass die keynesianische Wirtschaftspolitik scheinbar nicht mehr funktionierte. Die Kritik galt aber nicht dem „eigentlichen" Keynes. Sie galt vielmehr einer Wirtschaftspolitik, für die sich die Bezeichnung des Keynesianismus eingebürgert hatte, d.h. für Gesellschaften mit hoher Staatsverbrauchsquote und politisch verfestigten Ausgabenprogrammen, die flexible Antworten auf Konjunkturprobleme verhinderten. Stagflation (Inflation + hohe Arbeitslosigkeit) wurde zur Kurzformel für die Probleme, in denen bereits in dieser Zeit viele Volkswirtschaften steckten.

Diese Volkswirtschaften hatten darüber hinaus noch ein Problem, das es zu Keynes Lebzeiten gar nicht gab. Wichtigster Energieträger war inzwischen das Mineralöl geworden. Die ölproduzierenden Länder bildeten Anfang der 1970er Jahre ein Kartell, sie setzten Preissteigerungen durch. Zu allem Überfluss brach noch das internationale Währungssystem der Nachkriegszeit – mit dem Dollar als Leitwährung – zusammen. Mit systematischen Abwertungen des Dollars zögerten die USA die Konsequenzen der Tatsache hinaus, dass sie im Welthandel und in der Konsumgüterproduktion schon lange nicht mehr so führend waren wie unmittelbar nach dem Kriege.

Dieses Problem offenbarte allerdings eine wirkliche Schwäche der originären Keynesschen Theorie. Keynes hatten Volkswirtschaften vor Augen gestanden, die von externen Einflüssen noch einigermaßen isoliert waren. Was heute unter dem Schlagwort der Globalisierung diskutiert wird, wurde vor über dreißig Jahren erstmals offenbar. Auf diesem hier grob skizzierten Terrain keimte Friedmans Theorie als politische Handlungsanweisung.

Für Friedman ist der Kapitalismus ein System der ökonomischen und der politischen Freiheit. Zwischen beiden lässt sich nicht sinnvoll unterscheiden. Der Staat hat gewisse Aufgaben, die der Markt nicht leisten kann, darunter innere und äußere Sicherheit. Aber selbst im Bereich der Bildung, die Friedman durchaus als eine politische Aufgabe von großem Gewicht anerkennt, betont er die Vorzüge ergänzender privater Bildungsangebote. Bildung ist das wichtigste Attribut der Chancengleichheit. Was der Einzelne daraus macht, wird im Ergebnis stets ungleich sein. Das ist auch gut so, weil die Selbstselektion der Tüchtigen Werte schafft. Und diese Werte schaffen auch Gelegenheit für Andere, so etwa in Gestalt von Arbeitsplätzen für Geringerqualifizierte.

Alles, was der Staat über diese wenigen Kernaufgaben hinaus tut, schränkt die individuelle Freiheit ein. Jeder weiß für sich selbst besser, was gut für ihn ist.

> „Der Spielraum der Regierung muss beschränkt sein. Ihre Aufgabe muss es sein, unsere Freiheit zu schützen, insoweit sie von außerhalb bedroht ist und insoweit sie unsere Mitbürger verletzen könnte: also für Gesetz und Ordnung zu sorgen, die Einhaltung privater Verträge zu überwachen, für Wettbewerb auf den Märkten zu sorgen. Neben dieser Hauptfunktion kann uns die Regierung noch helfen, Aufgaben zu erfüllen, von denen wir glauben, dass sie für Einzelne zu schwierig oder zu kostspielig wären. Indessen: Auch in diesem Gebrauch der Regierungsgewalt liegt eine Gefahr beschlossen. Zwar können und sollen wir es nicht vermeiden, die Regierung auf diese Weise zu gebrauchen. Dennoch sollten wir eine klare und ausführliche Berechnung der Vorteile anstellen, bevor wir uns darauf einlassen. Indem wir uns in erster Linie auf freiwillige Kooperation und privaten Unternehmungsgeist in wirtschaftlichen oder sonstigen Aktivitäten verlassen, können wir sichergehen, dass der private Sektor der Zügel ist, den wir dem Staatssektor anlegen, und daneben ein wirksamer Schutz der Redefreiheit, der Freiheit der Religion und der Freiheit der Gedanken."

Milton Friedman: Kapitalismus und Freiheit, München: Piper 2004, S. 25. [amerik. Erstveröffentlichung, Capitalism and Freedom, 1962]

Wenn der Einzelne die Freiheit zum Schaden seines Nächsten missbraucht, weist ihn der strafende Arm des Staates in seine Schranken. Soziale Benachteiligungen sind gleichsam naturgegeben. Wenn der Staat versucht, sie mit Geld und geldwerten Leistungen einzuebnen, richtet er noch mehr Unheil an, weil er dieses Geld denen wegnimmt, die damit produktiv umzugehen verstehen. Die Schwachen haben einfach Pech und der mediokre Erbe eines gewaltigen Vermögens, das seine Vorfahren mit großer Tüchtigkeit erworben haben, ist ein Glückpilz.

> „Obschon ein Großteil der Ungleichheit im Einkommen durch Entlohnung einer erbrachten Leistung auf den ‚Ausgleich' von Unterschieden oder auf die Befriedigung des menschlichen Hanges zum Risiko zurückzuführen ist, spiegelt ein großer Teil dieser Ungleichheit doch grundsätzliche Differenzen an Anlagen wider, sowohl in Bezug auf menschliche Fähigkeiten als auch auf Besitz und Eigentum. Hierbei ergeben sich die wirklich schwierigen ethischen Fragen.
> Es ist häufig zu hören, man müsse grundsätzlich zwischen Ungleichheit der persönlichen Anlagen und des Besitzes sowie zwi-

schen Ungleichheit zwischen ererbtem und erworbenem Wohlstand unterscheiden. Aus unterschiedlichen persönlichen Fähigkeiten oder aus einem verschieden großen, von der fraglichen Person erworbenen Wohlstand resultierende Ungleichheit wird für angemessen erachtet oder zumindest doch nicht für so unangemessen, wie aus unterschiedlich großem ererbten Wohlstand resultierende Ungleichheit.

Diese Unterscheidung ist nicht aufrechtzuerhalten. Sind die hohen Einkünfte einer Person, die von ihren Eltern eine bestimmte Stimme geerbt hat, die sehr erfolgreich ist, ethisch gerechtfertigter als die großen Einkünfte eines Menschen, der Eigentum geerbt hat? [...]

Die Tatsache, dass derartige Argumente gegen die so genannte kapitalistische Ethik unhaltbar sind, soll natürlich nicht heißen, dass die kapitalistische Ethik akzeptabel wäre. Es macht mir Schwierigkeiten, sie mit Fug und Recht zu akzeptieren oder zurückzuweisen oder auch irgendein Alternativprinzip zu rechtfertigen. Ich neige mehr zu der Ansicht, dass sie nicht in sich als ethisches Prinzip angesehen werden kann, dass sie vielmehr als Mittel anzusehen ist oder als Folge eines anderen Prinzips, wie zum Beispiel der Freiheit."

Milton Friedman: Kapitalismus und Freiheit, München: Piper 2004, S. 195ff. [amerik. Erstveröffentlichung, Capitalism and Freedom, 1962]

Die Aufgaben, die dem Staat bei aller gebotenen Distanz zum Markt noch bleiben, muss er aber nicht einmal selbst besorgen. Nahezu alles, was staatliche Behörden tun, das können auch Private erledigen, und zwar im Wettbewerb und damit weitaus kostengünstiger als der Staat. Erledigt der Staat vieles selber, dann entstehen bloß staatliche Bürokratien mit zahlreichen Beschäftigten. Sie haben bei der Erstellung des Budgets in erster Linie ihren Fortbestand im Auge. Dafür suchen und gewinnen sie Verbündete in der Gesellschaft. Es soll genügen, wenn der Staat eine Lizenz für die private Wahrnehmung einer öffentlichen Aufgabe erteilt und wenn er die Qualitätsstandards überwacht.

Der Staat soll sich zwar im Wesentlichen auf die Bereiche Sicherheit und Bildung zurückziehen. Trotzdem leugnet auch Friedman nicht die Bedeutung der staatlichen Politik für die Entwicklungsmöglichkeiten der Wirtschaft. Seiner Auffassung nach besteht die zentrale Aufgabe des Staates in der vorbeugenden Austarierung sich anbahnender Ungleichgewichte im Marktgeschehen. Hier kommt es – insoweit im Gleichklang mit Keynes – entscheidend darauf an, die Erwartungen und Entscheidungen der Investoren und Konsumenten zu steuern. Dafür eignet sich am besten die Geldpolitik.

„Das Problem liegt darin, institutionelle Vorkehrungen zu treffen, die die Regierung befähigen, für das Geldwesen die Verantwortung zu tragen, die jedoch gleichzeitig die der Regierung damit zugewachsene Macht in Grenzen halten und verhindern, dass sie genutzt wird, um die freie Gesellschaft zu schwächen, anstatt sie zu stärken.

Beim Stand der heutigen Erkenntnisse wäre ich im Augenblick für eine gesetzliche Regelung, die die Finanzbehörden anweist, eine festgesetzte Wachstumsrate für die vorhandene Geldmenge zu erzielen. Zu diesem Zweck würde ich die Geldmenge so definieren: Bargeld außerhalb des Bankensektors plus alle Einlagen bei den Banken. Im Einzelnen wäre ich dafür, dass das Reserve-System dafür sorgt, dass die so definierte Geldmenge Monat für Monat zunimmt, ja sogar von Tag zu Tag, wenn möglich, und zwar mit einer Jahresrate von X Prozent, wobei X eine Zahl zwischen 3 und 5 ist. Eine präzise Definition von Geld und eine präzis festgesetzte Zuwachsrate sind weit weniger wichtig, als dass man überhaupt eine bestimmte Definition nimmt und sich dann an feste Zuwachsraten hält."

Milton Friedman: Kapitalismus und Freiheit, München: Piper 2004, S. 63, 77f. [amerik. Erstveröffentlichung, Capitalism and Freedom, 1962]

Die Geldmengensteuerung belastet das staatliche Budget nicht, und sie braucht auch keine nennenswerte Bürokratie, sondern allein erfahrene Finanzexperten. Die Zentralbank muss allerdings von der Politik isoliert werden. Dieses Postulat entspricht heute dem Ist-Zustand der meisten wichtigen Notenbanken, die in voller Unabhängigkeit von den Regierungen agieren. Entwickeln sich die Preise zu schnell, so steuert die Notenbank mit ihrer Drosselung der Geldausgabe dagegen. Preisauftrieb indiziert eine zu große Geldmenge. Nachlassende Aufträge bzw. zurückhaltendes Kaufverhalten zeigen eine zu geringe Geldmenge an. Folglich dreht die Notenbank den Geldhahn wieder auf. Pleiten, Pech und Pannen sind auch bei der Geldmengensteuerung möglich. Aber so ist das Leben. Für die Politik bleibt bei alledem nicht mehr viel zu tun, als sich um den eigenen Betrieb zu kümmern, d.h. Wahlen zu veranstalten, die wenigen

Gesetze zu geben, die man sonst noch braucht, und daran zu arbeiten, die Entstaatlichung in Schwung zu halten.

Friedmans Modell ist in sich schlüssig, seine politischen Konsequenzen sind nichts weniger als brutal. Aus diesem Grunde hat es für die politische Praxis lediglich begrenzten Wert. Selbst Reagan und Thatcher, die als demokratische Politiker sehr weit danach handelten, scheuten davor zurück, die öffentlichen Altersrenten abzuschaffen, öffentliche Schulen aufzulösen und die Polizei zu privatisieren. Die Sicherheitsbedürfnisse und Ängste der Bürger lassen sich nicht wie im Modell des Wissenschaftlers auf Knopfdruck abschalten. Dennoch tut das Modell seine Wirkung.

Literatur:

Oliver Falck: Gutscheine als bildungs- und familienpolitisches Instrument. Milton Friedmans Sozialpolitik, in: Ingo Pies u. Martin Leschke: Milton Friedmans ökonomischer Liberalismus, Tübingen: Mohr Siebeck 2004, S. 63-85.

Milton Friedman: Kapitalismus und Freiheit, München 2004. [amerik. Erstveröffentlichung, Capitalism and Freedom, 1962]

Milton Friedman: Why Government Is the Problem, 4. Aufl., Stanford: Stanford University Press 1997.

Bernd Hansjürgens: Milton Friedmans Wirtschafts- und Gesellschaftstheorie: Ad-hoc-Liberalismus oder konsistente Konzeption?, in: Ingo Pies u. Martin Leschke: Milton Friedmans ökonomischer Liberalismus, Tübingen: Mohr Siebeck 2004, S. 219-228.

Ingo Pies u. Martin Leschke: Milton Friedmans ökonomischer Liberalismus, Tübingen: Mohr Siebeck 2004.

Andreas Suchanek: Gewinnmaximierung als soziale Verantwortung von Unternehmen?. Milton Friedman und die Unternehmensethik, in: Ingo Pies u. Martin Leschke: Milton Friedmans ökonomischer Liberalismus, Tübingen: Mohr Siebeck 2004, S. 105-124.

Gerhard Willke: Neoliberalismus, Frankfurt/M. und New York: Campus 2003.

7 Zivilgesellschaft und deliberative Politik: Jürgen Habermas

7.1 Biografische Skizze

Der 1929 geborene *Jürgen Habermas* studierte Philosophie in Bonn. Sein Philosophiestudium in der frühen Nachkriegszeit brachte ihm die bekanntesten Philosophen der Zwischenkriegszeit, darunter auch Heidegger, nahe. Politisiert wurde Habermas in dieser Zeit der noch jungen Bundesrepublik durch die Empörung gegen frühere Nationalsozialisten in hohen Ämtern, durch den Protest gegen die Wiederbewaffnung und die Pläne für die Beteiligung der Bundesrepublik an der Verfügung über Nuklearwaffen. Im Jahr 1956 trat Habermas eine Assistentenstelle am wiedergegründeten Institut für Sozialforschung an. Hier arbeitete er für Theodor Adorno. Weil er wegen des gespannten Verhältnisses zum Institutsdirektor Max Horkheimer eine Ablehnung seiner Habilitation befürchtete, habilitierte er sich schließlich beim Marburger Politikwissenschaftler *Wolfgang Abendroth* (1906-1985). Dieser, ein demokratischer Sozialist und aktiver Widerständler gegen das Dritte Reich, war einer der mutigsten und lautstärksten Kritiker gegen die vermeintlich restaurativen Tendenzen in der frühen Kanzlerschaft Adenauers.

Von 1964 bis 1971 wirkte Habermas als außerordentlicher Professor für Philosophie an der Universität Heidelberg. Von dort wechselte er zurück an die Universität Frankfurt, wo er als Professor Mitglied des Instituts für Sozialforschung wurde und in der multidisziplinären Tradition des Instituts sowohl Philosophie als auch Soziologie lehrte. In Frankfurt entstanden die Arbeiten, die Habermas weithin berühmt machten, insbesondere die Theorie des Kommunikativen Handelns. Seit 1981 leitete Habermas das eben von der Deutschen Forschungsgemeinschaft gegründete Max-Planck-Institut für die Erforschung der industriellen Welt in Starnberg. Bereits 1983 kehrte er nach Frankfurt auf eine Philosophieprofessur zurück, die er bis zu seiner Emeritierung im Jahr 1994 innehatte.

7.2 Die deutsche Nachkriegsgesellschaft, die Linke und die Universität

Habermas ist der letzte, in gewissem Sinne auch der einzige jüngere Exponent der Frankfurter Schule. Seine komplexe Philosophie nimmt verschiedene philosophische Anstöße und die Erkenntnisse anderer Disziplinen auf. Sie hat zudem verschiedene Entwicklungsstadien durchlaufen. Bevor wir auf diesen wissenschaftlichen Kontext eingehen, ist es angezeigt, den zeithistorischen Kontext zu skizzieren. Habermas ist ein Gegenwartsphilosoph, der mit großer Resonanz noch heute in Fachdebatten und politische Diskussionen eingreift. Wie so viele der in diesem Band erörterten Autoren ist er ein Produkt der deutschen Universität. Das heißt hier jedoch: der deutschen Nachkriegsuniversität! Diese Universität war eine andere Sache als die Universitätstradition, aus der die zahlreichen Philosophen und Sozialwissenschaftler kamen, die vom Nationalsozialismus ins amerikanische Exil getrieben worden waren.

Die Hochschulen und die Kultusministerien versuchten sich nach 1948 in Wiedergutmachung. Rufe auf Lehrstühle ergingen an jüdische Wissenschaftler, die an amerikanischen Universitäten ihren Weg gemacht hatten. Einige nahmen an, andere zogen es vor, dort zu bleiben, wo man ihnen in schlimmen Zeiten Schutz und eine zweite berufliche Chance geboten hatte. Viele – aber keineswegs alle – der am stärksten durch ihr Paktieren mit den Nazis belasteten deutschen Universitätslehrer waren von den Alliierten und den Landesregierungen aus dem Verkehr gezogen worden. Ihre Schüler indes blieben im Hochschulapparat, machten ihrerseits Karriere und ließen ihre Lehrer in Festschriften und Lobreden ungeniert hochleben. Marxistische und linke Wissenschaftler waren nun immerhin geduldet.

Einfach war ihre Position trotz allem nicht. Sie lebten in einem politischen Klima, das, wenn auch liberal und rechtstaatlich gedämpft, das Leninsche „Wer wen?" mit umgekehrten Vorzeichen praktizierte. Dieses Klima drückte sich exemplarisch im Verbot der KPD aus. Die Regierung Adenauer hatte aus innen- und außenpolitischen Erwägungen – vor allem mit Blick auf die angestrebte Westintegration – ein Verbotsverfahren gegen die Deutsche Reichspartei angestrengt. Da bot es sich an, auch die Gefährlichkeit der in Westdeutschland im freien Fall befindlichen Kommunistischen Partei Deutschlands heraufzubeschwören. Sie sollte gleich mit verboten werden.

Gegen den kleinbürgerlich kolorierten, von wachsendem Wohlstand genährten Konformismus der westdeutschen Gesellschaft hatten bis in die 1960er Jahre lediglich Literaten gehalten, kleine Gruppen in den Gewerkschaften und in der SPD. Die SPD galt bei politisierten Studenten und Intellektuellen als Totalausfall, nachdem sie 1966 ihr strategisches Ziel, die Beteiligung an der Bundesregierung, erreicht hatte. Die deutschen Medien und die Bundesregierung unterstützten den Vietnam-Krieg, in den die US-Regierung die Abwehr kommunistischer Welteroberungspläne hineingedeutet hatte. Die dank des mittlerweile angebrochenen TV-Zeitalters über die ganze Welt verbreiteten erschütternden Bilder dieses Krieges taten ein Übriges, um die Studenten gegen den politischen Mainstream der Bundesrepublik aufzubringen. Jobs und Arbeitslosigkeit waren in den 1960er Jahren noch keine bewegenden Themen. Nie zuvor und nie danach taten die bundesdeutschen Regierungen soviel wie in den 1960er und 1970er Jahren, um Kindern aus Schichten, denen diese Möglichkeit bisher verschlossen gewesen waren, ein Studium zu ermöglichen.

Die unverbrauchte Linke gewann vor diesem Hintergrund an Sympathie. Die Existenz der DDR und die sowjetische Unterdrückung eines eigenen tschechischen Weges zum Sozialismus (1968) verhinderten, dass die sowjetnahe Linke vom Unbehagen an der Saturiertheit und dem Pro-Amerikanismus im deutschen Weststaat profitieren konnte. Zuletzt seien die Ereignisse um die 1966 begonnene chinesische Kulturrevolution vermerkt. Von den Gründen, Grausamkeiten und Opfern dieses im Westen publizistisch breit beachteten Ereignisses wussten nur wenige Landeskenner. Die Kulturrevolution wurde aber romantisierend als Experiment eines neuen, besseren Sozialismus wahrgenommen. Kurz: Das Zeitklima der späteren 1960er Jahre lässt sich als eine Konstellation beschreiben, in der heterodoxe marxistische Ideen auf fruchtbaren Boden fielen. Die Frankfurter Schule mit ihrem kulturkritisch-psychologischen Ansatz, Georg Lucacz, Bruno Bettelheim, Antonio Gramsci, also viele ältere und neuere Theoretiker, die auf die Fesseln des kapitalistischen Systems im Erziehungswesen und im Kulturbetrieb zielten, fanden Beachtung. Dies geschah zwar nicht in der Breite von Politik und Gesellschaft, aber an den Universitäten und dort vor allem in den multiplikatorenträchtigen Sozial- und Geisteswissenschaften. Der Sozialstaat als Instrument, um die grundlegende Tatsache der kapitalistisch strukturierten Gesellschaft – den Antagonismus von Arbeit und Kapital – zu verschleiern, wurde zu einem zeitweise beherrschenden sozialwissenschaftlichen Paradigma.

„Aber eine tiefe Malaise, ein alles umfassendes Gefühl unerfüllter individueller und kollektiver Möglichkeiten durchdringt und zerstört das Klima jeder fortgeschrittenen kapitalistischen Gesellschaft. [...] Mit diesem Druck konfrontiert und der allgemeinen Malaise bewußt, die ihn hervorbringt, reagieren die Inhaber der Macht auf zwei Weisen. Erstens proklamieren sie ihren eigenen Reformwillen. Man kann ruhig sagen, daß niemals die Sprache orthodoxer Politik großzügiger mit Worten wie Reform, Erneuerung, sogar Revolution umging. Kein Politiker, gleich wie reaktionär, ist heute einfach 'konservativ'. Wir sind heute vielleicht nicht alle Sozialisten, aber wir sind alle eifrige Sozialreformer. [...] Es wäre trivial, die Männer, in deren Händen die staatliche Macht liegt, als völlig gleichgültig gegenüber Armut, Slums, Arbeitslosigkeit, inadäquater Bildung, unterentwickelten Wohlfahrtsdiensten, sozialen Frustrationen und vielen anderen Übelständen darzustellen, die ihre Gesellschaft belasten. [...] Das Problem liegt nicht in den Wünschen und Intentionen der Machthaber, sondern in der Tatsache, daß die Reformer, mit oder ohne Anführungszeichen, die Gefangenen und für gewöhnlich die freiwilligen Gefangenen eines ökonomischen und sozialen Rahmens sind, der ihre reformerischen Proklamationen notwendigerweise in bloßes Wortemachen verkehrt, wie ehrlich sie auch gemeint sein mögen."

Ralph Miliband: Der Staat in der kapitalistischen Gesellschaft, Frankfurt/M.: Suhrkamp1982, S. 356f. [Erstveröffentlichung, The State in Capitalist Society, 1969]

„Wir können deshalb sagen, daß staatliche Herrschaft dann und nur dann Klassencharakter hat, wenn sie so konstruiert ist, daß es ihr gelingt, das Kapital sowohl vor seinem eigenen falschen wie vor einem antikapitalistischen Bewußtsein der Massen in Schutz zu nehmen. [...]
   Vereinfachend kann man sagen, daß politische Herrschaft in kapitalistischen Industriegesellschaften die Methode der Klassenherrschaft ist, die sich *als solche nicht zu erkennen gibt.*"

Claus Offe: Strukturprobleme des kapitalistischen Staates, 6. Aufl., Frankfurt/M.: Suhrkamp 1986, S. 77, 91. [Erstveröffentlichung 1972]

Die Frankfurter Schule, besonders Adorno, wurde vorübergehend außerordentlich populär. Herbert Marcuse, ein in den USA reüssierter Vertreter der Frankfurter Schule, brachte diese Stimmung exemplarisch zum Ausdruck. Er wurde mit seiner Kritik an der zeitgenössischen Konsumgesellschaft zur Zeit der studentischen Proteste vorübergehend zum Kultautor.

„Wenn der Arbeiter und sein Chef sich am selben Fernsehprogramm vergnügen und dieselben Erholungsorte besuchen, wenn die Stenotypistin ebenso attraktiv hergerichtet ist wie die Tochter ihres Arbeitgebers, wenn der Neger einen Cadillac besitzt, wenn sie alle dieselbe Zeitung lesen, dann deutet diese Angleichung nicht auf das Verschwinden der Klassen hin, sondern auf das Ausmaß, in dem die unterworfene Bevölkerung an den Bedürfnissen und Befriedigungen teilhat, die der Erhaltung des Bestehenden dienen."

Herbert Marcuse: Der eindimensionale Mensch. Studien zur Ideologie der fortgeschrittenen Industriegesellschaft, 4. Aufl., München: dtv 2004, S. 28. [amerik. Erstveröffentlichung, One-Dimensional Man, 1964]

Die missliche Tatsache, dass die arbeitende Bevölkerung nicht so recht eine Revolution inszenieren mochte und sich statt dessen am Pkw oder am regelmäßigen Urlaub unter südlicher Sonne ergötzte und dass sie an der BILD-Zeitung größeren Gefallen fand als an der Aufklärungsliteratur über die Politik im Dienste des Kapitalismus, wurde der gezielten Befriedungsleistung der Sozialpolitik und der Manipulationsfähigkeit der Medien zugerechnet. Diese verdienten ihr Geld damit, Sekundärereignisse als das eigentlich Wichtige zu verkaufen. Nicht nur die Redakteure, sondern auch die bürgerliche Wissenschaft verschwiegen die großen Fragen der Beharrungsfähigkeit des Kapitalismus und dessen Eroberung aller Lebensbereiche.

„Toleranz gegenüber dem radikal Bösen erscheint jetzt als gut, weil sie dem Zusammenhalt des Ganzen dient auf dem Wege zum Überfluß oder zu größerem Überfluß. Die Nachsicht gegenüber der systematischen Verdummung von Kindern wie von Erwachsenen durch Reklame und Propaganda, die Freisetzung von unmenschlicher zerstörender Gewalt in Vietnam, das Rekrutieren und die Ausbildung von Sonderverbänden, die ohnmächtige und wohlwollende Toleranz gegenüber unverblümtem Betrug beim Warenverkauf, gegenüber Verschwendung und geplantem Veralten von Gütern sind keine Verzerrungen und Abweichungen, sondern das Wesen eines Systems, das Toleranz befördert als ein Mittel, den Kampf ums Dasein zu verewigen und die Alternativen zu unterdrücken. [...]

Man könnte theoretisch einen Staat konstruieren, in dem eine Vielheit verschiedener Zwänge, Interessen und Autoritäten einander ausbalancieren und zu einem wahrhaft allgemeinen und vernünftigen Interesse führen. Eine solche Konstruktion paßt jedoch schlecht zu einer Gesellschaft, in der die Mächte ungleich sind und bleiben und ihr ungleiches Gewicht noch erhöhen, wenn sie ihren eigenen Lauf nehmen. Sie paßt noch schlechter, wenn die Mannigfaltigkeit von Zwängen sich zu einem überwältigenden Ganzen vereinigt und verfestigt und dabei die einzelnen ausgleichenden Mächte integriert aufgrund eines zunehmenden Lebensstandards und einer zunehmenden Machtkonstruktion. [...] Welche Verbesserung auch im ‚normalen Gang der Ereignisse' und ohne Umwälzung eintreten mag, unter diesen Umständen wird sie eine Verbesserung sein, die in der von den partikulären Interessen bestimmten Richtung liegt, die das Ganze kontrollieren.

Aus demselben Grund wird man es jenen Minderheiten, die bestrebt sind, das Ganze selbst zu ändern, unter optimalen Bedingungen (die selten herrschen) gestatten, Erwägungen anzustellen und zu diskutieren, zu sprechen und sich zu versammeln – und diese werden angesichts der überwältigenden Mehrheit, die sich einer qualitativen gesellschaftlichen Änderung widersetzt, harmlos und hilflos dastehen. Diese Mehrheit ist fest gegründet in der zunehmenden Befriedigung der Bedürfnisse sowie der technologischen und geistigen Gleichschaltung, die die allgemeine Hilflosigkeit radikaler Gruppen in einem gut funktionierenden Gesellschaftssystem bezeugen."

Herbert Marcuse: Repressive Toleranz, in: Robert Paul Wolff, Barrington Moore und Herbert Marcuse, Kritik der reinen Toleranz, 11. Aufl., Frankfurt/M.: Suhrkamp 1988, S. 94f, 104f. [Erstveröffentlichung 1965]

Adorno, ein soignierter, klassisch gebildeter Herr, geriet zur Zielscheibe studentischen Mobbings, weil er sich weigerte, seinen Namen für den politischen Campus-Aktionismus herzugeben. Sein Schüler Habermas, ein aufsteigender Stern am Firmament der marxistischen Analyse, wandte sich ebenfalls von diesem Treiben ab. Trotzdem sollte er mit einem fundierten Buch über den Spätkapitalismus erfolgreich in die Kerbe der verschleierten Systemwidersprüche schlagen. Habermas wahrte mit dieser Schrift – obschon im Mainstream des akademischen Marxismus gehalten – den Anschluss an philosophische und sozialwissenschaftliche Fachdebatten. Unter Sozialwissenschaftlern blieb Habermas auch dann noch ein maßgeblicher Referenzautor, als er sich bereits auf die hochabstrakten Ebenen der analytischen Philosophie begeben hatte.

7.3 Quellen des Habermasschen Denkens

Von der Frankfurter Schule übernimmt Habermas den für die Psychologie aufgeschlossenen, überbauzentrierten Marxismus, der die Persönlichkeit als Angelpunkt der gesellschaftlichen Verhältnisse fixiert. Von dort aus gelangt Habermas zur Kritik an den Medien (→ Kapitel 3.2: Marxistische Begegnungen: Die Frankfurter Schule.) Die Medien suggerieren den Menschen gewisse Bedürfnisse, sie unterdrücken damit aber gleichzeitig genuine eigene und wichtigere Bedürfnisse. Die Manipulation des Individuums findet in der so genannten Lebenswelt statt.

Der Begriff der Lebenswelt kommt aus der phänomenologischen Philosophie Heideggers (→ Kapitel 3.1: Philosophische Begegnungen: Hannah Arendt und die Republik.) Habermas übersetzt ihn in die Parsonsche Soziologie. Bei Parsons hat jeder Funktionsbereich des sozialen Systems seine spezifische Sprache und seine Steuerungsmittel (→ Kapitel 5.1: Talcott Parsons: Politik als Ausschnitt des sozialen Systems.) Der Kulturbereich hat in Habermas' Wertehorizont die Schlüsselbedeutung; dort findet die Persönlichkeitsentwicklung statt und dort reift persönliche Urteilsfähigkeit. Es handelt sich um den Kern der Lebenswelt. In dieser Welt wachsen Persönlichkeiten heran oder aber sie werden deformiert. Die Psychoanalyse ermittelt die Befindlichkeit der Person. Sie ist deshalb für Habermas' Gesellschaftsanalyse von größter Wichtigkeit. In der Psychotherapie, vor allem im therapeutischen Gespräch, wird die Situation zwischen Patient und Behandelndem so konstruiert, dass der Patient den Therapeuten als Gleichen empfindet. Der Arzt geht auf jede Aussage des Patienten ein, wie trivial sie auch sein mag. In ähnlicher Weise sollen

Ungleiche in der Lebenswelt zusammenkommen, einander ernst nehmen und einen gemeinsamen Nenner finden.

„Ähliches gilt für die Argumente eines Psychotherapeuten, der darauf spezialisiert ist, einen Analysanden in eine reflexive Einstellung zu seinen eigenen expressiven Äußerungen einzuüben. Rational nennen wir nämlich auch, und sogar mit einer besonderen Betonung, das Verhalten einer Person, die bereit und in der Lage ist, sich von Illusionen freizumachen, und zwar von Illusionen, die nicht auf Irrtum (über Tatsachen), sondern auf Selbsttäuschung (über eigene Erlebnisse) beruhen. [...]
Im analytischen Gespräch sind die Rollen asymmetrisch verteilt, Arzt und Patient verhalten sich nicht wie Proponent und Opponent. Die Voraussetzungen eines Diskurses können erst erfüllt werden, nachdem die Therapie zum Erfolg geführt hat. Die Form der Argumentation, die der Aufklärung systematischer Selbsttäuschungen dient, nenne ich deshalb *therapeutische Kritik*. [...]
Freilich lässt sich die Kritik eines Therapeuten an Selbsttäuschungen seines Analysanden auch als Versuch verstehen, Einstellungen mit Hilfe von Argumenten zu beeinflussen, d.h. den anderen zu *überzeugen*."

Jürgen Habermas: Theorie des kommunikativen Handelns. Bd. 1. Handlungsrationalität und gesellschaftliche Rationalisierung, Frankfurt/M.: Suhrkamp 1995, S. 42f, 69. [Erstveröffentlichung 1981]

Ein weiterer Grundzug der Habermasschen Sozialtheorie ist die Rezeption der Sprachphilosophie. Wie *John L. Austin* (1911-1960) in einem genial betitelten Werk „How to Do Things with Words" formuliert hatte, lassen sich lokutionäre, illokutionäre und perlokutionäre Akte unterscheiden. Lokutionäre Akte fußen auf Lauten, die eine artikulierte Rede und eine bestimmte Aussage konstituieren. Illokutionäre Akte sind eine Begleiterscheinung lokutionärer Sprechakte. Sie zeigen an, wer zu wem etwas sagt, und zwar nicht einfach als Frau X zu Herrn Y, sondern als Frau X oder Herr Y in ihrer gesellschaftlichen Rolle, als Mächtiger oder aber als Mensch ohne die Mittel, Macht über andere auszuüben. Illokutionäre Akte sind allerdings nicht darauf ausgelegt, einen Standpunkt kraft des gesellschaftlichen oder intellektuellen Status durchzusetzen. Perlokutionäre Akte bringen dagegen eine ungleiche Machtbeziehung zwischen den Sprechenden zum Ausdruck. Sie verzichten auf die sprachliche Äußerung und erzwingen Gehorsam kraft der sozialen Situation.

Demzufolge lassen sich die Sprechakte in drei konkreten Konstellationen zusammenfassen. Sprechakte finden sowohl unter Gleichen statt, die nur das vernünftige Argument gelten lassen, als auch unter Ungleichen, die das Argument *und* die soziale Macht einsetzen, als auch unter Ungleichen in einer hierarchischen Situation, die ohne Sprache im Sinne eines vernunftgeleiteten Austausches auskommen. Schon auf den ersten Blick wird hier deutlich, dass die Sprechakttheorie gut auf die Unterscheidung der Welten der Macht, des Geldes und der Gleichheit und Vernunft projiziert werden kann.

Habermas' Frankfurter Philosophenkollege *Karl-Otto Apel* (geb. 1922) hatte für die Geltungskraft sozialer Normen die Einrichtung von Diskursen vorgeschlagen. Die Diskursteilnehmer verständigen sich zunächst darauf, nach welchen Regeln Argumente Geltung beanspruchen dürfen. Anschließend werden nach diesen Regeln praktische Probleme diskutiert. Hier sprechen Menschen in all ihrer Verschiedenheit so lange miteinander, bis sie gemeinsamen Grund finden, den alle als Handlungsmaßgabe akzeptieren. Zwar diskutieren Ungleiche, die ihre Ungleichheit keineswegs verbergen. Aber sie reizen ihre Vorteile und Ressourcen nicht aus, sondern unterwerfen sich dem vernünftigen Widerspruch auch des Geringsten.

„Die Diskursethik versteht sich als *Zwei-Stufen-Ethik*: Nur das formal-prozedurale Prinzip der argumentativen Konsensbildung in (theoretischen und praktischen Diskursen) kann m.E. philosophisch (letzt-)begründet werden. Alles weitere – und d.h. alle inhaltlich bezogenen Thesen zur Normenbegründung bzw. Normenlegitimation ebenso wie alle theoretischen Annahmen, die dabei vorausgesetzt werden – all dies sollte im Prinzip an eine zweite Diskursstufe delegiert werden: Im Falle der Ethik an eine Stufe praktischer Diskurse, auf der in situationsbezogener Diskussion zumindest advokatorisch die Interessen aller Betroffenen und das Wissen aller Experten – darunter natürlich auch das der Philosophen – in den Diskurs eingebracht werden können."

Karl-Otto Apel: Diskurs und Verantwortung. Das Problem des Übergangs zur postkonventionellen Moral, 3. Aufl., Frankfurt/M.: Suhrkamp 1997, S. 271. [Erstveröffentlichung 1988]

An dieser Stelle kann die Revue der Einflüsse abbrechen, die Habermas' Denken bestimmen. Sie zeigt, dass Habermas eine komplexe Synthese wissenschaftlicher Debatten unternommen hat. Wenden wir uns nun dieser Synthese zu.

7.4 Systemwelten und Lebenswelt

Das große Thema des Habermasschen Werkes ist eine im machtfreien Gespräch zu konstituierende Handlungsrationalität. Mit dem Kommunikationsgedanken führt Habermas über die Frankfurter Schule hinaus.

„Die Ideen von Versöhnung und Freiheit, die Adorno, letztlich doch im Bannkreis des Hegelschen Denkens befangen, negativdialektisch bloß einkreist, bedürfen der Explikation; und sie können auch mit Hilfe des Begriffs kommunikativer Rationalität, auf den sie schon bei Adorno verweisen, entfaltet werden. Dafür bietet sich eine Handlungstheorie an, die wie die Meadsche auf den Entwurf einer idealen Kommunikationsgemeinschaft angelegt ist. Diese Utopie dient nämlich der Rekonstruktion einer unversehrten Intersubjektivität, die zwanglose Verständigung der Individuen miteinander ebenso ermöglicht wie die Identität eines sich zwanglos mit sich selbst verständigenden Individuums. Die Grenzen eines solchen kommunikationstheoretischen Ansatzes liegen auf der Hand. Die Reproduktion der Gesellschaft im Ganzen lässt sich gewiss nicht zureichend von den Bedingungen kommunikativer Rationalität her aufklären – wohl aber die symbolische Reproduktion einer aus der Innenperspektive erschlossenen Lebenswelt sozialer Gruppen."

Jürgen Habermas: Theorie des kommunikativen Handelns. Bd. 2. Zur Kritik der funktionalistischen Vernunft, Frankfurt/M.: Suhrkamp 1995, S. 9f. [Erstveröffentlichung 1981]

Habermas' Abgrenzung der Lebenswelt von den Welten der Ökonomie und der Macht ist von der Parsonsschen Sozialtheorie inspiriert. Doch sein Verständnis der Lebenswelt hat seine Wurzeln in der Sozialphilosophie.

„Die Kategorie der Lebenswelt hat also einen *anderen* Status als die bisher behandelten formalen Weltkonzepte. Diese bilden, zusammen mit kritisierbaren Geltungsansprüchen, das kategoriale Gerüst, welches dazu dient, problematische, d.h. einigungsbedürftige Situationen in die inhaltlich bereits interpretierte Lebenswelt einzuordnen. Mit den formalen Weltkonzepten können Sprecher und Hörer die möglichen Referenten ihrer Sprechhandlungen so qualifizieren, daß sie sich auf etwas Objektives, Normatives oder Subjektives beziehen können. Die Lebenswelt hingegen erlaubt keine analogen Zuordnungen; mit ihrer Hilfe können sich Sprecher und Hörer nicht auf etwas als ‚etwas Intersubjektives' beziehen. Die kommunikativ Handelnden bewegen sich stets *innerhalb* des Horizonts ihrer Lebenswelt; aus ihm können sie nicht heraustreten. Als Interpreten gehören sie selbst mit ihren Sprechhandlungen der Lebenswelt an, aber sie können sich nicht ‚auf etwas in der Lebenswelt' in derselben Weise beziehen wie auf Tatsachen, Normen oder Erlebnisse. [...] Die Lebenswelt ist gleichsam der transzendentale Ort, an dem sich Sprecher und Hörer begegnen; wo sie reziprok den Anspruch erheben können, daß ihre Äußerungen mit der Welt [...] zusammenpassen; und wo sie diese Geltungsansprüche kritisieren und bestätigen, ihren Dissens austragen und Einverständnis erzielen können. Mit einem Satz: zu Sprache und Kultur können die Beteiligten in actu nicht dieselbe Distanz einnehmen wie zur Gesamtheit der Tatsachen, Normen oder Erlebnisse, über die Verständigung möglich ist."

Jürgen Habermas: Theorie des kommunikativen Handelns. Bd. 2. Zur Kritik der funktionalistischen Vernunft, Frankfurt/M.: Suhrkamp 1995, S. 191f. [Erstveröffentlichung 1981]

Die Lebenswelt steht in einem Spannungsverhältnis zu den Welten, in denen produziert, konsumiert, regiert und verwaltet wird. Diese Welten haben ihre spezifischen Medien, in denen sie sich verständigen. Das Geld steuert die Ökonomie, die Macht die Politik. Ökonomie und Politik konstituieren Systeme, die nach einer immanenten Logik funktionieren. Das Geldverdienen, das Kaufen und Verkaufen, der Machterwerb und das Treffen politischer Entscheidungen gehorchen bestimmten Regeln. Der Gewerkschafter, der Unternehmer, der Parlamentarier und der Parteichef haben keine andere Wahl, als sich dem zu fügen. Anders verhält es sich mit der Lebenswelt. Sie ist der Raum autonomer Individuen, der idealiter frei von den Zwängen der Politik und Ökonomie bleiben sollte. Die Lebenswelt hat zwei Aspekte: Zum einen bildet sie einen privaten Rückzugsraum. Zum anderen bilden die Individuen dort eine Öffentlichkeit. Diese Öffentlichkeit weist der Ökonomie und der Politik in Foren, Diskussionen, Roundtables und Bürgerinitiativen die Richtung und zieht ihnen Grenzen. Als Prototypen solcher lebensweltlichen Ausdrucksform schweben Habermas die Öffentlichkeit der französischen Literatensalons und die Klubs des britischen Bürgertums im Zeitalter der Aufklärung vor. Allerdings überträgt er diese Archetypen ins demokratische Zeitalter. In seinem Werk „Legitimationsprobleme des Spätkapitalismus", das noch nicht so vollständig vom philosophischen Gestus durchdrungen ist wie seine Hauptwerke, veranschaulicht er einen Ausschnitt der Lebenswelt am Gegenstand der Kunst.

> „Die bürgerliche Kunst ist zum Reservat für eine, sei es auch nur virtuelle Befriedigung jener Bedürfnisse geworden, die im materiellen Lebensprozeß der bürgerlichen Gesellschaft gleichsam illegal geworden sind. Ich meine das Verlangen nach einem mimetischen Umgang mit der Natur; das Bedürfnis nach solidarischem Zusammenleben außerhalb des kleinfamilialen Gruppenegoismus; die Sehnsucht nach dem Glück einer kommunikativen Erfahrung, die den Imperativen der Zweckrationalität enthoben ist und der Phantasie ebenso Spielraum lässt wie der Spontaneität des Verhaltens. Die bürgerliche Kunst hat nicht wie die privatisierte Religion, die szientifizierte Philosophie und die strategisch-utilitaristische Moral Aufgaben für das ökonomische und das politische System übernommen, sondern residuale Bedürfnisse, die im ‚System der Bedürfnisse' keine Befriedigung finden konnten, aufgefangen. Neben dem moralischen Universalismus gehören daher Kunst und Ästhetik (von Schiller bis Marcuse) zu den Sprengsätzen, die in die bürgerliche Ideologie eingebaut sind."
>
> *Jürgen Habermas*: Legitimationsprobleme im Spätkapitalismus, 10. Aufl., Frankfurt/M.: Suhrkamp 1996, S. 110. [Erstveröffentlichung 1973]

Die Dinge liegen in unserer Zeit so, dass die Welt der Kultur und Wissenschaft in weiten Bereichen von der Ökonomie und der Politik erobert worden ist. Kunst und Unterhaltung sind kommerzialisiert. Sie stellen Märkte dar, auf denen die Anbieter mit kulturellen Konservenprodukten, auch mit entsprechender Werbung, viel Geld verdienen. Die Politik dringt mit staatlich organisierter Umverteilung, mit Subventionen und mit Personalentscheidungen in den Kulturbetrieb und in die Universitäten ein. Sie akzeptiert keine autonomen Räume, die ihr lästig werden könnten. Auf diese Weise, durch das kapitalistische Verkaufsinteresse und das Interesse der Politik an der Manipulation ihres gesellschaftlichen Umfeldes, wird die Lebenswelt kolonialisiert. Der letzte Rückzugsraum des aufgeklärten Individuums, das weder an Geld noch an Macht interessierte Gespräch in einer Gesellschaft freier Menschen, steht in Gefahr. Mit dem ihm eigenen Pathos bezeichnet Habermas dieses gefährdete Gut als das Projekt der Moderne.

Die bereits eingetretene Kolonialisierung der Lebenswelt lässt sich nur mit Hilfe der Wissenschaft zurückdrängen. Ökonomie, Politikwissenschaft und Naturwissenschaften taugen aber nur bedingt, um dies zu leisten. Jede dieser Wissenschaften steht im Dienst eines Systems, sei es des Geldes, sei es der Macht. Abhilfe versprechen allein die von Habermas so bezeichneten kritischen Wissenschaften, als da sind: Soziologie, Philosophie und Psychoanalyse. Diese Disziplinen sind an der Wahrheit orientiert; sie sind ganzheitlich und sie blenden die ungleiche Ressourcenverteilung als Ausgangspunkt der Analyse aus. Die Soziologie hat in Habermas' Theorie einen geradezu imperialen Status. Es handelt sich hier aber um ein Verständnis der Soziologie, das die wenigsten Fachsoziologen teilen dürften: die Soziologie als eine Superwissenschaft von eher sozialphilosophischem als empiriewissenschaftlichem Zuschnitt.

> „Demgegenüber ist die *Soziologie* als eine Disziplin entstanden, die für das zuständig wurde, was Politik und Ökonomie auf ihrem Wege zur Fachwissenschaft an Problemen beiseiteschieben. [...] Die Soziologie wird zur Krisenwissenschaft par excellence, die sich vor allem mit den anomischen Aspekten der Auflösung traditioneller und der Herausbildung moderner Gesellschaftssysteme befaßt. [...]
>
> Natürlich hat es nicht an Bestrebungen gefehlt, auch die Soziologie zu einer Fachwissenschaft für soziale Integration zu machen. Aber es ist kein Zufall, eher ein Symptom, daß die großen Gesellschaftstheoretiker, die ich behandeln werde, von Haus aus Soziologen sind. Die Soziologie hat als einzige der sozialwissenschaftlichen Disziplinen den Bezug zu Problemen der Gesamtgesellschaft beibehalten. Sie ist immer *auch* Theorie der Gesellschaft geblieben und hat daher Fragen der Rationalisierung nicht wie andere Disziplinen

abschieben, umdefinieren oder auf kleine Formate zurückschneiden können."

Jürgen Habermas: Theorie des kommunikativen Handelns. Bd. 1. Handlungsrationalität und gesellschaftliche Rationalisierung, Frankfurt/M.: Suhrkamp 1995, S. 19f. [Erstveröffentlichung 1981]

7.5 Diskurstheorie und Zivilgesellschaft

Schildern wir nun, wie sich die Lebenswelt als machtfreie Zivilgesellschaft retten lässt. Die Rezeptur entnimmt Habermas der Diskurstheorie und dem psychoanalytischen Gespräch. Beide heben darauf ab, in machtfreien Sprechsituationen die eigenen Bedürfnisse auszudrücken, d.h. vernünftige Geltungsgründe für den eigenen Standpunkt zu reklamieren und sich gemeinsam auf einen Konsens zu verständigen. Allein Argumente bestimmen diesen Diskurs, der zur Unterscheidung von machtaffizierten Gesprächen als herrschaftsfreier Diskurs bezeichnet wird. Die Diskursteilnehmer erkennen einander als Gleiche an. Das Sprechen in diesen Diskursen zeigt kommunikatives Handeln im Unterschied zum strategischen, erfolgsorientierten Handeln.

„Das Modell *zweckrationalen* Handelns geht davon aus, daß der Aktor in erster Linie an der Erreichung eines nach Zwecken hinreichend präzisierten Ziels orientiert ist, Mittel wählt, die ihm in der gegebenen Situation geeignet erscheinen, und andere vorhersehbare Handlungsfolgen als Nebenbedingungen des Erfolgs kalkuliert. Der Erfolg ist definiert als das Eintreten eines erwünschten Zustandes in der Welt, der in einer gegebenen Situation durch zielgerichtetes Tun oder Unterlassen kausal bewirkt werden kann. Die eintretenden Handlungseffekte setzen sich zusammen aus Handlungsergebnissen [...], Handlungsfolgen [...] und Nebenfolgen [...]. Eine erfolgsorientierte Handlung nennen wir *instrumentell*, wenn wir sie unter dem Aspekt der Befolgung technischer Handlungsregeln betrachten und den Wirkungsgrad einer Intervention in einem Zusammenhang von Zuständen und Ereignissen bewerten; *strategisch* nennen wir eine erfolgsorientierte Handlung, wenn wir sie unter dem Aspekt der Befolgung von Regeln rationaler Wahl betrachten und den Wirkungsgrad der Einflußnahme auf die Entscheidungen eines rationalen Gegenspielers bewerten. Instrumentelle Handlungen können mit sozialen Interaktionen verknüpft sein, strategische Handlungen stellen selbst soziale Handlungen dar. Hingegen spreche ich von *kommunikativen* Handlungen, wenn die Handlungspläne der beteiligten Aktoren nicht über egozentrische Erfolgskalküle, sondern über Akte der Verständigung koordiniert werden. Im kommunikativen Handeln sind die Beteiligten nicht primär am eigenen Erfolg orientiert; sie verfolgen ihre individuellen Ziele unter der Bedingung, daß sie ihre Handlungspläne auf der Grundlage gemeinsamer Situationsdefinitionen aufeinander abstimmen können."

Jürgen Habermas: Theorie des kommunikativen Handelns. Bd. 1. Handlungsrationalität und gesellschaftliche Rationalisierung, Frankfurt/M.: Suhrkamp 1995, S. 384f. [Erstveröffentlichung 1981]

Für den genuinen Raum des kommunikativen Handelns prägte Habermas später den Begriff der Zivilgesellschaft. Es handelt sich um eine seiner weit über die akademische Welt hinaus erfolgreichen Wortschöpfungen. Die Zivilgesellschaft ist nicht mit der guten alten bürgerlichen Gesellschaft identisch, von der Hegel und Marx in Abgrenzung vom Staat geschrieben haben. Im Unterschied zur Civil society hat die Zivilgesellschaft eine emanzipierende Eigenschaft.

„Der Ausdruck ‚Zivilgesellschaft' verbindet sich allerdings inzwischen mit einer anderen Bedeutung als jene ‚bürgerliche Gesellschaft' der liberalen Tradition, die Hegel schließlich als ‚System' der Bedürfnisse, d.h. als marktwirtschaftliches System der gesellschaftlichen Arbeit und des Warenverkehrs auf den Begriff gebracht hatte. Was heute Zivilgesellschaft heißt, schließt nämlich die privatrechtlich konstituierte, über Arbeits-, Kapital- und Gütermärkte gesteuerte Ökonomie nicht mehr, wie noch bei Marx und Marxismus, ein. Ihren institutionellen Kern bilden vielmehr jene nicht-staatlichen und nicht-ökonomischen Zusammenschlüsse und Assoziationen auf freiwilliger Basis, die Kommunikationsstrukturen der Öffentlichkeit in der Gesellschaftskomponente der Lebenswelt verankern. Die Zivilgesellschaft setzt sich aus jenen mehr oder weniger spontan entstandenen Vereinigungen, Organisationen und Bewegungen zusammen, welche die Resonanz, die die gesellschaftlichen Problemlagen in den privaten Lebensbereichen finden, aufnehmen, kondensieren und lautverstärkend an die politische Öffentlichkeit weiterleiten. Den Kern der Zivilgesellschaft bildet ein Assoziationswesen, das problemlösende Diskurse zu Fragen allgemeinen Interesses im Rahmen veranstalteter Öffentlichkeiten institutionalisiert."

Jürgen Habermas: Faktizitiät und Geltung. Beiträge zur Diskurstheorie des Rechts und des demokratischen Rechtstaates, 4. Aufl., Frankfurt/M.: Suhrkamp 1994, S. 445. [Erstveröffentlichung 1992]

Jene Gruppen in der Zivilgesellschaft, die ein Problem diskutieren und dafür außerstaatliche Lösungen suchen, führen zunächst einen theoretischen Diskurs, in dem sie sich auf Gesprächsregeln und geltungsfähige Argumente einigen. In einem zweiten Schritt werden auf dieser Basis praktische, d.h. lösungsorientierte Diskurse geführt. Der theoretische Diskurs, also der Verfassungsakt des Diskurses über konkrete Probleme, ist dem Beratungsakt hinter Rawls' Schleier des Nicht-Wissens vorzuziehen, da er sich ständig von Neuem vollzieht. Er findet in ständig wechselnden Situationen und mit wechselnden Beteiligten statt.

7.6 Deliberative Politik und Rechtsdiskurs

Selbst im Staat gibt es einen Bereich, wo nicht die Macht, sondern allein das vernünftige Argument das Handeln bestimmt: die Justiz und insbesondere die Verfassungsgerichtsbarkeit. Das Für und Wider im Prozess der Rechtsfindung, die Transparenz der Entscheidungsgründe, die Veröffentlichung der Minderheits- und der Mehrheitsauffassung, die Bezugnahme auf ältere Urteile und das Umschlagen der Minderheits- in die Mehrheitsauffassung – dies alles besitzt die Struktur eines Diskurses! Damit die Diskurse in der Zivilgesellschaft auch tatsächlich die Öffentlichkeit erreichen, verlangt Habermas die Konstitutionalisierung der Öffentlichkeit. Die Struktur dieser politischen Öffentlichkeit ist von den Medien vorgegeben. Die bestehenden Medien bedienen lediglich Stimmungen und Interessen. Eine wirklich unabhängige Berichterstattung und Kommentierung soll demgegenüber einen geld- und machtfreien Raum der Kommunikation entstehen lassen. Es handelt sich hier um die intellektuelle Rekonstruktion der aufklärerischen bürgerlichen Öffentlichkeit unter den Bedingungen der Demokratie. Habermas' Justizbeispiel konkretisiert seine Diskursidee. Gesellschaftliche Diskurse erfinden das Rad des vernünftigen Gespräches unter Gleichen nicht täglich neu. Sie nehmen das Wissen um die bewährten Diskurse früherer Zeiten auf. Die Diskurswelt ist also keine historienfreie Sache.

Doch wie steht es mit der Politik, die ja nun einmal um Macht und Machtgebrauch kreist? Hier empfiehlt Habermas unter dem Schlagwort der deliberativen Demokratie diskursähnliche Verfahren, die den unreflektierten Machtgebrauch kontrollieren sollen.

„Die Diskurstheorie macht das Gedeihen deliberativer Politik nicht von einer kollektiv handlungsfähigen Bürgerschaft abhängig, sondern von der Institutionalisierung entsprechender Verfahren und Kommunikationsvoraussetzungen, sowie vom Zusammenspiel der institutionalisierten Beratungen mit informell gebildeten öffentlichen Meinungen. [...]

Die Diskurstheorie rechnet mit der *höherstufigen Intersubjektivität* von Verständigungsprozessen, die sich über demokratische Verfahren oder im Kommunikationsnetz politischer Öffentlichkeiten vollziehen. Diese subjektlosen Kommunikationen, innerhalb und außerhalb des parlamentarischen Komplexes und ihrer auf Beschlußfassung programmierten Körperschaften, bilden Arenen, in denen eine mehr oder weniger rationale Meinungs- und Willensbildung über gesamtgesellschaftliche relevante und regelungsbedürftige Materien stattfinden kann. [...]

Aus diesem Demokratieverständnis ergibt sich normativ die Forderung nach einer Gewichtsverschiebung im Verhältnis jener drei Ressourcen Geld, administrative Macht und Solidarität, aus denen moderne Gesellschaften ihren Integrations- und Steuerungsbedarf befriedigen. Die normativen Implikationen liegen auf der Hand: Die sozialintegrative Kraft der Solidarität, die nicht mehr aus Quellen des kommunikativen Handelns allein geschöpft werden kann, soll sich über weit ausgefächerte autonome Öffentlichkeiten und rechtsstaatlich institutionalisierte Verfahren der demokratischen Meinungs- und Willensbildung entfalten und über das Rechtsmedium auch gegen die beiden anderen Mechanismen gesellschaftlicher Integration, Geld und administrative Macht, behaupten können. [...]

Verfahren und Kommunikationsvoraussetzungen der demokratischen Meinungs- und Willensbildung funktionieren als wichtigste Schleuse für die diskursive Rationalisierung der Entscheidungen einer an Recht und Gesetz gebundenen Regierung und Verwaltung. *Rationalisierung* bedeutet mehr als bloße Legitimation, aber weniger als Konstituierung der Macht. Die administrativ verfügbare Macht verändert ihren Aggregatszustand, solange sie mit einer demokratischen Meinungs- und Willensbildung rückgekoppelt bleibt, welche die Ausübung politischer Macht nicht nur nachträglich kontrolliert, sondern mehr oder weniger auch programmiert."

Jürgen Habermas: Faktizität und Geltung. Beiträge zur Diskurstheorie des Rechts und des demokratischen Rechtsstaats, 4. Aufl., Frankfurt/M.: Suhrkamp 1994, S. 361ff. [Erstveröffentlichung 1992]

Habermas' Diskursidee bezieht sich auf Hannah Arendts Idee der Beratung als Kern des Politischen, die ihrerseits wiederum auf Aristoteles zurückgeht. Mehr als eine Diskursähnlichkeit ist von der Politik aber nicht zu erwarten. Unter einer großen Vokabel bietet Habermas kaum mehr als das Konzept der repräsentativen Demokratie. Mit Diskursarenen und demokratischen Filtern erscheint die deliberative Demokratie auf den ersten Blick als etwas Neues. Letztlich basiert sie aber auf recht konventionellen Institutionen und Verfahren. Vermachtete und gleichwohl diskursähnliche Strukturen sind nichts Neues in der sozialwissenschaftlichen Politikanalyse. Sie finden sich in den Institutionen des Parlamentarismus, der Opposition, der Rede- und Meinungsfreiheit, in Verfahren wie Mehrheitsquoren und in richterlicher und parlamentarischer Kontrolle. Habermas erkennt, dass die kleinen, überschaubaren Diskursgemeinschaften der Zivilgesellschaft den über die Parteien, Behörden und Verbänden wirkenden Mächten wenig entgegenzusetzen haben. Seine Ausführungen zur beratungsorientierten Prozedur im staatlichen Bereich variieren ein altbekanntes Thema der Theorie demokratischer Politik.

7.7 Sozialphilosophische Ästhetik und Politik

Habermas' Werk steht nicht vorrangig das Ziel einer politischen Theorie vor Augen. Sein Anspruch ist umfassender. Dennoch wird Habermas als Theoretiker der Politik gelesen und diskutiert. Habermas' dezidierte Parteinahmen in der öffentlichen Debatte untermauern diese Wahrnehmung. Seine Theorie ist im Kern normativ, ihre politischen Annahmen sind kontrafaktisch. Die rekonstruierte Bürgergesellschaft freier, gleicher und rationaler Individuen bildet die Zielnorm.

Zur Politik hat Habermas ein gestörtes Verhältnis – und zwar das Verhältnis des Ästheten, der eine bessere Gesellschaft modelliert, zu den wenig appetitlichen Niederungen der Machtspiele, der öffentlich ausgelebten Eitelkeiten, der falschen Theatralik, der populären, an Vorurteile und Massengeschmack appellierenden Parolen, zum kleinen Karo der parlamentarischen Prozeduren, zur Hast, in der sich Politik abspielt, und zu den üblichen inkrementellen, kompromissdurchtränkten Veränderungen. Habermas zeigt keine Alternative zum Entscheidungsprozess des Alltags der repräsentativen Demokratie auf. Nach Lage der Dinge wird es sich bei den Diskursteilnehmern um Teile des Bildungsbürgertums mit der berufsbedingten Abkömmlichkeit für solche Aktivitäten handeln. Der Appell, mehr ist es ja nicht, den politischen Betrieb soweit wie möglich diskursiv zu gestalten, wirkt vor dem Anspruchsniveau einer politischen Theorie blass. Habermas' politische Theorie konzentriert sich auf die Abwehr des Eindringens der Politik in die Gesellschaft. Die herkömmlichen politischen Theorien handeln indes vorrangig über den Staat und seine Grenzen. Dabei fragen sie aus einer zumeist vom Staat ausgehenden Perspektive nach den legitimen Grenzen des staatlichen Handelns.

Habermas stellt die Frage, wieweit die Gesellschaft überhaupt den Staat und den Markt braucht, wenn die Bürger Problemlösungen auch ohne den Rekurs auf Politik und Gewinninteresse zu finden verstehen. Diese Frage lässt sich dahin erweitern, ob es der Gesellschaft gelingt, mit ihren politischen Repräsentanten so zu kommunizieren, dass diese das Ergebnis diskursiver Prozesse auch beherzigen. So gelesen, verliert Habermas die Gestalt des abgehobenen Sprachästheten. Ein wichtiges Problem der modernen Gesellschaft, die Blockade der kommunikativen Kanäle durch ungeeignete Stoffe wie den Kommerz und das Machterhaltsinteresse der Politik, wird sichtbar. Habermas' Habilitationsschrift über die Entstehung der Öffentlichkeit im 17. und 18. Jahrhundert besticht durch ihre Empirizität und ihre plastische Sprache. Selbst sein überaus populäres Buch über den Spätkapitalismus hat noch eine plastische Dimension.

Mit seinem Hauptwerk, der Theorie des Kommunikativen Handelns, verabschiedet sich Habermas von der Kommunikationsfähigkeit mit dem nicht-philosophischen Publikum. Darin liegt eine gewisse Tragik. Habermas' Werk ist zweifellos wichtig für das die Moderne charakterisierende Spannungsverhältnis von demokratischem Staat, Kapitalismus und autonomer Gesellschaft. Habermas zahlt mit seiner hermetischen, teilweise manierierten Sprache den Preis für seine zu Lebzeiten erfahrene Aufnahme in die Hall of Fame großer deutscher Philosophen: Er erfindet seine eigene politische Grammatik und vor allem sein eigenes Vokabular. Beides hat Resonanz in der Gemeinschaft der Kulturschaffenden und derer gefunden, die dort Beifall suchen. Die Zivilgesellschaft hat es bis in die Präambel des Entwurfs für die Europäische Verfassung geschafft. Habermas ist der Lieblingsphilosoph einer Generation. Sein wissenschaftlicher Aufstieg und sein Erfolg fallen mit der Schönwetterperiode der deutschen Politik nach dem Kriege zusammen. Diese lässt sich mit Schlagworten wie regelmäßigem Wachstum, stabilem Sozialstaat, positiver Umverteilung, überschaubarer Arbeitslosigkeit, leichtläufigen Regierungsbündnissen und eingespielter Zusammenarbeit der Verbände mit dem Regierungsapparat charakterisieren. Aber die Zeiten ändern sich. Die Ästhetisierung der Beziehungen zwischen Politik und Gesellschaft passt schwerlich zu dem, was im Zeichen der Globalisierung und der Erschöpfung sozialdemokratischer und sozialistischer Paradigmen stattfindet.

Literatur:

Karl-Otto Apel: Diskurs und Verantwortung. Das Problem des Übergangs zur postkonventionellen Moral, 3. Aufl., Frankfurt/M.: Suhrkamp 1997. [Erstveröffentlichung 1988]

John L. Austin: Zur Theorie der Sprechakte, Stuttgart: Reclam 2002. [Erstveröffentlichung, How to Do Things with Words, 1962]

Edmund Braun: Karl-Otto Apel: Transzendentalpragmatik als normativsemiotische Transformation der Transzendentalphilosophie, in: Jochem Hennigfeld u. Heinz Jansohn (Hrsg.), Philosophen der Gegenwart, Darmstadt: Wissenschaftliche Buchgesellschaft 2005, S. 160-178.

André Brodocz u. Gary S. Schaal (Hrsg.): Politische Theorien der Gegenwart, 2 Bde., Opladen: Leske + Budrich 2001.

Hauke Brunkhorst: Jürgen Habermas. Die rächende Gewalt der kommunikativen Vernunft, in: Jochem Hennigfeld u. Heinz Jansohn (Hrsg.), Philosophen der Gegenwart, Darmstadt: Wissenschaftliche Buchgesellschaft 2005, S. 198-215.

Jochem Hennigfeld u. Heinz Jansohn (Hrsg.): Philosophen der Gegenwart, Darmstadt: Wissenschaftliche Buchgesellschaft 2005.

Jürgen Habermas: Strukturwandel der Öffentlichkeit, unveränderter Nachdruck der Aufl. von 1990, Frankfurt/M.: Suhrkamp 2004. [Erstveröffentlichung 1962]

Jürgen Habermas: Legitimationsprobleme im Spätkapitalismus, 10. Aufl., Frankfurt/M.: Suhrkamp 1996. [Erstveröffentlichung 1973]

Jürgen Habermas: Theorie des kommunikativen Handelns, 2 Bde., Frankfurt/M.: Suhrkamp 1995. [Erstveröffentlichung 1981]

Jürgen Habermas: Faktizität und Geltung. Beiträge zur Diskurstheorie des Rechts und des demokratischen Rechtsstaats, 4. Aufl., Frankfurt/M.: Suhrkamp 1994. [Erstveröffentlichung 1992]

Axel Honneth: Jürgen Habermas, in: Dirk Kaesler (Hrsg.), Klassiker der Soziologie, Bd. 2: Von Talcott Parsons bis Pierre Bourdieu, 4. Aufl., München: C.H. Beck 2003, S. 230-251.

Detlef Horster: Jürgen Habermas zur Einführung, 2. Aufl., Hamburg: Junius 2001.

Dirk Kaesler (Hrsg.): Klassiker der Soziologie, 2 Bde., 4. Aufl., München: C.H. Beck 2003.

Herbert Marcuse: Der eindimensionale Mensch. Studien zur Ideologie der fortgeschrittenen Industriegesellschaft, 4. Aufl., München: dtv 2004.

Herbert Marcuse: Repressive Toleranz, in: Robert Paul Wolff, Barrington Moore und Herbert Marcuse, Kritik der reinen Toleranz, 11. Aufl., Frankfurt/M.: Suhrkamp 1988, S. 93-128.

Walter Reese-Schäfer: Jürgen Habermas, Frankfurt/M.: Campus 1991.

David Strecker u. Gary S. Schaal: Die politische Idee der Deliberation: Jürgen Habermas, in: André Brodocz u. Gary S. Schaal (Hrsg.), Politische Theorien der Gegenwart, Bd. 2, Opladen: Leske + Budrich 2001, S. 89-128.

Rolf Wiggershaus: Jürgen Habermas, Reinbek: Rowohlt 2004.

Robert Paul Wolff, Barrington Moore und Herbert Marcuse: Kritik der reinen Toleranz, 11. Aufl., Frankfurt/M.: Suhrkamp 1988.

8 Politische Systeme und Umwelten: Niklas Luhmann

8.1 Biografische Skizze

Niklas Luhmann (1927-1998) studierte zunächst Jura, war dann in Lüneburg als Justizbeamter tätig und arbeitete danach im niedersächsischen Kultusministerium. 1960 wurde er beurlaubt, um an der Harvard University Verwaltungswissenschaft und Soziologie zu studieren. Einer seiner Lehrer war der damals bereits zum Starsoziologen avancierte Talcott Parsons. Aus seinen persönlichen Erfahrungen in der deutschen Verwaltung und aus Parsons' Theorie des sozialen Systems sollten die wichtigsten frühen Impulse für sein wissenschaftliches Werk erwachsen. Zurück in Deutschland, arbeitete Luhmann zunächst an der Hochschule für Verwaltung in Speyer. Dann promovierte und habilitierte er in Soziologie an der Universität Münster; an der soziologischen Forschungsstelle in Dortmund wurde er 1966 Abteilungsleiter. Im Jahr 1968 übernahm er eine Soziologieprofessur in Bielefeld, die er bis zu seiner Emeritierung innehatte. Die dortige Universität war als Reformhochschule mit einem Schwerpunkt unter anderem in der Soziologie gegründet worden. Das große Thema Luhmanns ist die strukturelle Eigenart sozialer Systeme und Subsysteme. Diese untersucht er mit einem von ihm entwickelten neuen Format. Danach besitzen Systeme eine allein für sie typische kommunikative Struktur. Luhmanns Werk umfasst eine Fülle von Büchern, die das soziale System als Ganzes sowie die Wirtschaft, die Politik, die Religion, die Unterhaltung und die Literatur als Elemente eines sozialen Systems untersuchen.

Luhmann steht für den jüngsten Großversuch einer Neufassung der Systemtheorie. Parsons hat mit Abstand den größten Einfluss unter den von Luhmann rezipierten Autoren gehabt. Vor allem die Idee von einer je spezifischen funktionellen Logik sozialer Strukturen und einem für jeden gesellschaftlichen Funktionsbereich typischen Verständigungsmodus – Geld, Macht, Wissen – schlägt sich in Luhmanns Werk nieder (→ Kapitel 5.1: Talcott Parsons: Politik als Ausschnitt des sozialen Systems).

Luhmanns ursprünglicher soziologischer Forschungsgegenstand war die Organisation. Er selbst hatte ja berufliche Erfahrung in der öffentlichen Verwaltung. Sein Werk zeigt die Rezeption der Organisationstheorie von *Herbert A. Simon* (1916-2001). In der kritischen Auseinandersetzung mit dem Bild des Homo oeconomicus, das die Wirtschaftswissenschaft beherrscht, behauptet Simon, Menschen in einer Firma oder in einer Verwaltung handelten eben nicht in dem Sinne rational, dass sie mit großem Aufwand alle in Frage kommenden Möglichkeiten und Folgen durchrechnen, bevor sie eine Entscheidung treffen. Wohl aber handeln sie rational in dem Sinne, dass sie den Zeit- und Informationsbeschaffungsaufwand für eine Entscheidung reduzieren. Der Mensch in der Organisation ist ein „satisficer", der sich an irgendeinem Punkt mit den Informationen, die er gesammelt hat, zufrieden gibt und dann seine Entscheidung trifft. Simon spricht hier von der „bounded rationality".

Der Saturierungspunkt für die Entscheidungsvorbereitung wird von Simon unter anderem vom institutionellen Gedächtnis der Organisation her bestimmt, insbesondere von der persönlichen Erfahrung mit ähnlichen Entscheidungssituationen in der Vergangenheit, von der Konsultation des Firmenarchivs und von der Erkundigung bei Vorgesetzten und Kollegen, wie man in solchen Fällen am besten verfährt. Auf diese Weise entsteht ein Repertoire von Standardoptionen und -verfahrensweisen, das die Organisation beherrschbar macht.

„(1) Während dem ökonomisch denkenden Menschen unterstellt wird, dass er seinen Nutzen maximiert – dass er die beste aller ihm bekannten Alternativen auswählt –, hält sein Kousin, der Verwalter, Ausschau nach einer Vorgehensweise, die ihn zufrieden stellt oder ihm als ‚gut genug' erscheint. Als Beispiele für solche zufriedenstellenden Kriterien, mit denen Geschäftsleute recht gut vertraut, die den meisten Wirtschaftswissenschaftlern aber fremd sind, mögen ‚Marktanteil', ‚vernünftiger Gewinn', ‚angemessener Preis' genügen.

(2) Der ökonomisch denkende Mensch will sich mit der ‚realen Welt' in all ihrer Komplexität zurechtfinden. Der Verwalter erkennt, das die Welt, mit der er es zu tun hat, ein drastisch vereinfachtes Modell der geräuschvollen, nicht enden wollenden Verwirrung dar-

stellt, welche die reale Welt ausmacht. Der Verwalter geht mit Situationen so um, als seien sie lediglich locker miteinander verschränkt – die meisten Tatsachen der realen Welt haben keine besondere Bedeutung für eine bestimmte Entscheidungssituation; und die Ursache-Wirkung-Zusammenhänge sind überschaubar und einfach. Man kann jene Aspekte der Wirklichkeit getrost außer Acht lassen – und damit sind die *meisten* Aspekte gemeint –, die in einem bestimmten Zeitpunkt irrelevant erscheinen. Verwalter (und praktisch auch sonst jedermann) berücksichtigen lediglich einige Faktoren der Situation, die sie als besonders und entscheidend betrachten. Vor allem bearbeiten sie ein Problem zur Zeit oder wenige Probleme nebeneinander. Die Grenzen der Konzentration erlauben es einfach nicht, sich gleichzeitig um alles zu kümmern.

Weil sich Verwalter mit zufriedenstellenden Lösungen zufrieden geben und keine Bestlösungen anstreben, können sie Entscheidungen treffen, ohne erst alle möglichen Alternativen zu prüfen und ohne sich zu vergewissern, dass sie tatsächlich *alle* Alternativen kennen. Weil sie die Welt als einigermaßen leer betrachten und die Zusammenhänge zwischen den Tatsachen ignorieren (die das Denken und Handeln so leicht betäuben), treffen sie ihre Entscheidungen nach relativ simplen Daumenregeln, die nichts verlangen, was ihr Denkvermögen überfordern könnte. Vereinfachungen mögen Irrtümer produzieren. Aber mit Blick auf die Grenzen des Wissens und der menschlichen Vernunft gibt es keine realistische Alternative."

Herbert A. Simon: Administrative Behavior: A Study of Decision-Making Processes in Administrative Organisations, 4. Aufl., New York: Free Press 1997, S. 119. [Erstveröffentlichung 1947]

8.2 Die Grammatik sozialer Systeme: Kommunikation

Systeme entstehen nach Luhmann aus sich selbst heraus. Sie werden von der Umwelt bestehender Systeme ausgebrütet. Luhmann bezeichnet diesen Vorgang mit einem Kunstwort aus der biologischen Theorie als Autopoiesis.

"Autopoiesis heißt: daß alle Einheiten, die das System benötigt, durch das System selbst produziert werden."

Niklas Luhmann: Die Politik der Gesellschaft, Frankfurt a.M.: Suhrkamp 2002, S. 126. [Erstveröffentlichung 2000]

Hängt ein Problem „in der Luft", weil es von den vorhandenen Systemen nicht bearbeitet wird, dann bildet sich über kurz oder lang ein System, das sich mit diesem Ausschnitt der Umwelt auseinandersetzt. Es mag sogar sein, dass für diesen Umweltausschnitt bereits ein System existiert. Die Anforderungen der Umwelt mögen jedoch zu komplex geworden sein, um von diesem System noch verstanden zu werden. Als Folge bildet sich ein neues System. Ob ein vorhandenes System Geburtshilfe leistet, ist nicht von Bedeutung. Dieses ältere System ist für das neue System wieder Umwelt, nicht anders, als ganz andere Systeme. Luhmann spricht in diesem Zusammenhang von der Selbstherstellung und Selbstreferenz sozialer Systeme. Man kann sich auch vorstellen, dass sich ein System selbst umbaut bzw. sich selbst auflöst, wenn ihm aus der Umwelt mitgeteilt wird, dass es seiner in der vorhandenen Gestalt nicht mehr bedarf.

Systeme bauen sich fortwährend um. Ihre Angelpunkte sind Zugehörigkeit und Kommunikation. Das System definiert zunächst und fortlaufend, wer dazu gehört. Negativ ausgedrückt, grenzt sich das System kontinuierlich von seiner Umwelt ab. Umwelt ist alles, was sich außerhalb des Systems befindet. Wer nicht am System teilhat, kann darin auch nicht kommunizieren. Das System selbst wählt frei, wie es mit der Umwelt und mit welchem Sektor der Umwelt es kommuniziert. Die Umwelt als solche ist per Definition unüberschaubar komplex. Systeme ermöglichen die Auseinandersetzung mit der Umwelt, indem sie nur bestimmte, von ihnen definierte Ausschnitte dieser Umwelt an sich heranlassen. Dazu bilden sie Wahrnehmungs- und Bearbeitungsmodalitäten aus, die ausschließlich die Systemteilnehmer erwerben und beherrschen. Diese Modalitäten bestimmen die Kommunikation im System.

Kommunikation ist eine Verständigung „dreistelliger Art". Sie beinhaltet Information, Mitteilung und Verstehen. Solange Mitteilungen im System und zwischen System und Umwelt verstanden werden, hat das System Bestand. Werden Mitteilungen nicht mehr verstanden oder häufig

Die Grammatik sozialer Systeme: Kommunikation

missverstanden, oder anders ausgedrückt: kommt keine Kommunikation mehr zustande, so verliert das System seine Existenzgrundlage.

Soziale Systeme kennen untereinander keine hierarchische Ordnung. Jedes System gewinnt seine Legitimation aus sich selbst. Es existiert, weil es gebraucht wird, ob es sich nun um das politische System der Bundesrepublik Deutschland, des Freistaates Bayern oder das kleine System einer Kirchengemeinde in Oberfranken handelt. Systeme sind zukunftsoffen, sie brauchen die innere und äußere Kommunikation, um sich über neue Herausforderungen zu verständigen und sich dann selbst umzubauen oder anzupassen.

Im Verhältnis zu seiner Umwelt bildet das System einen zweistelligen Erkennungsmodus aus. Es erkennt die Umwelt oder es erkennt sie nicht. Mitteilungen über die Umwelt oder aus der Umwelt, die das System nicht versteht, laufen ins Leere. Es kommt keine Kommunikation zustande. Wenn keine Kommunikation zustande kommt, verflüchtigt sich auch die Systemumwelt.

„Als Ausgangspunkt jeder systemtheoretischen Analyse hat [...] die *Differenz von System und Umwelt* zu dienen. Systeme sind nicht nur gelegentlich und nicht nur adaptiv, sie sind strukturell an ihrer Umwelt orientiert und könnten ohne Umwelt nicht bestehen. Sie konstituieren und sie erhalten sich durch Erzeugung und Erhaltung einer Differenz zur Umwelt, und sie benutzen ihre Grenzen zur Regulierung dieser Differenz. Ohne Differenz zur Umwelt gäbe es nicht einmal Selbstreferenz, denn Differenz ist Funktionsprämisse selbstreferentieller Operationen. [...]

Die Einrichtung und Erhaltung einer Differenz von System und Umwelt wird deshalb zum Problem, weil die Umwelt für jedes System komplexer ist als das System selbst. Den Systemen fehlt die ‚requisite variety' (Ashby), die erforderlich wäre, um auf jeden Zustand der Umwelt reagieren bzw. die Umwelt genau systemadäquat einrichten zu können. Es gibt, mit anderen Worten, keine Punkt-für-Punkt-Übereinstimmung zwischen System und Umwelt [...]. Eben deshalb wird es zum Problem, diese Differenz trotz eines Komplexitätsgefälles einzurichten und zu erhalten. [...]

Das nächste Zentralthema heißt *Selbstreferenz*. [...]

Der Begriff Selbstreferenz bezeichnet die Einheit, die ein Element, ein Prozeß, ein System für sich selbst ist. ‚Für sich selbst' – das heißt: unabhängig vom Zuschnitt der Beobachtung durch andere.

Der Begriff definiert nicht nur, er enthält auch eine Sachaussage, denn er behauptet, daß Einheit nur durch eine relationierende Operation zustandekommen kann; daß sie also zustandegebracht werden muß und nicht als Individuum, als Substanz, als Idee der eigenen Operation immer im voraus schon da ist."

Niklas Luhmann: Soziale Systeme. Grundriß einer allgemeinen Theorie, Frankfurt/M.: Suhrkamp 1987, S. 35, 47f, 57f. [Erstveröffentlichung 1984]

Kommunikation wird durch Verfahren gesteuert. Verfahren haben in Luhmanns Systemverständnis eine Schlüsselbedeutung. Der Mensch steht außerhalb des Systems, er ist ein Teil der Umwelt. Er kann auch nicht Teil des Systems werden. Systemische Kommunikation bzw. Mitteilung und Verstehen findet nicht zwischen Menschen, sondern zwischen den Kommunikationsträgern, zwischen dem Kommunikator und dem Rezipienten statt.

Der Mensch ist für Luhmann allenfalls ein psychisches System. Die Psyche stellt allerdings kein wirkliches System dar. Sie drückt Interessen, Leidenschaften und Irrationalität aus.

„Wir behandeln soziale Systeme, nicht psychische Systeme. Wir gehen davon aus, daß die sozialen Systeme nicht aus psychischen Systemen, geschweige denn aus leibhaftigen Menschen bestehen. Demnach gehören die psychischen Systeme zur Umwelt sozialer Systeme. Sie sind freilich ein Teil der Umwelt, der für die Bildung sozialer Systeme in besonderem Maße relevant ist."

Niklas Luhmann: Soziale Systeme. Grundriß einer allgemeinen Theorie, Frankfurt/M.: Suhrkamp 1987, S. 346. [Erstveröffentlichung 1984]

Systeme dagegen sind emotionsfreie Sinnwelten, in denen der Mensch als Verursacher keine Rolle spielt. Ins Systemgeschehen gelangt der Mensch letztlich aber doch. Denn Menschen aus Fleisch und Blut sind Träger und Empfänger aller Kommunikation.

> „Der Begriff ‚Person' soll hier [...] eine in der *Kommunikation referierbare Einheit* verkörpern, also etwas, was nur in der Kommunikation und nur für die Kommunikation existiert. Kommunikation kann nur funktionieren, wenn unterscheidbar ist, wer etwas mitteilt und wer passiv-verstehend beteiligt ist."
>
> *Niklas Luhmann*: Die Politik der Gesellschaft, Frankfurt/M.: Suhrkamp 2002, S. 375. [Erstveröffentlichung 2000]

Bedeutungsgleich mit dem Begriff des psychischen Systems spricht Luhmann von Bewusstsein. Das Bewusstsein stellt sich in der Person her und existiert nur dort, aber nicht im System, in dem diese Person kommuniziert.

> „Angesichts ihrer Umweltlage kann kein Zweifel bestehen, daß psychische Systeme autopoietische Systeme sind – und zwar nicht auf der Basis von Leben, sondern auf der Basis von Bewußtsein. Sie verwenden Bewußtsein nur im Kontext ihrer eigenen Operationen, während alle Umweltkontakte [...] durch das Nervensystem vermittelt werden, also andere Realitätsebenen benutzen müssen. Schon das Nervensystem ist ein geschlossenes System, und schon deshalb muß auch das mit Bewußtsein operierende psychische System ausschließlich auf selbstkonstituierenden Elementen aufbauen."
>
> *Niklas Luhmann*: Soziale Systeme. Grundriß einer allgemeinen Theorie, Frankfurt/M.: Suhrkamp 1987, S. 355. [Erstveröffentlichung 1984]

Nur weil der Mensch nicht strikt systemrational handelt, sondern die systemgerechte Kommunikation mit seinen Gefühlen vermischt, holt er die Empfindungen und Kalküle, die sich auf ein fremdes System beziehen, in das für sein aktuelles Handeln „eigentlich zuständige" System hinein, z.B. das wirtschaftliche, politische oder wissenschaftliche System. Deshalb spielen beispielsweise Geld und Erwerbsinteressen in das an sich bloß auf Macht geeichte politische System hinein. Auf diese Weise entstehen in Systemen so genannte Irritationen, d.h. Störungen durch eigentlich systemfremde Kommunikationsformen. Die betroffenen Systeme müssen mit ihnen zurechtkommen.

8.3 Das System der Politik

Das politische System ist nichts Herausragendes, kein Nervenzentrum der Gesellschaft, sondern ein System wie jedes andere auch. Es hat allerdings die Besonderheit, dass es verbindliche Entscheidungen für das Ganze der Gesellschaft trifft. Sein kommunikatives Medium ist die Macht, und Macht versteht auch Luhmann letztlich als Erzwingungsmacht.

> „Im *Funktionssystem Politik* gibt es keine genaue Isomorphie, wohl aber genaue funktionale Äquivalente. Es gibt keine genaue Isomorphie, weil das Kommunikationsmedium Macht nicht die gleiche technische Präzision hat und nicht die gleiche hohe Integrationskraft besitzt wie das Geld. Machtgebrauch ist nicht eo ipso schon ein politisches Phänomen. Deshalb muß in diesem Funktionssystem die Einheit des Systems zusätzlich durch eine Selbstbeschreibung in das System eingeführt werden, um als Bezugspunkt für das selbstreferentielle Prozessieren von Informationen zur Verfügung zu stehen. Diese Funktion erfüllt der Begriff des *Staates*."

Niklas Luhmann: Soziale Systeme. Grundriß einer allgemeinen Theorie, Frankfurt/M.: Suhrkamp 1987, S. 626. [Erstveröffentlichung 1984]

Das wissenschaftliche System kommuniziert über Wahrheit, indem es widerlegte Wahrheiten aus seinen Überlegungen aussondert. Die Ökonomie dient der materiellen Reproduktion und der Erfüllung der Konsumwünsche. Der Code des ökonomischen Systems ist das Geld. Dinge wie Geschmack und Überzeugungen versteht das ökonomische System erst dann, wenn sie ein Preisschild tragen, d.h. wenn sie als Waren kommuniziert werden. Der Code der Unterhaltung sind Aufmerksamkeit heischende Knalleffekte, Beachtung und Mode.

Beim politischen System geht es um Machterwerb und Machterhalt. Das System kommuniziert über Dinge, die dafür von Bedeutung sind. Es tut dies nach seinen eigenen Regeln: nach geeigneten Verfahren, die den politischen Betrieb charakterisieren. Nach dem von Luhmann geschätzten binären Unterscheidungsmodus teilt Kommunikation im politischen System mit, wer an Macht überlegen oder aber, wer unterlegen ist, ob man es mit machtrelevanten Phänomenen zu tun hat oder mit solchen, die als Machtfaktoren nicht zählen. Die Machtlosen sind systemnotwendig für die Politik. Gesetze und Befehle laufen ins Leere, wenn nicht feststeht, von wem sie befolgt werden müssen. Macht setzt Machtlosigkeit voraus. Die Demokratien institutionalisieren diese Differenz in Gestalt des Dualismus von Regierungsmehrheit und Opposition. Durch das Mandat auf Zeit ist dieser Dualismus so eingerichtet, dass es sich für die Regierenden lohnt, auf die Argumente zu hören, mit denen die Opposition bei den Wählern um Stimmen wirbt.

8.4 Die Arenen der Politik

Das politische System differenziert sich in die Arenen der Macht, der Verwaltung und des Publikums. Mit dem Publikum hat es seine besondere Bewandtnis. Für Luhmann ist es bloß eine Metapher für das Volk. Das Volk ist zwar der legitimatorische Ausgangspunkt für die Zuweisung von Macht. Diese Machtzuweisung in den Wahlen wird mit Hilfe der Parteien bewerkstelligt. Danach sinkt das Volk zum Machtadressaten herab. Es wird dennoch nicht einfach zum Objekt der Erzwingungsmacht der Regierung. Den Regierenden bleibt es als Machtquelle stets gegenwärtig. Deshalb übt das politische System Macht so aus, dass sie beim Publikum als Ausdruck der eigenen Vorstellungen und Wünsche wahrgenommen wird. Dabei kommen alle Register von der Verteilungspolitik bis zur Werbestrategie zum Einsatz. Als letztes Mittel bleibt indes die krude Anwendung von Überlegenheit, wie sie sich etwa in den strafbewehrten Steuergesetzen artikuliert.

> „Der offizielle Machtkreislauf induziert einen Gegenkreislauf informaler Macht, und je größer der Entscheidungsspielraum und die Komplexität der Entscheidungslagen wird, desto mehr bestimmende Wirkung geht von dieser informalen Macht aus. Je nach den Schnittstellen im Kreislauf von Volk/Politik/Verwaltung/Publikum nimmt dieser Gegenkreislauf aber ganz verschiedene Formen an.
> In der politischen Wahl versuchen Politiker, das Volk zu überreden, sie zu wählen. Viel Sorgfalt wird auf eine günstige Präsentation der politischen Programme gelegt, und starke moralische Akzente dienen dazu, zu insinuieren, daß nur bei bestimmten Politiken (policies) Einverständnis und Motivation im Sinne des Guten-und-Richtigen zu erreichen sei. Natürlich durchschauen viele (wenn nicht

alle) das Spiel, aber das System ist gegen das Durchschautwerden immun, weil es auf dieser (sagen wir: systematischen) Ebene keine Alternativen anbietet. Anscheinend gibt es keine anderen Formen des Komplexitätshandling, und wenn man sie entdecken und realisieren könnte, würde das revolutionierend wirken. Dem Volk bleibt als eine viel genutzte Alternative zu den angebotenen Alternativen die Resignation. Und eben deshalb kommt es, realistisch gesehen, für die ‚Zukunft der Demokratie' vor allem darauf an, wie und worin sich die Alternativen unterscheiden, die angeboten werden."

Niklas Luhmann: Die Politik der Gesellschaft, Frankfurt/M.: Suhrkamp 2002, S. 258f. [Erstveröffentlichung 2000]

Macht wird auf den Wählermärkten erworben oder verloren. Den größten Gewinn im erfolgreichen Machtspiel erhalten jene Parteien, die das Parlament beherrschen und die Regierung bilden. Parteien kommunizieren im Machtcode. Was immer sie wahrnehmen und entscheiden, folgt der Frage, ob es machtneutral ist. Falls ja, stellt es keine relevante Umwelt dar. Werden aus der Umwelt Ereignisse mitgeteilt, die Macht gefährden, stabilisieren oder steigern, dann sind sie systemrelevant. Machtfragen werden stets mit dem Blick aufs Publikum kommuniziert – mit Blick auf die Stimmungen im Elektorat. Deshalb agieren Politiker im Grenzbereich zur Unterhaltung. Sie suchen die Nähe zu den Medien und zur Werbewirtschaft. Luhmann konzentriert hier das Treiben der gewählten Politiker auf das Gewinnen von Wahlen und den Erhalt von Regierungsämtern. Die Inhalte der Politik, Sachprobleme und Lösungen, spielen nur insoweit eine Rolle, als sie die Gunst des elektoralen Publikums zu gewinnen oder zu bewahren helfen.

8.5 Die offenen Grenzen des politischen Systems

Die Affinität der Politik zur Unterhaltung macht Politiker anfällig für Entscheidungen, die auf den Unterhaltungsbedarf des Publikums ausgelegt sind. Politiker stehen in Gefahr, eher die Spur zu wechseln, lieber eine bestimmte Politik aufzugeben, als die Mehrheit aufs Spiel zu setzen. Sie neigen zu Werbeeffekten und Tricks, die der Reklamesparte des Unterhaltungssystems zugehören, um bloß die Hürde der nächsten Wahl zu nehmen. Systemsprachlich lässt sich die Politik hier auf die Kommunikationslogik des Unterhaltungssystems ein, das nur unterhalten, aber keinesfalls Macht erwerben will. Unter dem Aspekt des Systemcodes ist diese Verhaltensweise dem politischen System angemessen. Wenn das politische System mit den Mitteln der Unterhaltung und des Geldausgebens operiert, tut es dies, weil es sich Machtgewinn oder Machterhalt davon verspricht. Weil Politiker die Welt der Unterhaltung als Laien betreten, gerät ihr Beitrag zur Unterhaltung nicht selten daneben, ebenso die Kommunikation mit dem politischen Publikum, das Antworten auf politisch zu lösende Probleme erwartet.

Die Macht, also die parlamentarische Mehrheit und die Regierung, bedient sich der Sprache des Rechts, um ihren Willen auszudrücken. Die Anwendung des Rechts ist Sache der Verwaltung. Die Politik bedient sich aber gern des Geldes, um die Gunst des Publikums zu gewinnen. Die Klientelen im Publikum werden durch sozialstaatliche Umverteilung ruhig gestellt. Die Politik produziert so Renten, d.h. Einkommen in der Landwirtschaft, im Bergbau und an benachteiligten Standorten, die nicht mehr primär durch eigene Leistung, sondern durch Zuteilung per Gesetz erwirtschaftet werden. Sie greift also mit dem spezifischen Mittel des Rechts, einem Aspekt des Machtcodes, in das soziale System der Ökonomie ein, das auf Angebot und Nachfrage basiert und das sich im Code des Geldes verständigt. Die Folge ist eine Fehlallokation der Einkommen: Die Politik als Machtphänomen kann nicht marktkonform handeln. Die Folge der Anwendung des politischen Codes auf die Sphäre des Geldes ist die Effizienzminderung der dem Markt – durch steuerliche Umverteilung – entzogenen Ressourcen. Dabei werden auch die gewollten politischen Effekte verfehlt. Der Markt hört ja nicht auf, seinen Gesetzen des Geldverdienens und Kostensparens zu folgen, weil der Staat den von ihm vereinnahmten Teil des Sozialprodukts im ökonomiefremden Modus der administrativen Zweckbestimmung ausgibt. Das ökonomische und das Unterhaltungssystem lassen sich von alledem nicht groß beeindrucken. Sie folgen weiterhin ihrer eigenen Logik.

Luhmann traut den Politikern nicht allzu viel zu. Als unerreichbares Idealbild der Politik scheint hinter seinen süffisanten Beschreibungen der liberale Minimalstaat durch. Dieser würde am besten fahren, wenn er sich auf das populistische Umwerben des Wählerpublikums nicht einließe und statt dessen sachlich-nüchtern für technisch optimale Problemlösungen würbe. Man spürt bei alledem Luhmanns Unbehagen an politischen Ambitionen, an Emotionen, an Ideen und Gerechtigkeitserwartungen, die zur Systemrationalität nicht so recht passen wollen.

„Eine Reduktion der Politik auf genau ihre Funktion, auf Befriedigung des Bedarfs für kollektiv-bindende Entscheidungen, würde sich besser in den Rahmen einfügen, der durch die funktionale Differenzierung der Gesellschaft vorgegeben ist. Dabei müßte man aber davon ausgehen, daß menschlich befriedigendes Leben, daß ‚gutes Leben' (Aristoteles) möglich bleibt in einer sozialen Ordnung, die das Individuum stets nur rollenmäßig, stets nur in spezifisch-funktionalen Bezügen engagiert und ihm kein Gegenüber mehr bietet, an das es sich in allen Sorgen und Nöten wenden kann, das bei schlechten Ernten Zusatzzahlungen leistet und bei guten Ernten den Überschuß abnimmt. [...]
In der gleichen Frage spaltet sich die Auffassung der Inklusion in den Wohlfahrtsstaat. Geht man davon aus, daß gesellschaftliche Existenz im Ernstfalle immer politische Existenz ist, so wird die Schwelle der Politisierung von Themen und Problemen gesenkt. Vor allem können dann Ungleichheiten (oder jedenfalls: unverdiente Ungleichheiten) als Anlaß für Ansprüche gelten. Ferner wären die Probleme, die in anderen Systemen unlösbar sind, fast automatisch politische Probleme, und politisches Verdienst könnte mit ihrer Entdeckung und Propagierung erworben werden. Es wäre ein hinreichender Anlaß zu politischen Eingriffen in den Wirtschaftsprozeß oder den Erziehungsprozeß, wenn dieser bei bestmöglicher Funktionsausrichtung systematisch ungerechte, menschlich unbefriedigende Ergebnisse erzeugt. [...]
Als Bezug auf Normen oder Werte ist politische Verantwortung nicht ausreichend zu fassen, weil damit ein zu großer Spielraum konformen Verhaltens oder Unterlassens unbestimmt bleibt. Ferner setzen wir nicht voraus, daß nur Zentralen politische Verantwortung tragen. Im Prinzip trägt alles Handeln/Unterlassen, sofern es sich dem politischen System zuordnet und soweit es Effekte hat, politische Verantwortung. Die Beteiligung bzw. Nichtbeteiligung eines Einzelnen an politischen Wahlen ist politisch verantwortlich ebenso wie der ‚gedankenlose', routinemäßige Vollzug administrativer Anweisungen. [...]
Statt Normorientierung und Zentralisation (und in diesem Sinne dann: Verantwortlichkeit) ins Blickfeld zu rücken, ist politische Ver-

antwortung in dem hier definierten Sinne bezogen auf ein Problem. [...] Das Problem lautet, ob und wie weit sie bewußt gemacht und bewußt wahrgenommen werden kann. Gibt es, anders formuliert, eine denkbare kognitive, bewußtseinsfähige Ausstattung für die Verantwortung, die im politischen System des Wohlfahrtsstaates so oder so übernommen werden muß? Davon hängt, um es knapp zu sagen, Demokratie ab. Denn davon hängt ab, ob und wie Handelnde im politischen System sich wechselseitig beobachten können.

Demokratie ist in erster Linie: Fähigkeit des politischen Systems zur Selbstbeobachtung. Nur durch diese Fähigkeit läßt sich Politik mit Bezug auf Politik autonom setzen."

Niklas Luhmann: Politische Theorie im Wohlfahrtsstaat, München: Olzog 1981, S. 122f, 126f.

Luhmanns frühe Schrift über den Wohlfahrtstaat hatte noch einen Tenor, der auf Präferenzen für das liberale Politikbild hindeutete. In seinem nicht ganz vollendeten Werk „Die Politik der Gesellschaft" geht Luhmann gelassener damit um. So ist Politik nun einmal: Sie klappert ihre Umwelt systematisch nach machtträchtigen Ressourcen ab und fragt nicht groß danach, ob die Reviere, in denen sie wildert, nicht besser allein von Forstbeamten bejagt werden sollten. Luhmann spricht hier von strukturellen Koppelungen: Die Systeme stimmen sich über das Bewusstsein der Personen ab, die im System handeln.

„Kein System kann über seine strukturellen Koppelungen disponieren. Sie bleiben für das System selbst unsichtbar, weil sie ja nicht Operationen beisteuern können. Das gilt auch für das Bewusstsein von Politikern. Es hat als *Bewußtsein* keine politische Relevanz. Das politische System kann denn auch nicht (und auch nicht in ausgewählten Fällen) Bewußtseinszustände bestimmen oder selektiv in Anspruch nehmen. *Es ist auf die Selektion von Personen beschränkt.* [...]

Ferner [...] kann die Politik, indem sie Personen herausstellt, auf *unpolitische* Präferenzen und Motive zurückgreifen. Entsprechend ist die Politik empfindlich für Nachrichten über unpolitisches Verhalten von Politikern – ihr Verhalten im Straßenverkehr und im Umgang mit Polizisten, bei der Erziehung ihrer Kinder, in der Behandlung ihrer Frauen. [...]

> Die Finanzierung öffentlicher Haushalte kann mithin als eine Form der strukturellen Koppelung von Politiksystem und Wirtschaftssystem angesehen werden. [...] Geldausgaben können [...] im Rahmen der zur Verfügung stehenden Mittel *politisch* motiviert werden, ohne daß für die Politik die wirtschaftlichen Kontexte transparent werden müssten. [...] Zugleich ist das *Wirtschafts*system nicht gehindert, strukturdeterminiert zu reagieren und politische Geldbeschaffung und Geldausgabe nur als Irritation zu behandeln."
>
> *Niklas Luhmann*: Die Politik der Gesellschaft, Frankfurt/M.: Suhrkamp 2002, S. 375, 377f, 384. [Erstveröffentlichung 2000]

Nach Ansicht der Marktbeschicker ist die Ökonomie ein Feld, von dem sich die Politik fernhalten sollte. Verzichtet die Politik aber auf jegliche Regulierung, so entstehen im ökonomischen System Verwerfungen, etwa durch Verarmung und Arbeitslosigkeit, die Störungen im politischen System oder im familären System verursachen. Die Verfassung und das Recht koppeln das politische und das rechtliche System zusammen. Für die Politik ist die Verfassung ein beengendes Korsett, aus dem es soviel wie möglich an Machtgebrauch herauszuholen gilt. Für die Gerichte ist die Verfassung dagegen der zentrale Urteilsmaßstab, den sie auch zu dem Zweck anlegen, die Politik in ihre Schranken zu weisen.

> „Das politische System findet Möglichkeiten, das Recht als Instrument politischer Ziele in Anspruch zu nehmen und benutzt dazu die in der Staatsorganisation vorgesehenen Kommunikationsformen und -wege. Das Rechtssystem kann das politische System unter dem Code rechtmäßig/rechtswidrig beobachten, auch wenn der Staat selbst in der Form staatlich organisierter Gerichte und beamteter Richter dies erst ermöglicht. Im Staat treffen sich, könnte man sagen, laufend Politik und Recht – aber in einer Weise, die die Unterscheidbarkeit der jeweiligen Systeme, ihrer Funktionen und Codes nicht beeinträchtigt. Jede einzelne Kommunikation vermag Relevanz in beiden gekoppelten Systemen zu beanspruchen, also zugleich politisch und juristisch bedeutsam zu sein. Aber wenn man ihren Sinn identifizieren will, muß man sich an ein rekursives Netzwerk halten, das Voraussetzungen und Folgen beschränkt, und in dieser Hinsicht unterscheiden sich Politik und Recht radikal. Wenn eine Kommunika-

tionspraxis diesen Unterschied nicht beobachten, nicht beachten kann, kann sie nur Konfusion anrichten."

Niklas Luhmann: Die Politik der Gesellschaft, Frankfurt/M.: Suhrkamp 2002, S. 392. [Erstveröffentlichung 2000]

8.6 Politik und Verwaltung

Luhmanns Generalskepsis gegenüber dem engeren, machtgetränkten politischen Betrieb korrespondiert sein hohes Lied auf die Verwaltung. Die Verwaltung tut alles das nicht, was Politiker üblicherweise tun. Sie wahrt ihre Grenzen im politischen System! Die staatliche Verwaltung ist in der Gesellschaft ebenso präsent wie das Machtkalkül der elektoralen Politik. Der imperiale Anspruch der Politik ist der Verwaltung freilich fremd. Die Publikumsfixiertheit der Politiker zerrt die Verwaltung aber immer wieder über die Systemgrenzen hinweg. Politiker verfehlten ihre Aufgabe, wenn sie die aktuellen Werbemittel und das Schmiermittel der Unterhaltung den Konkurrenten überlassen würden. Einigermaßen gequält räumt Luhmann denn auch ein, dass die Politik mit einer binären Kennung nicht zurechtkommt. Macht sei ein zu diffuses Phänomen, um die unablässigen Grenzüberschreitungen eines machtgesteuerten Systems einfach auszublenden. Luhmann verliert an Schlüssigkeit, wo er das Politische an sich heran lässt. Die Verwaltung bewahrt die Politik immerhin davor, auf ihrem Schlingerkurs durch fremde Systeme allzu viel Schaden anzurichten. Der Grund liegt liegt in der zirkulären Wechselwirkung der Arenen des politischen Systems.

Luhmann unterscheidet im Verhältnis von Politik, Verwaltung und Publikum zwei Kreislaufbewegungen. Entsprechend der Gewaltenteilungsidee im demokratischen Rechtstaat ermächtigt das Elektorat – die Publikumswelt des politischen Systems – die Politik zum Handeln. Die Politik kleidet ihren Willen in Gesetze. Die Verwaltung wendet diese Gesetze auf das Publikum an. Im Gegenkreislauf bereitet die Verwaltung politische Beschlüsse vor. So wird das politische Handeln von der Verwaltung vorstrukturiert. Das Geschäft der Verwaltung ist also die Machbarkeit der Politik und deren Anwendung. Die Politik ist viel zu sehr mit sich selbst und mit den Ablenkungen durch die Welten des Showgeschäfts und des Geldverdienens beschäftigt, um ernsthaft über die Sachfragen zu diskutieren, die sie am Ende entscheiden muss. Nicht nur dies: Sie besitzt auch nicht das erforderliche Know-how, um die notwendigen Informationen einzuholen und diese zu bewerten.

„Das Parlament gibt Gesetze und bewilligt Mittel für Zwecke, die Exekutive führt die politisch vorentschiedenen Programme aus, das Publikum hält sich an die gegebenen Entscheidungen und wählt seinerseits das Parlament. Die Macht disponiert, wenn auch kreisförmig über sich selbst, also nur in einer Richtung, gleichsam im Uhrzeigersinne. In Wirklichkeit hat dieser Machtkreislauf, sobald er eingerichtet war, einen Gegenkreislauf induziert. Die Verwaltung fertigt die Vorlagen für die Politik an und dominiert in Parlamentsausschüssen und ähnlichen Einrichtungen. Die Politik suggeriert mit Hilfe ihrer Parteiorganisationen dem Publikum, was es wählen soll und warum. Das Publikum wirkt einerseits auf den verschiedensten Kanälen, über Interessenorganisationen oder Tränen im Amtszimmer auf die Verwaltung ein.

Dieser Gegenkreislauf erschien, solange man noch hierarchisch dachte, als illegitim. [...]

Der offizielle Machtkreislauf beruht auf rechtlich geregelter Kompetenz und kann sich daher im Konfliktfalle durchsetzen. Der Gegenkreislauf beruht auf Überlastung mit Komplexität und kann sich daher im Normalfalle durchsetzen. Mit dem Ausbau des Wohlfahrtsstaates nimmt die Komplexität der Entscheidungslagen zu. [...]

Obwohl das Recht in seinen gesetzlichen Grundlagen auf dem politischen System selbst beruht, muss es bei aller Einzelaktivität im Verhältnis von Verwaltung und Publikum als beide Seiten bindendes externes Faktum vorausgesetzt werden. In anderen Worten: Es wird dort, wo politisch erzeugte Macht konkret wird, zugleich verhindert, dass Macht allein aus sich selbst heraus die Verhältnisse reguliert und sich je nach Machtlage im Verhältnis zu Angehörigen des Publikums durchsetzt oder nicht durchsetzt. Das wäre um so fataler angesichts der Tendenzen des Wohlfahrtsstaates, im Gegenkreislauf dem Publikum Macht über die Verwaltung zu geben. Im Prinzip sucht deshalb der ‚Rechtsstaat' die Regel: Durchsetzungsfähigkeit gegenüber jedem und auf jeden Fall, aber nur im Rahmen des Rechts, als Ausdruck des Gleichheitsprinzips zu verwirklichen. [...]"

Niklas Luhmann: Politische Theorie im Wohlfahrtsstaat, München: Olzog 1981, S. 46f, 64f.

Dies alles besorgt die Verwaltung, die dabei auch gern Expertisen aus der Wissenschaft zu Hilfe nimmt. Die Verwaltung aber kommuniziert allein über Inhalte, die sich mit dem Mittel des Rechts anwenden lassen. Deshalb präferiert die Verwaltung im Umgang mit Akteuren im ökonomischen Umfeld Lösungen, die kein Geld kosten, sondern mit Ge- und Verboten auskommen, die anschließend von der Verwaltung selbst und ggf. von den Gerichten erzwungen werden können. Luhmann unterstellt der Verwaltung somit eine Präferenz für regulative Politik. Doch ob es sich nun um regulierende oder umverteilende Politik handelt, die von der Verwaltung verabreicht wird, kann die Verwaltung gar nicht umhin, ihre Ermessensspielräume so auszuschöpfen, dass sie selbst ein Stückweit Politik macht. Die Politik, d.h. Regierung und Parlament, beschließt allgemeine Regeln, während sich der gesellschaftliche Alltag, in dem diese Regeln gelten, durch spezifische Situationen und ganz allgemein durch seine Komplexität auszeichnet. Die Verwaltung reduziert diese Komplexität. Sie entlastet die Politik, indem sie Ausnahmen gelten lässt und ihre Aufträge bisweilen nicht mit erzwingbaren Anordnungen, sondern durch Abreden mit den Politikadressaten in Gestalt von Vereinen, Verbänden oder Firmen zu erledigen sucht.

Realitätsnah ist an alledem die Annahme, dass demokratische Politik, wo immer sie stattfindet, zwischen Optionen entscheidet, die in der politischen Bürokratie erarbeitet werden. Für die Verwaltung ist das Publikum keine relevante Größe. Deshalb wird sie Optionen vorschlagen, die sich an das Mittel des Rechts halten. Das schließt nicht aus, dass die Politik am Ende dann doch wieder auf das Steuerungsmittel der Umverteilung zurückgreift. Die Gefahr, dass die Sache daneben geht und am Ende bloß den Haushalt belastet, ohne sich in einer politischen Dividende für die Regierenden auszuzahlen, ist beträchtlich.

Luhmann modelliert das politische System. Realitätsfremd ist seine Theorie keineswegs. Modelle wollen die Realität ja nicht fotografieren, sondern die Logik freilegen, der sie gehorchen. So gesehen hat der Luhmannsche Entwurf etwas Bestechendes. Die Verwaltung bewahrt die Politik im Wege der Entscheidungsvorbereitung vor den gröbsten Fehlern. Zieht man die wertende Komponente einmal ab, so bleibt zu resümieren, dass die politische Gestaltungsrolle der Verwaltung als eine empirische Basistatsache gelten darf. Die Justiz rechnet Luhmann zum Gebiet der Verwaltung – wohl deshalb, weil die Justiz mit der Ressource des

Rechts operiert. In letzter Instanz bestimmt die Justiz, wo die Grenze zwischen der Politik und ihrer Umwelt verläuft.

Literatur:

Daniel Barben: Theorietechnik und Politik bei Niklas Luhmann. Grenzen einer universalen Theorie der modernen Gesellschaft, Wiesbaden: Westdeutscher Verlag 1996.
André Brodocz: Die politische Theorie autopoietischer Systeme: Niklas Luhmann, in: André Brodocz u. Gary S. Schaal (Hrsg.), Politische Theorien der Gegenwart, Bd. 2, Opladen: Leske + Budrich 2001, S. 465-497.
André Brodocz u. Gary S. Schaal (Hrsg.): Politische Theorien der Gegenwart, 2 Bde., Opladen: Leske + Budrich 2001.
Jan Fuhse: Theorien des politischen Systems: David Easton – Niklas Luhmann. Eine Einführung, Wiesbaden: VS Verlag für Sozialwissenschaften 2005.
Karl-Uwe Hellmann, Karsten Fischer u. Harald Bluhm (Hrsg.): Das System der Politik. Niklas Luhmanns politische Theorie, Wiesbaden: Westdeutscher Verlag 2003.
Karl-Uwe Hellmann u. Rainer Schmalz-Bruns (Hrsg.): Niklas Luhmanns politische Soziologie, Frankfurt/M.: Suhrkamp 2002.
Jochem Hennigfeld u. Heinz Jansohn (Hrsg.): Philosophen der Gegenwart, Darmstadt: Wissenschaftliche Buchgesellschaft 2005.
Detlef Horster: Niklas Luhmann. Was unsere Gesellschaft im Innersten zusammenhält, in: Jochem Hennigfeld u. Heinz Jansohn (Hrsg.), Philosophen der Gegenwart, Darmstadt: Wissenschaftliche Buchgesellschaft 2005, S. 179-197.
Dirk Kaesler (Hrsg.): Klassiker der Soziologie, 2 Bde., 4. Aufl., München: C.H. Beck 2003.
André Kaiser: Die politische Theorie des Neo-Institutionalismus: James March und Johan P. Olsen, in: André Brodocz u. Gary S. Schaal (Hrsg.), Politische Theorien der Gegenwart, Bd. 2, Opladen: Leske + Budrich 2001, S. 253-282.
Niklas Luhmann: Die Politik der Gesellschaft, Frankfurt/M.: Suhrkamp 2002. [Erstveröffentlichung 2000]
Niklas Luhmann: Legitimation durch Verfahren, 5. Aufl., Frankfurt/M.: Suhrkamp 2001. [Erstveröffentlichung 1969]
Niklas Luhmann: Die Wirtschaft der Gesellschaft, Frankfurt/M.: Suhrkamp 1988. [Erstveröffentlichung 1988]

Niklas Luhmann: Soziale Systeme. Grundriß einer allgemeinen Theorie, Frankfurt/M.: Suhrkamp 1987. [Erstveröffentlichung 1984]

Niklas Luhmann: Politische Theorie im Wohlfahrtsstaat, München: Olzog 1981.

Walter Reese-Schäfer: Luhmann zur Einführung, Hamburg: Junius 1992.

Herbert A. Simon: Administrative Behavior, 4. Aufl., New York: Free Press 1997. [Erstveröffentlichung 1947]

Herbert A. Simon: Theories of Bounded Rationality. Decision and Organization, in: Herbert A. Simon, Models of Bounded Rationality. Vol. 2. Behavioral Economics and Business Organization, Cambridge/Mass.: MIT Press 1997, S. 408-423.

Herbert A. Simon: Human Nature in Politics: The Dialogue of Psychology with Political Science, in: American Political Science Review, 79. Jg. (1985), S. 293-304.

Rudolf Stichweh: Niklas Luhmann, in: Dirk Kaesler (Hrsg.), Klassiker der Soziologie, Bd. 2: Von Talcott Parsons bis Pierre Bourdieu, 4. Aufl., München: C.H. Beck 2003, S. 206-229.

Neu im Programm Politikwissenschaft

Daniela Forkmann /
Michael Schlieben (Hrsg.)
Die Parteivorsitzenden in der Bundesrepublik Deutschland 1949 - 2005
2005. 401 S. Göttinger Studien zur Parteienforschung. Br. EUR 29,90
ISBN 3-531-14516-9

Christiane Frantz
Karriere in NGOs
Politik als Beruf jenseits der Parteien
2005. 326 S. Bürgergesellschaft und Demokratie. Br. EUR 32,90
ISBN 3-531-14588-6

Gert-Joachim Glaeßner /
Astrid Lorenz (Hrsg.)
Europäisierung der inneren Sicherheit
Eine vergleichende Untersuchung am Beispiel von organisierter Kriminalität und Terrorismus
2005. 303 S. mit 10 Abb. Br. EUR 29,90
ISBN 3-531-14518-5

Dominik Hierlemann
Lobbying der katholischen Kirche
Das Einflussnetz des Klerus in Polen
2005. 281 S. mit 7 Abb. und 5 Tab. Forschung Politik. Br. EUR 29,90
ISBN 3-531-14660-2

Erhältlich im Buchhandel oder beim Verlag.
Änderungen vorbehalten. Stand: Juli 2005.

Hakki Keskin
Deutschland als neue Heimat
Eine Bilanz der Integrationspolitik
2005. 296 S. Br. EUR 24,90
ISBN 3-531-14673-4

Andreas Kost (Hrsg.)
Direkte Demokratie in den deutschen Ländern
Eine Einführung
2005. 382 S. Br. EUR 19,90
ISBN 3-531-14251-8

Thomas Meyer
Theorie der Sozialen Demokratie
2005. 678 S. Br. EUR 39,90
ISBN 3-531-14612-2

Undine Ruge / Daniel Morat (Hrsg.)
Deutschland denken
Beiträge für die reflektierte Republik
2005. 206 S. Br. EUR 19,90
ISBN 3-531-14604-1

Siegfried Schumann (Hrsg.)
Persönlichkeit
Eine vergessene Größe
der empirischen Sozialforschung
2005. 397 S. Br. EUR 29,90
ISBN 3-531-14459-6

www.vs-verlag.de

VS VERLAG FÜR SOZIALWISSENSCHAFTEN

Abraham-Lincoln-Straße 46
65189 Wiesbaden
Tel. 0611.7878-722
Fax 0611.7878-400

MIX
Papier aus verantwortungsvollen Quellen
Paper from responsible sources
FSC® C105338

If you have any concerns about our products,
you can contact us on
ProductSafety@springernature.com

In case Publisher is established outside the EU,
the EU authorized representative is:
**Springer Nature Customer Service Center GmbH
Europaplatz 3, 69115 Heidelberg, Germany**

Printed by Libri Plureos GmbH
in Hamburg, Germany